Verhandlungen des Vereins für Sozialpolitik
in Dresden 28. und 29. September 1932

SCHRIFTEN
DES VEREINS FÜR SOZIALPOLITIK
187

Verhandlungen des Vereins für Sozialpolitik in Dresden

28. und 29. September 1932

Im Auftrage des Vereinsvorstandes herausgegeben vom
Schriftführer Dr. Franz Boese

VERLAG VON DUNCKER & HUMBLOT
MÜNCHEN UND LEIPZIG 1932

Verhandlungen des Vereins für Sozialpolitik in Dresden 1932

Deutschland und die Weltkrise

Im Auftrage des Vereinsvorstandes
herausgegeben vom Schriftführer

Dr. Franz Boese

VERLAG VON DUNCKER & HUMBLOT
MÜNCHEN UND LEIPZIG 1932

Pierersche Hofbuchdruckerei Stephan Geibel & Co., Altenburg, Thür.

Inhaltsverzeichnis

Erster Verhandlungstag

Zweiter Verhandlungstag

Erster Verhandlungstag

Erster Verhandlungstag
Mittwoch, den 28. September 1932, vormittags 10 Uhr

Eröffnung und Begrüßung

Vorsitzender Geheimer Regierungsrat Professor Dr. **Sombart** (Berlin):

Verehrte Anwesende! Als Vorsitzender des Vereins habe ich die Ehre, die diesjährige Tagung des Vereins für Sozialpolitik zu eröffnen. Ich heiße Sie alle, Gäste wie Mitglieder, herzlichst willkommen.

Meine Damen und Herren! Der Verein hält seit seinem 60jährigen Bestehen, auf das er in diesem Jahre zurückblickt, zum erstenmal seine Generalversammlung in Dresden ab: eine Tatsache, die Erstaunen zu erwecken geeignet ist angesichts der unvergleichlichen Schönheit dieser Stadt und ihrer Lage im Herzen Deutschlands, wie auch angesichts der sprichwörtlichen Liebenswürdigkeit und Gastfreundschaft des sächsischen Volkes. Wer weiß, welche Kobolde hier ihre Hand im Spiel gehabt haben, welche mannigfachen Zufallsgründe dieses Schicksal bestimmt haben! Aber vielleicht, meine Damen und Herren, ist es gar kein Zufall gewesen, vielleicht haben unbekannte Mächte gewaltet, die uns veranlaßt haben, unsere Tagung hier im Sachsenlande bis zu diesem Jahre aufzuschieben, weil wir vielleicht erst in diesem Jahre uns ganz würdig hier vertreten können, weil wir erst in diesem Jahre mit einem Beratungsgegenstand hierselbst erscheinen konnten, der in vollem Umfang dem Interessenkreise unseres industrialisiertesten Landes entspricht. Um an eine solche Fügung zu glauben, müssen wir einen Rückblick auf die Geschichte unseres Vereins werfen, der zugleich dazu dienen soll, weiteren Kreisen von dem Wirken und dem Wesen unseres Vereins Kenntnis zu geben. Ein solcher Rückblick scheint mir aber um so mehr am Platze zu sein, als heute wieder ein Jahrzehnt verflossen ist, wir wieder ein Jubiläum feiern, und als der Verein in den 10 Jahren, die seit dem letzten Jubiläum, seit dem 50jährigen Bestehen verflossen sind, eine Reihe von Wandlungen erlebt hat, die sein Geschichtsbild heute ganz anders erscheinen lassen, als es vor 10 Jahren erschien, als zum letztenmal die Summe seines Wirkens gezogen wurde.

Als der Verein für Sozialpolitik vor 60 Jahren ins Leben trat, stand im Mittelpunkte der sozialen Problematik, ja war vielleicht das einzige aktuelle soziale Problem in Deutschland, die sogenannte Arbeiterfrage, genauer Lohnarbeiterfrage, genauer Fabrikarbeiterfrage. Diese trug in dem ökonomisch noch unentwickelten Lande, das eben die Schwelle des Hochkapitalismus überschritten hatte, ein wesentlich ethisch-humanitäres Gepräge. Die Verbesserung des Loses der Arbeiter wurde von wohlwollenden Arbeiterfreunden als sittliche Forderung aufgestellt und mit sittlichen Mitteln herbeizuführen versucht. An den Staat dachte man höchstens als Förderer dieser humanitären Bestrebungen. In diesem Geiste betätigte sich auch der Verein für Sozialpolitik in seinen Anfängen. Er verlieh der Arbeiterschaft, die selbst noch stumm war, seine Stimme. Das Ziel, das er sich steckte, hat sein damaliger Vorsitzender auf einer Tagung wie folgt ausgesprochen:

> „dafür zu sorgen, wie wir die bis jetzt von unseren Kulturgütern ausgeschlossenen Klassen derselben möglichst teilhaftig machen, wie wir sie heranziehen zu den Gütern des geistigen und des wirtschaftlichen Lebens, die den gebildeten Klassen unseres Volkes eigen sind".

Und als das wichtigste Kampfesmittel hatte Schmoller selbst in seiner Eröffnungsrede das „sittliche Pathos" bezeichnet.

Bald nach der Gründung des Vereins änderten sich jedoch die Dinge. Wie ein Blitz schlug das Sozialistengesetz ein, und wie ein Blitz beleuchtete es die vollständig veränderte Lage. Bald war der Boden der Arbeiterfrage in ein Schlachtfeld verwandelt, auf dem die beiden Gegner selbst in immer stärkeren Formationen sich gegenüberstanden, um die Macht und die Geltung im Staate kämpften, häufig mit der Tendenz, im absoluten Klassenkampf die Bande des Staates zu sprengen. Die Arbeiterfrage war damit aus einem ethisch-humanitären Problem ein politisches geworden; auf ihr idyllisches Zeitalter war fast unmittelbar ihr heroisches Zeitalter gefolgt.

Ungefähr gleichzeitig mit der Politisierung der Arbeiterfrage erwachten aber auch in Deutschland die Interessenten überall, und die soziale Problematik dehnte sich über die gesamte Bevölkerung, bäuerliche, gewerbliche, handeltreibende aus und fand in erbitterten Interessentenkämpfen ihren Ausdruck. Die soziale Frage wurde totalisiert, das heißt sie wurde die allgemeine Frage nach dem Neben- und Gegen- und Miteinander der sozialen Gruppen und der daraus sich ergebenden politischen Probleme.

Diesem Wandel der Dinge hat nun der Verein für Sozialpolitik Rechnung getragen, zunächst dadurch, daß er entsprechend der Totalisierung des sozialen Problems den Begriff der Sozialpolitik in dem einzig richtigen weiteren Sinne einer allgemeinen Gesellschaftspolitik gefaßt und demgemäß alle staatlich-gesellschaftlichen Probleme in den Kreis seiner

Interessen gezogen hat. Er hat aber auch versucht, dem Wandel der Dinge insofern gerecht zu werden, als er seine Einstellung zu den Problemen änderte. Hätte er wie in seinem Beginn weiter Programme und Forderungen zugunsten einer der kämpfenden Parteien aufgestellt, so wäre er nach erfolgter Politisierung der sozialen Frage zu einem Interessentenverband neben vielen anderen geworden. Er verzichtete jedoch darauf, in die politische Arena zu steigen, und zog es vor, ein neutrales Forum der Diskussion abzugeben, auf dem die entgegengesetzten Standpunkte in offener Aussprache zur Geltung gebracht werden konnten und können, damit daraus sich Leitgesichtspunkte für eine dem Gesamtwohl dienende Politik ableiten ließen. Solchen Aussprachen gewährte er als Unterlage die reichhaltigen Studien, die er in seinen Untersuchungsbänden veröffentlicht. In diesem Verfahren kommt schon die Auffassung zum Ausdruck, die der Verein seit Jahrzehnten vertritt, daß im Mittelpunkt der Erörterungen nicht die Frage nach dem ethisch-humanitär Wünschenswerten, als vielmehr das Problem der ökonomischen und staatlichen Nezessitäten stehen müsse.

Was sich nun aber, meine Damen und Herren, wie mir scheint, erst in den letzten 10 oder 12 Jahren innerhalb der Auffassung, die den Verein für Sozialpolitik beseelt, vollzogen hat, ist, wie man es nennen könnte, die allmähliche Bewußtwerdung der staatspolitischen und nationalwirtschaftlichen, damit aber auch außenpolitischen Gebundenheit aller Sozialpolitik, ist das Aufkommen der Überzeugung, daß alle Sozialpolitik nur von dem Staate als Ganzem und seinen Beziehungen zu anderen Staaten ihre Orientierung erhalten kann. Diese Auffassung, die wohl erst durch den Krieg zur Herrschaft gelangt ist, kommt zum Ausdruck in zahlreichen Themen der letzten großen Untersuchungen des Vereins, die sich beziehen auf den Anschluß an Österreich, auf die Währung, auf die Zahlungsbilanz, auf die Handelspolitik, auf die Finanzreform und anderes. Sie kommt ebenso zum Ausdruck in der Einstellung vieler ihrer Bearbeiter, die nicht mehr, wie es früher die Regel bildete, vom individualistischen Standpunkt des Konsumenteninteresses aus, sondern von den Staatsnotwendigkeiten aus ihre Betrachtungen anstellten. Sie kommt aber besonders deutlich zum Ausdruck in den Themen, die auf den Tagungen des Vereins in den letzten 10 bis 12 Jahren zur Verhandlung gelangt sind. Ich nenne sie: Wirtschaftsbeziehungen mit Österreich: 1919, Klassenkampf: 1924 — denn genau besehen war die Diskussion über den Klassenkampf ja nichts anderes, als die Erörterung der Existenzbedingungen des Staates, das heißt also der nationalen Gemeinschaft —, Krisis der Weltwirtschaft: 1926, Wandlungen des Kapitalismus — ebenfall unter nationalen Gesichtspunkten —: 1928, Deutsche Agrarnot: 1930.

Und nun, meine Damen und Herren, hat der Verein auf dieser Tagung vielleicht zum erstenmal mit vollem Bewußtsein ein Thema gestellt, das seinem innersten Wesen nach einen staatspolitisch-nationalwirtschaftlichen Charakter hat, und hat damit zum Ausdruck bringen wollen, daß das Problem des Neubaus unserer nationalen Gemeinschaft das zentrale Problem auch aller Sozialpolitik ist.

Daß diese Überzeugung von der staatlichen Gebundenheit aller Sozialpolitik nichts zu tun hat mit der Einstellung des Einzelnen zu den Problemen der Wirtschaftspolitik, mit dem Entscheid des Einzelnen für freie oder gebundene Wirtschaft, für die geregelte oder ungeregelte Weltwirtschaft, leuchtet ein. Ich will es aber, um Mißverständnissen vorzubeugen, hier noch einmal ausdrücklich betonen: Der Verein als solcher vertritt keinen inhaltlich bestimmten Standpunkt in der Wirtschafts- und Sozialpolitik, sondern er vereint Träger der verschiedenen Auffassungen in sich, die nur von dem gemeinsamen Bestreben zusammengehalten werden, nicht Dienst an einer Partei oder gar einer Klasse, sondern Dienst am Vaterland zu tun. So darf sich der Verein wohl rühmen, daß er es verstanden hat, mit dem Wandel der sozialen Problematik Schritt zu halten, so daß er selbst ein getreues Spiegelbild der sozialen Entwicklung Deutschlands in den letzten 60 Jahren darbietet. Ich denke, daß er den Kurs, den er steuert, auch in Zukunft beibehalten kann.

Nun aber ist es auch verständlich, meine verehrten Damen und Herren, weshalb ich eingangs sagte, daß es vielleicht kein Zufall sei, wenn der Verein seine erste Tagung in Sachsen erst in diesem Jahre abhält. Denn für kein zweites Land scheint mir die Frage nach dem Neubau unserer Volkswirtschaft entscheidender zu sein, als für den zu einem überwiegenden Industrieland gewordenen Freistaat Sachsen. Im Mittelpunkt Ihrer Interessen steht, wie ich aus den Äußerungen zahlreicher Verbände aus der letzten Zeit entnehme, die Frage: Weltmarkt oder Binnenmarkt, steht mit anderen Worten das Thema unserer diesjährigen Tagung. Möchten aus den Verhandlungen der kommenden beiden Tage zahlreiche Belehrungen und Anregungen für praktisches Handeln hervorwachsen, die geeignet sind, unserem gequälten Vaterland aus seiner Not herauszuhelfen! Das wünsche ich von Herzen.

Es liegt mir nunmehr noch die traurige Pflicht ob, einen anderen Rückblick zu geben, den Rückblick auf unsere Toten. Der Tod hat in den letzten beiden Jahren eine reichliche Ernte unter unseren Mitgliedern gehalten und hat uns eine Reihe der Besten unseres Vereins genommen. Gestorben sind in diesem Zeitraum von unseren Ausschußmitgliedern Heinrich Albrecht sen., Lujo Brentano, Karl Bücher, Rudolf Goldscheid, Heinrich Herkner, Julius Landmann, Paul Umbreit. Lassen

Sie mich nur mit ganz wenigen Worten Ihnen in die Erinnerung zurückrufen, wer diese Männer waren und was sie für unseren Verein bedeuteten.

Heinrich Albrecht war eines der ältesten Mitglieder unseres Vereins, dem ich schon begegnet bin, als ich vor etwa 36 Jahren in den Ausschuß gewählt wurde. Er war ein schlichter Mann mit einem ungewöhnlichen Maß von Sachkenntnis und unbeirrbarem Urteil auf den von ihm beherrschten Gebieten, ein Vater der Armen und Elenden, deren Fürsorge sein Lebenswerk gewidmet war.

Mit Lujo Brentano ist einer der markantesten Vertreter derjenigen Ideen dahingegangen, denen der Verein für Sozialpolitik seine Entstehung verdankt. Man kann getrost sagen, daß der Verein im Jahre 1872 um Schmoller und Brentano gegründet worden ist. Der Kampf für die Verbesserung des Loses der Lohnarbeiterschaft im Rahmen einer grundsätzlich freiheitlich gestalteten Wirtschafts- und Gesellschaftsordnung hat den Lebensinhalt dieses bedeutenden Mannes ausgemacht. Er hat wie kein anderer die Ideen des Liberalismus verfochten, er hat sie verfochten mit einem außergewöhnlich starken Temperament und einem großen Pathos. Es war Brentanos Eigenart, daß er auch die Wissenschaft in den Dienst seiner praktischen Ideale stellte. Jedes wissenschaftliche Problem wurde bei seiner Sicht ein ethisch-humanitäres. Er war ein homo ethicus und hat als solcher den Verein lange befruchtet und in seiner Wirksamkeit bestimmt. Als dieser sich in einer mehr wissenschaftlich-überparteilichen Richtung entwickelte, erlosch langsam Brentanos Interesse an ihm, so daß er schließlich aus dem Verein ausgetreten ist. Aber in der Geschichte unseres Vereins lebt Brentano als eines der ganz hervorragenden Mitglieder weiter, und seiner Gestalt wird sich bald der Mythos bemächtigen. Brentano war einer der letzten, vielleicht der letzte jener Heroen unserer Wissenschaft, die wir nicht sowohl um deswillen, was sie wußten, wollten und konnten, als um ihrer Gesinnung und ihres Charakters willen verehren. In unserer Zeit der seelischen und geistigen Zersplitterung werden Persönlichkeiten wie die Brentanos durch ihre einheitliche geschlossene Prägung immer als Wahrzeichen auch für diejenigen dienen können, die nicht desselben Sinnes sind.

Ein Mann von grundsätzlich anderem Wesen als Brentano, aber nicht minderer Bedeutung als dieser ist mit Karl Bücher von uns gegangen. War jener ein echter homo ethicus, so dieser ein ebenso echter homo scientificus. Wurde bei jenem jedes wissenschaftliche Problem zu einem ethisch-humanitären, so bei diesem jedes ethisch-politische Problem zu einem wissenschaftlichen, und mit dieser wissenschaftlichen Einstellung verband sich bei Bücher eine außergewöhnlich starke produktive Kraft.

Er wußte wie kein zweiter die Probleme zu stellen und nahm damit unter den Gelehrten unseres Faches einen hohen Rang ein; denn es bleibt ja wohl dabei: Wie in den Naturwissenschaften die großen Problemlöser, die letzten, die entscheidend Antwortenden die anerkannten Denker sind, so in den Geisteswissenschaften die Problemsteller, die ersten, die entscheidend Fragenden. Büchers Thesen oder „Theorien" sind in vielen Punkten als „falsch" erkannt, aber sie haben die Wissenschaft unendlich gefördert. Der Titel allein seines bekanntesten Buches: „Die Entstehung der Volkswirtschaft" hat eine ganz neue Welt für uns erschlossen und war eine produktive Leistung ersten Ranges. Seine Studien über das klassische Altertum, die auf den genialen Konzeptionen von Karl Rodbertus fußten, sind neben denen Max Webers noch heute das Beste, was wir über die Geschichte jener Zeit besitzen, und mit seiner gewiß nicht haltbaren Hypothese von der Entstehung der Musik aus der Arbeit, die dem Zeitgeist seinen Tribut zollte, hat er die ethnologische Erkenntnis doch wesentlich gefördert. Dem Verein hat Bücher in mannigfacher Weise als Leiter von Enqueten und als Referent gedient, und wir werden keinem der verdienstvollen Mitarbeiter und Leiter an unseren Untersuchungen und an unserem Werk Unrecht tun, wenn wir sagen, daß die von Bücher geleitete und durchgeführte Untersuchung über das Handwerk die beste, vielleicht fruchtbarste unserer Untersuchungen gewesen ist.

Rudolf Goldscheid! Es wird keinen unter uns geben, der sich nicht mit Dankbarkeit und Liebe dieses liebenswürdigen, herzensguten Menschen erinnert, der alle wissenschaftlichen und politischen Probleme mit einer unendlichen Fülle von Güte und Menschenfreundlichkeit zu umgeben wußte und der damit viel beigetragen hat, Härten zu mildern, Gegensätze auszugleichen, Feinde zu versöhnen.

Heinrich Herkner steht Ihnen allen noch als lebendige Persönlichkeit vor Augen. Seine Verdienste um den Verein sind so überragend große, daß sie in unserer Erinnerung die wissenschaftlichen Leistungen Heinrich Herkners, deren Würdigung an anderer Stelle schon erfolgt ist und noch erfolgen wird, in den Schatten stellen. Seit dem Jahre 1896 hat Herkner entscheidend an den Arbeiten des Vereins mitgewirkt. Im Jahre 1918 hat er den Vorsitz des Vereins in dessen schwersten Zeiten übernommen, und es ist seiner Pflichttreue, seinem vermittelnden ausgleichenden Wesen, seiner festen Zielbewußtheit vor allem zu danken, wenn der Verein diese seine schwersten Zeiten überstanden hat. Nasse, Schmoller, Herkner: diesem Dreigestirn geborener Präsidenten verdankt der Verein ein gut Teil seines Bestandes und seiner Blüte. Wir können von diesen drei Männern mit Bezug auf unseren Verein getrost sagen: Ihr werdet nimmer ihresgleichen sehen.

Julius Landmann hat dem Verein mit seinen reichen Gaben erst in der allerletzten Zeit dienen können, als er die Untersuchung über die öffentlichen Unternehmungen anregte und leitete, ohne sie durch seine zusammenfassende Darstellung krönen zu können. Was wir in Julius Landmann schätzen und ehren, ist nicht sowohl sein großes umfassendes Wissen im Bereiche unserer Wissenschaft, ist auch nicht sein klarer durchdringender Verstand, sondern ist vor allem seine Neigung zur Universalität der humanen Bildung. Es ist bezeichnend für sein Wesen, daß er eine Stiftung begründet hat nicht etwa zur Untersuchung irgendwelcher nationalökonomischer Probleme, sondern für die besten Übersetzungen der besten antiken Schriftsteller. Er hat diese Stiftung an der Universität Basel gemacht, an der er jahrelang gewirkt hat, nicht als ein Fremder, sondern als ein dem Geiste nach Zugehöriger zu dieser Stätte alter Kultur, wo die Überlieferungen Bachofens und Jacob Burckhardts noch heute lebendig sind. Wollen wir in einem Satze zusammenfassen, was uns Julius Landmann bedeutet, so können wir sagen: Er hat uns durch sein Leben die tröstliche Gewißheit verschafft, daß man ein vortrefflicher Nationalökonom und doch ein gebildeter Mensch sein kann.

Paul Umbreit hat nur kurze Zeit dem Ausschuß unseres Vereins angehört. Er war eine echte ehrliche Kämpfernatur, der typische Vertreter einer Epoche höchster Spannungen in der deutschen Sozialpolitik. Er dachte in Machtpositionen. So erklärte er einmal auf einer unserer Tagungen:

> „Es ist nicht ersichtlich, was die Überprüfung des Koalitionsrechts (die von einer Seite als notwendig bezeichnet war) für einen Zweck haben soll, wenn er (der Redner) nicht zu einer gesetzlichen Neuregelung Stellung nehmen will. Wir glauben, daß dazu politische Kräfte gehören."

In diesen Worten bekundet sich der Charakter des Mannes als eines homo politicus. Im Verein bedeutete seine Gegenwart für uns eine stete und heilsame Erinnerung an die überragend große Bedeutung, die namentlich im letzten Jahrzehnt die Gewerkschaften in unserem politischen Leben gehabt haben.

Verehrte Anwesende! Ein Verein, der solche Männer und Männer so verschiedenen Gepräges zu seinen tätigen Mitgliedern gezählt hat, darf stolz sein. Uns aber, vor allem den Jungen unter uns sollen sie ein Ansporn und ein ewiges Vorbild sein. — Sie haben sich schon zu Ehren der Toten von den Plätzen erhoben, ich danke Ihnen.

Und nun kehren wir zu den Lebendigen zurück. Mortuos plango, vivos voco.

(Lebhafter Beifall.)

Eine Reihe unserer Ehrengäste wird die Freundlichkeit haben, einige Begrüßungsworte an uns zu richten, zunächst Herr Ministerialdirektor Dr. Weigert (Berlin) im Namen der Reichsregierung.

Ministerialdirektor Dr. **Weigert** (Berlin):

Meine Damen und Herren! Ich habe die Ehre, diese Tagung des Vereins für Sozialpolitik im Namen der Reichsregierung und insbesondere im Namen des Herrn Reichsarbeitsministers zu begrüßen und ihr einen fruchtbaren Verlauf zu wünschen. Es ist mir, wenn ich jetzt als erster nach Ihrem Herrn Vorsitzenden spreche, zugleich ein persönliches Bedürfnis, ihm zu danken für den Rahmen, in den er diese Tagung gestellt hat, und für die Worte der Würdigung, die er einer Reihe illustrer Toten gewidmet hat, Worte, die uns unvergeßlich sein werden, wie diese Männer selbst, die ja nicht nur für diesen Verein, sondern für das ganze deutsche Volk außerordentliche Bedeutung haben. Meine Damen und Herren! Wir erwarten von dieser Tagung, daß sie neues Licht auf das Problem der Arbeitslosigkeit werfen wird im Anschluß an die Publikationen, die zur Vorbereitung dieser Tagung erschienen sind. Der Verein hat sich ja im Laufe der letzten Jahre immer wieder, wenn auch unter verschiedenen Überschriften diesem Problem zugewandt, und jedesmal hat es eine neue und schmerzlichere Aktualität gewonnen. Heute steht es im Mittelpunkt nicht nur des nationalen, sondern auch des internationalen Geschehens. Wir Praktiker sind leicht geneigt, uns zu beklagen, daß die Wissenschaft uns bei der Erledigung der Probleme, die jeden Tag auf uns einstürmen, nicht die Hilfe leistet, die wir von ihr erbitten und erwarten. Ich glaube, gerade eine Tagung wie diese und die Vorbereitung, die ihr vorausgegangen ist, kann uns dazu führen, doch zu schätzen und zu werten, was es bedeutet, daß die Wissenschaft die Probleme des Tages von einer anderen Distanz her ansieht, als wir sie zu sehen genötigt sind, daß sie, wenn ich so sagen darf, die Dinge von der langen Welle her sieht, während wir sie im besten Falle von der mittleren, meist von der kurzen Welle her behandeln müssen.

Meine Damen und Herren! Ich glaube, nie hat das Problem der Arbeitslosigkeit neben dem schweren Pathos, das ihm innewohnt, zugleich eine so starke innere Spannung geboten wie zur Zeit. Wir stehen vor der Frage, ob wenigstens der Teil der Arbeitslosigkeit, den ich hier trotz Professor Saitzews vielleicht noch als konjunkturellen bezeichnen darf, einer Wendung zum Besseren entgegengeht. Die psychologische Bereitschaft zu einer solchen Wendung ist unzweifelhaft gegeben, vielleicht allein aus dem Ablauf eines seelischen Prozesses heraus, der eben nach einer gewissen Zeit seinen Pendelschlag nach der anderen Seite vollzieht. Sie ist gegeben in der Welt, sie ist auch trotz vieler Hemmungen in Deutschland gegeben, und wir wissen alle, was der psychologische Faktor für sich allein bereits für die Entwicklung der Konjunkturen bedeutet. Die große Frage ist: Werden zu diesem psychologischen Faktor die anderen Momente hinzutreten, die notwendig sind, um den Umschwung wenigstens der konjunkturellen Entwicklung wirklich zu vollziehen? Wir alle wünschen und erhoffen das, und Sie wissen, meine Damen und Herren, daß die Reichsregierung vieles, ja alles darangesetzt hat, um ihrerseits die Bedingungen zu schaffen, unter denen eine Wandlung der Konjunktur, eine Verminderung der Arbeitslosigkeit sich auch in Deutschland auswirken kann. Das ist das zeitliche Zeichen, in dem diese Tagung steht und das dieser Tagung ihre außerordentliche Bedeutung gibt. Ich darf Ihnen für den Verlauf dieser Tagung das Beste wünschen.

(Lebhafter Beifall.)

Ministerialdirektor **Kittel** (Dresden), Vertreter der sächsischen Behörden:

Meine sehr verehrten Damen und Herren! Ich habe die Ehre, Sie im Namen der Sächsischen Staatsregierung sowie des Herrn Oberbürgermeisters, des Rates und der Stadtverordneten unserer Landeshauptstadt hier in Dresden herzlich zu begrüßen. Wir sind stolz darauf und freuen uns, einen so weiten Kreis ausgezeichneter Vertreter deutscher sozialpolitischer Forschung und Praxis bei uns zu sehen. Meine Damen und Herren! Ein Mensch, der in das siebente Jahrzehnt seines Lebens eintritt, pflegt aus der Fülle der Erfahrungen und Erkenntnisse eines reichen Lebens heraus zu urteilen und zu handeln. Ihre Vereinigung, der Verein für Sozialpolitik, ist in der Lage eines solchen Jubilars. Er ist heute 60 Jahre alt, und seitdem im Jahre 1872 mutige, weitblickende und innerlich unabhängige Männer aus Wissenschaft und Praxis den Verein gründeten, hat er es in seiner Arbeit nicht an Erfahrung, Erkenntnissen und innerer Vertiefung der im Geburtsjahr des Vereins gesteckten Aufgaben und Ziele fehlen lassen.

Wenn wir uns nun die Probleme ansehen, deren Durchleuchtung Aufgabe der diesjährigen Tagung ist, so zeigt sich eine Wirklichkeitsnähe, die beweist, daß der Verein für Sozialpolitik im 60. Jahre seines Bestehens sich ebensowenig wie früher scheut, brennende Tagesfragen in den Mittelpunkt seiner Erörterungen zu stellen. Schon in diesem Sinne kann man dem Verein für Sozialpolitik für seine heute beginnende Tagung aus vollem Herzen ein gutes Gelingen und ein weites Echo seiner Erkenntnisse in Deutschland wünschen. Es ist mir aber darüber hinaus noch ein besonderes Bedürfnis, für die Wahl der Themen zu danken, die diesmal behandelt werden. Sachsen betrachtet es als einen besonderen Akt der Freundlichkeit, wenn der Verein die Behandlung von Fragen in die sächsische Landeshauptstadt verlegt hat, die für ein so industriereiches Land von überragender Bedeutung sind. Es ist seit jeher das Verdienst des Vereins gewesen, die sozialpolitische Frage nicht nur im engeren Bezirk der unmittelbaren Beziehungen zwischen Arbeitgebern und Arbeitnehmern zu suchen, sondern darüber hinaus gesamtwirtschaftliche Fragen in ihrer sozialpolitischen Bedeutung zu betrachten. Wenn nun die heutige Tagung das Oberthema: „Deutschland und die Weltkrise“ hat, so ist dies ein erneuter Beweis dafür, wie weitgezogen der Verein die Grenzen der Sozialpolitik sieht und wie tief die Wirtschaftskrise in das Gefüge der Sozialpolitik eingreift. Das ist ja ein Erlebnis, das wir in Sachsen tagtäglich haben. In einem Lande, das kraft seiner Industrialisierung die dichteste Bevölkerung in Deutschland aufweist und in dem gewerbliche Tätigkeit die Existenzgrundlage des weitaus überwiegenden Bevölkerungsteils bildet, müssen sich die Wirkungen der Wirtschaftskrise verdoppelt und dreifach zeigen, zumal typische sächsische Industrien wie Textil- und Metallindustrie besonders konjunkturempfindlich sind. Wenn durchschnittlich jeder fünfte erwerbstätige Sachse erwerbslos ist, haben Probleme der Wirtschaftskrise wie das von Ihnen angeschnittene der Zusammenhänge zwischen Industrialisierung und Arbeitslosigkeit für den sächsischen Staat nicht nur mehr akademischen Wert, sondern sie greifen tief in die Existenz des gesamten Staatsgefüges ein. Sachsen mit seinen unternehmungsfreudigen Arbeitgebern und seiner lebendigen Arbeitnehmerschaft spürt die verhängnisvollen Wirkungen der Krise auf ein hochindustrielles Land mit äußerster Wucht. Dazu kommen aber weiter Verhältnisse, meine Damen und Herren, die Ihr zweites Verhandlungsthema berühren. Ein Land wie Sachsen, das mit Naturschätzen nur mäßig gesegnet ist, konnte nur dadurch seine wirtschaftliche Bedeutung erlangen, daß es die Kenntnisse und Fähigkeiten seiner Bevölkerung in der Weiterverarbeitungs- und Veredlungsindustrie sich auswirken ließ. Damit in engem Zusammenhang steht der Exportanteil der sächsischen Wirtschaft, der bereits im Durchschnitt mit mindestens 10 bis 11% am deutschen Außenhandel höher liegt als der Produktionsanteil des Landes innerhalb Deutschlands. Wesentliche Teile der sächsischen Industrie, aber vor allem wieder der Textilindustrie, auch der anderen Gewerbezweige haben einen Exportanteil von weit mehr als der Hälfte, in der Wirkwarenindustrie zum Beispiel von über 90% ihrer Produktion. Ich brauche im Hinblick darauf nicht noch auszuführen, daß unter solchen Umständen auch das Thema der Autarkie für Sachsen eine höchst praktische Bedeutung besitzt, deren Folgen wiederum den gesamten sächsischen Wirtschaftskörper, Arbeitgeber wie Arbeitnehmer treffen.

Meine Damen und Herren! Wenn Sie also heute mit Ihren Erörterungen beginnen, dürfen Sie überzeugt sein, daß Sachsen Ihre Arbeiten mit großem Interesse verfolgt, und daß es Ihrer Tagung einen der Bedeutung der gestellten Aufgabe entsprechenden Erfolg wünscht.

(Lebhafter Beifall.)

Professor Dr. **Reuther** (Dresden), Rektor der Technischen Hochschule:

Meine hochverehrten Damen und Herren! Im Namen der Technischen Hochschule darf ich den Verein für Sozialpolitik hier in ihrer Aula begrüßen. Der Verein für Sozialpolitik hat sich Dresden ausersehen, um nicht durch ein rauschendes Fest, sondern durch eine Tagung ernster Arbeit seinen 60. Geburtstag zu begehen, Dresden, wie schon gesagt wurde, wohl hauptsächlich, weil es die Hauptstadt des am weitestgehend industrialisierten Landes Deutschlands ist, wo sozialpolitische Probleme im Vordergrund stehen und besonders heute stehen, und Dresden als Hochschulstadt doch wohl, weil die Technischen Hochschulen als solche an der Bearbeitung und Lösung dieser Probleme aus ihrer Natur heraus ein lebendiges Interesse haben, vielleicht auch, weil die Dresdener Hochschule ganz besonders und als eine der ersten die Verbundenheit der Technik mit den Problemen der Sozialwissenschaft erkannt und sie darum gepflegt hat. Die Dresdener Hochschule steht aber mit dem Verein für Sozialpolitik noch in einer ganz besonders engen Bindung. Zwei seiner führenden Männer, deren eben vom Herrn Vorsitzenden gedacht worden ist, Brentano und Herkner, hatte sie sich zu Ehrendoktoren erwählt und damit bekundet, wie außerordentlich hoch sie das Wirken dieser beiden Gelehrten einschätzte, und die Hochschule gedenkt heute mit dem Verein dieser beiden großen Männer, die sie zu den Ihren zählen durfte.

Meine Damen und Herren! Wenn die Archäologen oder die Orientalisten einen Kongreß abhalten, so ist das wohl ein großes wissenschaftliches Ereignis, und auch über den engeren Fachkreis hinaus nimmt die gebildete Welt Anteil daran. Aber die Fragen, die Sie durch Vorträge und Debatten während Ihrer Dresdener Tagung heute und morgen erörtern wollen, stehen ganz anders im Brennpunkt des Denkens der Menschen von heute. Mochten vor Jahrzehnten diese Fragen die Allgemeinheit kaum berühren, weil man sich geborgen fühlte in einer scheinbar völlig gesicherten Wirtschaft, heute, wo wir alle, auch die, die wir nicht Fachleute sind, wissen, daß wir an einer Wende stehen, wo die Zukunft drohend und dunkel vor uns zu liegen scheint, heute hört jeder, auch der Letzte hin, wenn man Wirtschaftsprobleme von dieser ungeheuren Tragweite in einem solchen Kreis erörtert, weil jeder weiß und fühlt, daß es ihn selbst angeht. Ich wünsche im Namen unserer Dresdener Alma mater, daß die Tagung des Vereins für Sozialpolitik, der hinter seinem bescheidenen Namen, wie man gesagt hat, eigentlich eine wandernde Akademie der Sozialwissenschaften darstellt, dazu beitragen möge, Klarheit in der dunklen Wirrnis zu schaffen und den Weg aufzuzeigen, den unser deutsches Volk gehen muß in eine hellere Zukunft.

(Lebhafter Beifall.)

Vorsitzender Geheimer Regierungsrat Professor Dr. **Sombart:**

Ich danke den Herren im Namen des Vereins sehr für Ihre liebenswürdigen Worte. Die zahlreichen Anregungen, die Ihre gehaltvollen Ausführungen enthalten, werden befruchtend wirken auch in unseren Verhandlungen der nächsten Tage, in die wir nun einzutreten uns angelegen sein lassen müssen. Es obliegt mir jetzt noch eine Pflicht, das ist die, mich an dieser Stelle überflüssig zu machen. Es entspricht den Gepflogenheiten des Vereins, die Tagungen zur Leitung Tagungspräsidenten zu übergeben, und der Ausschuß erlaubt sich, als solche vorzuschlagen Herrn Oberbürgermeister Dr. Külz, Exzellenz v. Nostitz, Professor Dr. Wilbrandt, Professor Dr. Gehrig. Ferner werden die Schriftführer aus dem Kreise gewählt, und wir erlauben uns, Ihnen zur Wahl vorzuschlagen die Herren: Professor Helander, Professor v. Mühlenfels und Professor Bechtel. Es wird Ihrem Wunsche entsprechen, wenn wir die Wahl durch Akklamation vornehmen. Wenn kein Widerspruch erfolgt, darf ich annehmen, daß Sie mit den Vorschlägen einverstanden sind.

(Beifall.)

Ich darf dann Herrn Oberbürgermeister Dr. Külz bitten, den Vorsitz zu übernehmen.

Oberbürgermeister Dr. **Külz** (Dresden) (das Präsidium übernehmend):

Ich übernehme den Vorsitz mit herzlichem Dank an den Verein für Sozialpolitik für die Auszeichnung, die er der Stadt Dresden dadurch zuteil werden läßt, daß er ihren Oberbürgermeister für würdig hält, eine Zeitlang wenigstens das Tagungspräsidium zu führen. Es würde mir wie eine Entweihung der hohen Geistigkeit, die durch diesen Saal zieht, vorkommen, wenn ich in diesem Augenblick von dem sprechen wollte, was ich als Oberbürgermeister auf dem Herzen habe. Dazu wird sich Gelegenheit geben in einem Raume, auf dem der schwere sittliche Ernst weniger ruht, als auf diesem hier, im Festsaal des neuen Rathauses, wo ich morgen die Herrschaften zu begrüßen die Ehre haben werde.

Wir treten infolgedessen sofort in die Erledigung unserer wissenschaftlichen Vorträge ein, deren Hauptthema ist:

Deutschland und die Weltkrise

1. Teilthema: Industrialisierung und Arbeitslosigkeit.

Ich darf Herrn Professor Saitzew (Zürich) bitten, sein Referat zu halten.

Professor Dr. **Saitzew** (Zürich):

Herr Präsident, meine Damen und Herren!

Gestatten Sie mir, meinen Ausführungen einige Vorbemerkungen vorauszuschicken. Zunächst eine sehr persönliche. Das Thema, zu dem ich hier sprechen soll, ist, so wie ich es sehe, zum Teil an sich politisch, zum Teil steht es mit politischen — außen- und innenpolitischen — Fragen in engem Zusammenhange. Schon der elementarste Takt legt mir die Verpflichtung auf, mich in dieser politisch so bewegten Zeit möglichst zurückhaltend zu diesen Fragen zu äußern. Ganz umgehen kann ich sie aber nicht. Ich bitte Sie deshalb im voraus, mir nicht Anmaßung vorzuwerfen, wenn ich hier auch politische Fragen berühre, aber auch zu verstehen, weshalb ich mich dabei nicht mit jener Deutlichkeit ausdrücke, die von einem Deutschen erwartet und gefordert werden könnte.

Eine zweite Vorbemerkung hinsichtlich der Vorbereitung der heutigen Aussprache durch den Schriftenband, den ich im Auftrag des Ausschusses herausgebe. Ich habe im Januar dem Vereinsvorstand die rechtzeitige Fertigstellung jener Bandteile in Aussicht gestellt, die sich auf die Arbeitslosigkeit in Deutschland beziehen. Ich glaubte, es tun zu können, da die Beiträge im Frühjahr abgeliefert werden sollten. Zwei Bandteile konnten in der Folge rechtzeitig herausgebracht werden. Hingegen gelang es mir nicht, auch den dritten Bandteil noch vor der Dresdener Tagung vorzulegen, und zwar deshalb, weil einige der Mitarbeiter unter der Last ihrer sonstigen Verpflichtungen, die in dieser schweren Zeit besonders groß geworden war, die Beiträge zum vereinbarten Termin nicht abliefern konnten. Ich bedauere dies um so mehr, als hierdurch auch der zusammenfassende Beitrag über die Arbeitslosigkeit in Deutschland nicht abgeschlossen werden konnte, der heute als Basis der Diskussion hätte dienen können und auch mir die Aufgabe wesentlich erleichtert hätte. In diesem Zusammenhang noch die persönliche Bemerkung, daß ich in meinen Ausführungen von der Annahme ausgehen werde, daß mein einleitender Beitrag zu diesem Bande von den Anwesenden gelesen worden ist. Vielleicht, ja höchstwahrscheinlich, ist diese Annahme unbegründet, töricht,

(Heiterkeit)

denn wer liest schon heute Bücher, die andere geschrieben haben?

(Erneute Heiterkeit.)

Aber die Zeitökonomie zwingt mich zu dieser unwahrscheinlichen Annahme, sie zwingt mich, nicht alles das noch einmal hier zu sagen, was ich dort schon geschrieben habe. Auf der anderen Seite werde ich — dies zur Enttäuschung jener, die meinen Beitrag wirklich gelesen haben — materiell nicht viel Neues dem dort Vorgebrachten hinzuzufügen haben; denn innerhalb einiger weniger Monate kann sich natürlich meine Auffassung der Dinge nicht grundsätzlich geändert haben.

Eine dritte und letzte Vorbemerkung, und zwar zur Formulierung meines heutigen Themas. Das Hauptthema unserer Tagung lautet: „Deutschland und die Weltkrise“, mein Teilthema: „Industrialisierung und Arbeitslosigkeit“. Sinngemäß wäre das doch so zu verstehen, daß wir hier die Tatsache und die Ursachen der Weltkrise — richtiger des anhaltenden Wirtschaftsniederganges der letzten Jahre — und seines Hauptexponenten, der Arbeitslosigkeit, behandeln wollen, und daß ich diese Aussprache einleiten soll mit einem Vortrag über eine der Hauptursachen dieser Wirtschaftsgestaltung, eben über die Industrialisierung. Habe ich die Themastellung so richtig verstanden, dann muß ich von vornherein erklären, daß ich mich nicht ganz an das mir gestellte Teilthema halten werde. Denn ich halte dafür, daß die Industrialisierung, wie immer man den Sinn dieses Wortes auffaßt, nicht die Hauptursache, jedenfalls nicht in und an sich die Hauptursache, der eigenartigen Wirtschaftskonstellation des letzten Jahrzehnts in der Welt und in Deutschland ist. Um nun dem Problem, wie ich es sehe, gerecht zu werden, werde ich das mir gestellte Teilthema etwas erweitern und mithin von seiner Formulierung etwas abweichen müssen. Daß dies im allgemeinen und meist mit Recht nicht gern gesehen wird, weiß ich sehr wohl, und doch muß ich, wie die Dinge liegen, vorziehen, mich dem formalen Vorwurf auszusetzen, nicht ganz zum Thema gesprochen zu haben, als den materiellen Fehler zu begehen, an den wichtigsten Fragen achtlos vorbeigegangen zu sein.

Damit habe ich meine Stellungnahme zum Problem angedeutet und den Weg meiner Ausführungen vorgezeichnet. Ich gehe von der Industrialisierung aus, werde aber zeigen, daß sie erst im Zusammenwirken mit anderen Ursachen, zum Teil als deren Folge- und Nebenwirkung, zum

Teil in gleichzeitiger, aber voneinander unabhängiger Wirkung, jene katastrophale Lage hervorgerufen hat, vor der wir heute stehen. Die zu beantwortende Frage lautet also: Ist die Industrialisierung Ursache der Arbeitslosigkeit, und wenn ja, in welchem Maße? Daß ich dabei von den einzelnen Komponenten der Arbeitslosigkeit, von den einzelnen Rhythmen, in denen sie gleichzeitig schwingt, weder die konstante, die sogenannte „normale“, noch die kurzwellig-saisonale und auch nicht die mittelwellig-„konjunkturelle“, sondern ausschließlich die langwellige, strukturelle Arbeitslosigkeit behandeln werde, ergibt sich von selbst aus der in der Gegenwart überragenden Bedeutung dieser Art der Arbeitslosigkeit, die ich in meiner Einleitung zum Schriftenband mit allem Nachdruck hervorgehoben habe.

Ich gehe von der Industrialisierung aus. Zwei Tatbestände sind dabei auseinanderzuhalten: die Industrialisierung Deutschlands und die der übrigen Welt. Ich beginne mit der Industrialisierung Deutschlands. Was haben wir unter der Industrialisierung Deutschlands zu verstehen, und welche Tatsachen aus diesem Gebiete haben wir als wesentlich zur Erklärung der Arbeitslosigkeit heranzuziehen?

Hält man sich an das allgemein als erstes gewählte Merkmal der Industrialisierung eines Landes: an die berufliche Schichtung der Bevölkerung, so erkennt man sofort, daß in dieser Richtung im letzten Jahrzehnt in Deutschland keine größeren Wandlungen vor sich gegangen sind, und daß man also von hier aus keine besonders starken Wirkungen erwarten kann. Zwischen 1907 und 1925 nahm der Vomhundertsatz der in der Industrie Erwerbstätigen nur von 39,1 auf 41,4, also recht unbedeutend, zu; von dieser Zunahme wird übrigens ein gewisser Teil auf die Vorkriegszeit, auf die Jahre von 1907 bis 1914, entfallen. In den seit der letzten Zählung vergangenen sieben Jahren sind ebenfalls kaum größere Veränderungen vor sich gegangen — wenn man nach Abzug der Arbeitslosen die wirklich Erwerbstätigen ins Auge faßt, so wird man in der Gegenwart den Vomhundertsatz der in der Industrie Tätigen eher etwas kleiner als 1925 ansetzen —, und im übrigen bleibt die 1925 festgestellte Quote von 41,4% nicht unbeträchtlich hinter der schweizerischen (44,1%), der englischen (44,3%) und der belgischen (46,8%) zurück. Gewiß sind diese Zahlen für die Beurteilung bestimmter ökonomischer Probleme von großer Bedeutung; ebenso gewiß ist aber, daß man nicht aus ihnen den erschrecklich hohen Stand der Arbeitslosigkeit in Deutschland erklären kann, daß er vielmehr — wenn überhaupt die Erklärung auf diesem Gebiete gesucht werden soll — mit anderen strukturellen, langwellig wirkenden Wandlungen der industriellen Entwicklung Deutschlands zusammenhängt.

Man hat dabei nicht so sehr an die Ausweitung als vielmehr an die innere Umgestaltung, an die Änderung des Charakters der deutschen Industrie zu denken, vor allem an den Tatsachen- und Problemenkomplex, den man gewöhnlich mit dem sehr dehnbaren und im Grunde sehr wenig sagenden Worte „Rationalisierung“ bezeichnet. Ob mit Recht, hängt erstens davon ab, was man denn eigentlich unter Rationalisierung versteht, und zweitens davon, ob man die zeitbedingten Begleitumstände nach Gebühr mit in Betracht zieht, die ökonomischen und politischen Bedingungen der Zeit, in der die Hauptwelle der Rationalisierung und ihre Auswirkungen über Deutschland hinweggingen. Zwei Fragen habe ich somit zu prüfen: einmal die generelle Frage: ob die Rationalisierung an sich Arbeitslosigkeit verursacht, und wenn ja, unter welchen Umständen; und sodann die spezielle Frage: wie lagen und liegen diese zeitbedingten Umstände in Deutschland, wie wirkte demgemäß die Rationalisierung in Deutschland?

Zunächst kurz zu der ersten Frage. Die technische und organisatorische Rationalisierung des industriellen Betriebes hat zum Ziel die Hebung der Produktivität, des technischen Leistungsertrages. Mittel hierzu ist, allgemein gesehen, die Verbesserung des Verhältnisses zwischen Aufwand und Ertrag, im einzelnen: einerseits gewisse organisatorische Maßnahmen innerhalb des Betriebs — man denke an die Verlegung des Standorts, an die Spezialisierung der Produktion, an den Taylorismus, an die Psychotechnik und so fort —, sodann gewisse organisatorische Maßnahmen innerhalb der Unternehmung — ich erinnere etwa an die horizontale und vertikale Zusammenfassung und Teilung der Betriebe innerhalb der Unternehmung —; das Hauptmittel aber ist die Maschinisierung der Produktion, die Ersetzung der menschlichen Arbeit durch die Arbeit der Maschine. Immer wird das Ergebnis der technischen und organisatorischen Rationalisierung, insoweit sie an sich überhaupt gelingt, eine Hebung der Arbeitsproduktivität sein, eine Steigerung des naturalen Ertrags je Kopf der beschäftigten Arbeiter und je Arbeitsstunde. Folgt nun daraus — und diesen Schluß ziehen vielfach jene, die, ohne viel von diesen Zusammenhängen zu verstehen, am lautesten darüber urteilen —, daß die Rationalisierung Arbeiter freisetzt? Man sagt: wenn das gleiche Produktionsvolumen, für das früher 1000 Arbeiter erforderlich waren, heute mit 700 Arbeitern erzielt werden kann, so sind doch offenbar 300 Arbeiter durch die Rationalisierung freigesetzt und arbeitslos geworden.

Diese Argumentation kann, sie muß aber nicht richtig sein. Und jedenfalls ist sie nicht ausreichend. Denn die Tatsache der durch die Rationalisierung gehobenen Produktivität der Arbeit sagt an sich noch nichts über die ökonomischen und gesellschaftlichen Ergebnisse der Rationalisierung aus. Die Produktion kann sich ja gleichzeitig so erweitern, daß auch bei gestiegener Ausbringung alle Arbeiter in Arbeit verbleiben. Man muß also nicht unbedingt pessimistisch sagen: vor dem Kriege brauchte man in Deutschland zur Förderung von je 100000 Tonnen Steinkohle 340000 Arbeiter, heute nur noch 300 000, folglich sind auf je 100 000 Tonnen 40 000 Arbeiter, das sind 12%, arbeitslos gemacht worden — gesellschaftlich ein Mißerfolg. Man kann ebensogut optimistisch sagen: vor dem Kriege förderten 100 000 Mann 29 000 Tonnen Kohle, heute aber 33 000 Tonnen; folglich kann mit derselben Zahl von Arbeitern die Nachfrage nach Kohle um 14% weitergehend befriedigt werden — sozialökonomisch ein Erfolg. Es kommt indessen in dieser Frage, wie in den meisten Fragen der ökonomischen Theorie, gar nicht auf Pessimismus und Optimismus an, sondern auf etwas ganz anderes: den tatsächlichen gesellschaftlichen Enderfolg der technischen und organisatorischen Rationalisierung des Betriebs und der Unternehmung kann man nur aus ihrer ökonomischen Auswirkung erkennen.

Wie wirkt sich die Rationalisierung zunächst privatwirtschaftlich aus? Unter welchen Voraussetzungen entschließt sich der Unternehmer zur Rationalisierung, und wann bedeutet sie für ihn einen Erfolg? Für den Unternehmer ist die Rationalisierung schon dann als gelungen zu betrachten, sie steigert seinen Gewinn dann, wenn erstens die Produktionskosten durch die Rationalisierung gesenkt werden, d. h. wenn die Lohnkosten so stark sinken, daß sie den zunehmenden Kapitalkostenaufwand überkompensieren, und wenn zweitens das durch die Rationalisierung in der Regel erforderlich werdende höhere Optimum der Produktionsgröße den Marktverhältnissen entspricht, d. h. wenn die jetzt größer werdende Produktionsmenge sich ohne Schwierigkeiten absetzen und also die kalkulierte optimale Kapazität sich wirklich ausnutzen läßt. Sind diese Hauptbedingungen erfüllt, dann ist die Rationalisierung privatwirtschaftlich gelungen, dann ist sie für den Unternehmer von Vorteil.

Ist sie unter diesen Bedingungen auch für die Volkswirtschaft von Vorteil? Durchaus nicht immer. Damit sie auch einen sozialökonomischen Erfolg bedeutet, muß eine Reihe weiterer Bedingungen erfüllt sein. Vor allem muß die Senkung der Produktionskosten ein genügendes Maß erreichen, ein Maß, das groß genug ist, um die Freisetzungswirkung der technischen und organisatorischen Rationalisierung zu kompensieren, d. h. um die Möglichkeit einer baldigen Resorption, der Wiedereinstellung der zunächst überzähligwerdenden Arbeiter, zu sichern. Diese Kompensation kann dann in sehr verschiedener Weise vor sich gehen. Eine erste Möglichkeit zunächst: die Kostensenkung gestattet dem Unternehmer, die Preise herabzusetzen; die herabgesetzten Preise bewirken eine größere

Nachfrage auf dem Markt, und um ihr zu genügen, müssen die Betriebe erweitert werden und also die temporär entlassenen Arbeiter wieder eingestellt werden. Eine zweite Möglichkeit: ist auch bei herabgesetzten Preisen die Nachfrage nach den Erzeugnissen der rationalisierten Werke aus irgendwelchen Gründen nicht ausdehnungsfähig, so werden durch die niedrigeren Preise die Ausgabebudgets der Konsumenten entlastet, und es werden demzufolge andere Ausgaben an die Stelle der bisherigen treten können; es wird sich also eine neue Nachfrage zeigen, und um dieser zu genügen, wird man Betriebe anderer Produktionsgebiete erweitern oder neugründen müssen und hier jene Arbeiter einstellen können, die in den rationalisierten überzählig geworden sind. Eine dritte Art der Kompensation: die Produktionskostensenkung führt zwar nicht zu einer Senkung der Preise, wohl aber zu einer Erhöhung der Löhne in den rationalisierten Betrieben; die Kaufkraft der Arbeiter nimmt zu, die von den Arbeitermassen ausgehende Nachfrage weitet sich aus, und wiederum muß, um ihr zu genügen, das Produktionsvolumen ausgeweitet werden und müssen also neue Arbeiter eingestellt werden. In allen drei Fällen ist also, damit durch Rationalisierung Arbeitslosigkeit nicht entsteht, Voraussetzung, daß die Kosten genügend abnehmen, um die Kompensation zu ermöglichen. Wesentliche Voraussetzung ist ferner, daß genügend Kapital für die erforderlich werdenden Neuinvestitionen zur Verfügung steht, und daß diese Neuinvestitionen nach Erwägungen der ökonomischen ratio vor sich gehen und nicht durch unrationale privatwirtschaftlich-monopolistische und autoritär-wirtschaftspolitische oder gar rein politische und aökonomische Maßnahmen durchkreuzt werden. Voraussetzung ist schließlich, daß das Maß der Arbeitsintensität in den neuentstehenden Betrieben derart ist, daß eine Kompensation und folglich auch eine Resorption der freigesetzten Arbeiter möglich werde. Und endlich, daß die an einem Orte entlassenen Arbeiter ohne besondere Schwierigkeit an den Ort der neuentstandenen Nachfrage nach Arbeit versetzt werden können. Ich erwähne ferner eine vierte Möglichkeit der Kompensation: sie trifft dann ein, wenn die Kostensenkung zwar nicht Preissenkungen und Lohnerhöhungen zur Folge hat, aber dazu ausreicht, bei gleichbleibenden Löhnen die Arbeitszeit in einem solchen Maße zu verkürzen, daß trotz Rationalisierung keine Arbeiter entlassen werden.

In allen diesen vier Fällen und unter den angedeuteten Bedingungen wird die in einem genügenden Maße privatwirtschaftlich gelungene Rationalisierung eine anhaltende, langdauernde, langwellige Arbeitslosigkeit nicht hervorrufen können, höchstens eine vorübergehende Arbeitslosigkeit und im übrigen eine Arbeitsverschiebung. In einem fünften Falle schließlich, dem gesellschaftlich ungünstigsten Falle, wird die Rationalisierung zwar anhaltende Arbeitslosigkeit erzeugen, aber zugleich auch die Mittel zur Finanzierung der Unterstützung der freigesetzten Arbeiter zur Verfügung stellen; das wird dann der Fall sein, wenn zwar im Gefolge der Rationalisierung die Preise nicht sinken, die Löhne nicht steigen und die Arbeitszeit nicht verkürzt wird, die Gewinne der Unternehmer aber so stark zunehmen, daß sie zur Finanzierung des Lebensunterhaltes der freigesetzten Arbeiter ausreichen und sich für diesen Zweck auch erfassen lassen. Im übrigen ist hervorzuheben, daß in diesem fünften Falle der Unternehmer seine Gewinne doch so oder anders investieren wird und diese Investition neue Arbeitsgelegenheit und also wiederum Resorption der Arbeitslosgewordenen schaffen wird, immer unter der Voraussetzung, daß die ökonomische ratio den Weg bestimmt, und daß die Gewinne des Unternehmers nicht etwa in Geldform in ein Banksafe wandern oder gar eine Auslandsreise wiederum in Safes antreten.

Ich fasse zusammen: nur dann wird die Rationalisierung keine Arbeitslosigkeit verursachen und also auch volkswirtschaftlich gelingen, wenn ein Rationalisierungsgewinn wird erzielt werden können, der zur Kompensation ausreicht und sich entsprechend verwenden läßt. Ist dies nicht der Fall, dann wird anhaltende Arbeitslosigkeit unvermeidliche Folge der Rationalisierung sein; wohlverstanden: wenn nicht von irgendwelchen anderen Entwicklungserscheinungen entgegengerichtete Wirkungen kompensierend eingreifen werden, was aber außerhalb des hier interessierenden ursächlichen Zusammenhanges steht.

Im Anschluß an diese abstrakte Analyse, zu ihrer Erläuterung und zum Abschluß meiner Ausführungen zur generellen Frage führe ich Ihnen ein praktisches Beispiel vor, aus dem der Sinn der Rationalisierung klar hervorgehen soll. Ich wähle es aus dem Baubetrieb und untersuche die Kosten der Betonmischung. Bei Handarbeit kann ein Arbeiter in der Stunde 800 l Beton mischen. Rationalisiert man diesen Arbeitsvorgang und verwendet zur Betonmischung Maschinen, dann lassen sich (bei Verwendung eines bestimmten, recht verbreiteten Typus) in der Stunde mit 3 Arbeitern 3750 l Beton, das sind pro Kopf 1250 l, mischen. Durch Maschinisierung wird somit die Leistung des Arbeiters um rund 56% erhöht; man kann es freilich auch so ausdrücken, daß pro 1000 l Beton durch die Rationalisierung 36% Arbeiterstunden erspart bzw. 36% der Arbeiter freigesetzt werden. Dies der Effekt der Rationalisierung, rein technisch gesehen. Wie präsentiert sich dieses Ergebnis privatwirtschaftlich in den Kalkulationen des Unternehmers? Bei Handarbeit stellen sich die Kosten für 1000 l Beton bei einem Lohn von 1 RM. in der Stunde und unter Einrechnung der Sozialversicherungsbeiträge auf 1,39 RM.; bei maschinisiertem Betrieb unter Einrechnung der Verzinsung und Abschreibung, des

Brennstoff- und Schmiermittelverbrauchs, der Reparaturen und natürlich auch des Arbeitslohns auf 1,27 RM. für dieselbe Menge. Die Ersparnis für den Unternehmer beträgt 139 — 127 = 12 Pfg. Hat der Unternehmer die Sicherheit, daß er an seinen Baustellen den höheren Stundenanfall an Beton regelmäßig verwerten kann, so wird er sich zum Ankauf der Maschine entschließen. Noch einmal will ich die Bedeutung dieser Voraussetzung unterstreichen: denn kann der Bauunternehmer die volle Kapazität seiner Maschine in dem der Rentabilitätsberechnung zugrundegelegten Maße nicht ausnutzen, dann steigen die Kosten des maschinellen Betriebes und sinkt der Rationalisierungsgewinn, um sich schließlich bei einer noch weiter zurückgehenden Kapazitätsausnutzung in einen Rationalisierungsverlust zu verwandeln.

Und der volkswirtschaftliche Erfolg? Er wird davon abhängen, ob eine Kompensation in einer der von mir angedeuteten Arten — Preissenkung, Lohnerhöhung, Produktionsausweitung, Arbeitszeitverkürzung — möglich sein wird. Ich will die Analyse an Hand dieses Einzelbeispiels nicht weitertreiben, zumal das Ergebnis, je nach den gegebenen Bedingungen, von Fall zu Fall sehr verschieden ausfallen kann. Ich glaube aber nicht fehlzugehen, wenn ich behaupte, daß in dem von mir gewählten paradigmatischen Fall der volkswirtschaftliche Erfolg eher ausbleiben und die Kompensation sich kaum einstellen wird: zu gering ist der privatwirtschaftliche Rationalisierungsgewinn — er beträgt nur 9% —, zu gering aber auch die Möglichkeit einer volkswirtschaftlich günstigen Auswirkung bei einer Arbeitserspranis von 36%. Ich will dieses Beispiel durchaus nicht generalisieren, ich weiß sehr wohl, daß die Dinge in praxi auch ganz anders liegen können: die Rationalisierung muß nicht immer, wie wahrscheinlich in meinem Beispiel, volkswirtschaftlich mißlingen; die ganze Geschichte des 19. Jahrhunderts ist ja ein einziger Beweis dafür, daß eine Kompensation, d. h. eine Resorption der temporär Arbeitslosgewordenen, möglich ist. Der volkswirtschaftliche Erfolg hängt aber von der Bedingung eines günstigen Verhältnisses zwischen dem Maße der technisch und organisatorisch hervorgerufenen Freisetzung und dem Maße der ökonomischen Ersparnis durch die Rationalisierung ab. Generell könnte man vielleicht sagen, daß ceteris paribus die Möglichkeit der Kompensation um so größer ist, je größer der privatwirtschaftliche Erfolg der technischen und organisatorischen Rationalisierung, der unmittelbare Rationalisierungsgewinn ist. Denn ist er groß, dann ist mindestens der Fonds vorhanden, aus dem er zwischen dem Konsumenten, dem Arbeiter, dem Unternehmer und dem Staat verteilt werden kann. Ist er aber klein — im Grenzfall kann er bis auf Null sinken, ja bei Fehlkalkulation oder unerwartetem Konjunkturumschwung kann er sogar negativ werden —, dann wird die Möglichkeit der Wiedereinstellung der freigesetzten Arbeiter sehr gering, dann werden die Freigesetzten der Gesellschaft zur Last fallen; und auch der interventionsfreudigste Staat, die bestorganisierte Gewerkschaft und der einsichtsreichste Unternehmer werden an der simplen Tatsache nichts ändern können, daß dort, wo nichts oder nur wenig ist, nichts oder nur wenig verteilt werden kann.

Und nun zu der speziellen Frage: welche Wirkung hatte die in der Nachkriegszeit über Deutschland dahingegangene Rationalisierungswelle? Von welchen Entwicklungserscheinungen war die Rationalisierung begleitet, in welcher Atmosphäre spielte sie sich ab, durch was wurde sie gefördert, durch was durchkreuzt? Bei der Beantwortung dieser Fragen kann ich hier natürlich nicht auf Einzelheiten eingehen und muß mich mit einem mehr oder weniger flüchtigen Überblick dieser recht komplizierten Verhältnisse begnügen.

Anstoß zur verschärften Rationalisierung der Industrie in den Nachkriegsjahren gab die schwierige Lage, in die Deutschland durch den Krieg und durch seinen Ausgang geriet, als es galt, den durch den Krieg abgenutzten Industrieapparat unter Berücksichtigung der inzwischen realisierten technischen Fortschritte zu erneuern, ihn zum Teil wegen der Verluste durch die neuen Grenzziehungen neu aufzubauen und seine Leistungsfähigkeit dem enormen Warenhunger im Inlande und der Notwendigkeit der Warenausfuhr, der Wiedereroberung des Weltmarktes, der auch nicht mehr der alte war, anzupassen. Als Vorbild dienten dabei, namentlich um die Mitte der zwanziger Jahre, in vielem die Vereinigten Staaten von Amerika, genauer: die hochindustrialisierten Bezirke der Vereinigten Staaten. Und schon im Fieber der Inflation und erst recht nach der Stabilisierung der Währung fing man an, Teile der deutschen Industrie nach amerikanischem Muster zu rationalisieren.

Welches Maß diese Rationalisierung erreichte und welchen zunächst technischen Erfolg sie zu verzeichnen hat, läßt sich kaum zahlenmäßig genau sagen. Anhaltspunkte dafür liefern erstens die Berechnungen des Instituts für Konjunkturforschung über die Investitionen in der deutschen Volkswirtschaft, die die Jahre von 1924 an umfassen (unberücksichtigt bleiben dabei die Investitionen der Inflationszeit, die zwar wertmäßig kaum erfaßbar sind, die aber den Produktionsapparat Deutschlands nicht unwesentlich vergrößert haben), sodann die von mancher Seite, vom Enquêteausschuß, von einzelnen Fachverbänden und auch von manchem Autor, darunter auch von mehreren Mitarbeitern an unserer Untersuchung der Arbeitslosigkeit, angestellten Berechnungen über die Entwicklung der Produktivität der Arbeit in einzelnen Zweigen der deutschen Industrie und in ihrer Gesamtheit. Bei der Beurteilung dieser Dinge muß man sich natürlich hüten, sich auf einzelne Rekordzahlen zu stützen, die immer wieder bekanntgegeben werden; so las ich erst letzte Woche in einer Fachzeitschrift, daß in den Vereinigten Staaten eine Maschine für die Herstellung von Automobilrahmen erstellt worden ist, die eine Arbeit, für die bisher 600 Arbeiter erforderlich waren, mit 4 Mann verrichtet und also eine Zunahme der Produktivität um 14 900% bedeutet. Das sind Ausnahmen, die den Durchschnitt kaum merklich beeinflussen. Aber auch die durchschnittlichen Werte zeigen eine beachtenswerte Zunahme. Nach Mendelsohn vom A.D.G.B. soll die Produktivität der deutschen Industrie zwischen 1925 und 1929 um 25 bis 30% gestiegen sein, nach Reithinger soll 1931 das gegenüber 1926 um 3% geringer gewordene Produktionsvolumen der deutschen Industrie mit einer um rund 20% geringeren Zahl von Arbeitsstunden erreicht worden sein. Ich gestehe offen, daß ich allen diesen Zahlen, die die Gesamtheit der deutschen Industrie umfassen wollen, einigermaßen skeptisch gegenüberstehe: zu viele methodische Schwierigkeiten stehen solchen Berechnungen im Wege. Indessen, ob es sich um 30 oder 25 oder auch nur um 20% handelt, wie meines Wissens Rüstow dieses Ergebnis berechnet, ist nicht so wesentlich. Denn was zeigen diese Zahlen? Sie zeigen doch höchstens, wie ich vorhin schon ausgeführt habe, wieviel Arbeiter durch die Rationalisierung hätten freigesetzt werden können, sie beantworten aber nicht die uns hier primär interessierende Frage, die Frage, wie viele durch sie tatsächlich freigesetzt worden sind, d. h. wie sich die technische und organisatorische Rationalisierung ökonomisch und gesellschaftlich ausgewirkt hat.

Sind schon über den technischen Erfolg der Rationalisierung genaue Zahlen für die Gesamtheit der deutschen Industrie kaum beizubringen, so gilt das erst recht für ihren ökonomischen Erfolg, zumal er durch zahlreiche und sehr heterogene Entwicklungserscheinungen gefördert, in der Hauptsache aber durchkreuzt, hintangehalten, ins Gegenteil verkehrt, verschüttet worden ist, durch Erscheinungen, die mit der Rationalisierung an sich nichts zu tun haben, wohl aber zu den Hauptursachen der Arbeitslosigkeit gehören. Eine mathematisch genaue Trennung und Zurechnung ist hier kaum möglich. So muß ich mich hier bei der Behandlung dieser Zusammenhänge mit einigen, in aller Eile vorzutragenden Andeutungen begnügen.

Einmal — um mit dem Nächstliegenden zu beginnen — war in vielen Fällen die Rationalisierung schon von vornherein ökonomisch unrichtig in die Wege geleitet worden. Die Maßnahmen wurden nur zu häufig nach rein technischen Überlegungen und in blinder Anlehnung an das amerikanische Vorbild — an das berühmte „amerikanische Wirtschaftswunder" — verwirklicht, und dies trotzdem in Deutschland die über die

Maschinisierung entscheidenden Faktoren: Kapital, Kapitalzins, Arbeitslohn, ganz anders lagen. Die Fehlrechnung wurde dadurch noch gefördert, daß man im Krieg und in der Inflation das richtige Kalkulieren verlernt hatte. Sodann überschätzte man die Möglichkeiten der Marktausweitung, was zur Nichtausnutzung der gehobenen Kapazität führte, so daß in der Folge die Kosten bei der Fixkostenstruktur des kapitalgüterintensiven Betriebs nicht genügend abnahmen und die Möglichkeiten der Kompensation der Freisetzung durch Neueinstellung entschwanden. Schon aus diesen Gründen ergab sich in vielen Fällen volkswirtschaftlich eine eigentliche Fehlrationalisierung. Sie wurde aber in ihren Auswirkungen auf den Arbeitsmarkt durch eine ganze Reihe weiterer Ursachen noch wesentlich verstärkt.

Zunächst dadurch, daß die Forcierung der Rationalisierung und des Ausbaues einzelner Industriezweige und -unternehmungen gewaltige Kapitalinvestitionen erforderte, darunter, wie gesagt, auch eigentliche Kapitalfehlinvestitionen, die bei der Kapitalknappheit der Nachkriegszeit der Zuführung des erforderlichen Kapitals an andere Wirtschaftszweige hindernd im Wege standen. Zwei Folgen ergaben sich daraus. Einmal eine Vergrößerung der Arbeitslosigkeit: denn ohne Kapital kann man Arbeiter nicht zweckmäßig einstellen. Zweitens jenes Hauptmerkmal und Grundübel der modernen Wirtschaft, das in der Disproportionalität liegt: in der Disproportionalität der Rationalisierung zunächst und darüber hinaus in der Disproportionalität der Wirtschaft überhaupt, in der eine der Ursachen des gestörten Gleichgewichts und der Verzögerung oder gar der Verunmöglichung der Kompensation zu suchen ist.

Gefördert wurde diese Disproportionalität der Rationalisierung auch durch den in vielem von aökonomischen, rein politischen Zielsetzungen geleiteten Interventionismus des In- und Auslandes, der den Außenhandelsverkehr stark und schließlich in einem unerhörten Maße hemmte und so einerseits die Rationalisierung einzelner Wirtschaftszweige — vor allem der Landwirtschaft — hintanhielt und andererseits die Ausnützung der vollen Kapazität der rationalisierten Unternehmungen verunmöglichte. Mit dem Interventionismus berühre ich schon eine jener Tatsachen, die wohl zu den wichtigen Ursachen der Arbeitslosigkeit gehören, die aber, wenngleich sie sich auf dem Gebiete der industriellen Entwicklung auswirken, doch nicht eigentlich auf diesem Gebiete verwurzelt sind, und die ich deshalb hier nur ganz kurz berühren darf. So begnüge ich mich mit der lapidaren Feststellung, daß der Interventionismus nicht nur in der von mir soeben angedeuteten außenhandelspolitischen Richtung — als Protektionismus — wirkt, worauf ich noch zu sprechen kommen werde; er zeigt sich auch in der Binnenwirtschaft — autoritäre Preisfestsetzung durch den Staat, Subventionen aller Art, Steuerpolitik, Verkehrspolitik — und namentlich in der ganzen sozialpolitischen Gesetzgebung und Verwaltung: im raschen Ausbau der Arbeitslosenversicherung, in der Einführung von Gesamtarbeitsverträgen mit langfristiger Bindung der Arbeitsbedingungen und Arbeitslöhne, in der öffentlichen Schlichtung und neuerdings in der unmittelbaren Festsetzung der Arbeitslöhne durch Staatsorgane, in der „Politisierung" der Löhne — lauter Momente, die man bei der Erklärung der langwelligen Arbeitslosigkeit in den Vordergrund zu rücken hat.

Zu den Zeiterscheinungen, die einer günstigen Auswirkung der Rationalisierung im Wege standen und auch darüber hinaus die industrielle Entwicklung und den Arbeitsmarkt ungünstig beeinflußten, gehört ferner die in Deutschland in der Nachkriegszeit festzustellende starke Zunahme des Monopolgedankens, der vor allem im Verhalten der monopolistischen Gebilde der Unternehmer, der Kartelle, zum Ausdruck kommt. Auch in der Politik der Gewerkschaften spielt der Monopolgedanke eine erhebliche Rolle, und auch von ihr gehen bestimmte, auch in diesem Zusammenhange interessierende Wirkungen aus; ich begnüge mich mit dieser Feststellung und gehe nicht weiter auf sie ein. Hinweisen muß ich aber vor allem auf die Wirkung der Kartelle. Wie liegen hier die Zusammenhänge? Es bedarf wohl keines weiteren Beweises dafür, daß die auf die Ausschaltung des freien Wettbewerbs gerichteten Maßnahmen der Kartelle — die Maßnahmen gegenüber dem Markte, gegenüber den eigenen Mitgliedern und gegenüber den Außenseitern (ich begnüge mich mit diesen Andeutungen) — die Selbstregulierung des Marktes einschränken, die Auskämmung des Veralteten verhindern, die Ausnutzung der Kapazität verunmöglichen, die Produktionskosten erhöhen, die Kapitalfehlleitungen — Selbstfinanzierung, Quotenkäufe! — fördern, das Produktionsvolumen vermindern, die Preise aber hinauftreiben und so einerseits die Kompensation der Rationalisierung und der durch die Rationalisierung hervorgerufenen Wirkungen erschweren und darüber hinaus mittelbar und unmittelbar Arbeitslosigkeit erzeugen.

Ich möchte nicht mißverstanden werden — heute wird man ja sehr rasch mißverstanden —: ich gehöre durchaus nicht zu jenen prinzipiellen Fanatikern der Wirtschaftsfreiheit, denen die Kartelle ein Greuel sind und die erst recht jeden Interventionismus des Staates a limine ablehnen. Ich weiß sehr wohl, daß Kartelle auch Vorteile aufweisen, und daß sie in manchem Fall auch sozialökonomisch zweckmäßig sind. So betone ich ausdrücklich, daß die von mir soeben angedeuteten Wirkungen nicht so sehr von den Kartellen als solchen ausgehen, als vielmehr von der spezifischen Politik gewisser deutscher Kartelle in der Nachkriegszeit, von ihrer merkwürdigen Preispolitik, von ihrem Elastizitätsmangel, vor allem von ihrer Kurzsichtigkeit in der Wahrung selbst ihrer eigenen Interessen. Und ebenso verhält es sich mit dem Interventionismus. Ich bin überzeugt, daß man ohne Intervention des Staates nicht auskommen kann, daß eine ausgleichende, die egoistische Einstellung der wirtschaftenden Individuen überbrückende, solidaristisch ausgerichtete Intervention von Vorteil, ja eine Notwendigkeit ist. Denken Sie nur an die Worte der Einberufer der Eisenacher Versammlung von 1872, die zur Gründung unseres Vereins führte: „Der Staat, das großartigste sittliche Institut zur Erziehung des Menschengeschlechts... Die starke Staatsgewalt, die über den Interessen steht..., die mit gerechter Hand die Schwachen schützt, die unteren Klassen hebt." Aber folgt denn aus der grundsätzlichen Anerkennung der wohltätigen Wirkung des Interventionismus, daß man jeden Interventionismus als richtig, als zweckmäßig, als gefahrlos anzusehen hat? Dem Interventionismus sind ökonomisch gewisse Grenzen gezogen — er muß tragbar und erfüllbar sein —, er muß in sich geschlossen sein — einen Plan in sich haben —, er muß sich vor allem der zweckmäßigsten Mittel bedienen. Nun: ich glaube nicht, daß der Interventionismus in Deutschland im Verlaufe der letzten fünfzehn Jahre oder auch nur der allerletzten Jahre diesen Elementarforderungen, die man an den Interventionismus vom ökonomischen Standpunkt aus zu stellen hat, entsprach. Im speziellen Zusammenhang meiner Ausführungen habe ich übrigens noch zu bemerken, daß die Rationalisierung, betrieben in dem Tempo der letzten Jahre, sich meines Erachtens nur in einer möglichst unbehinderten, freien Wirtschaft — vielleicht auch in ihrem direkten Gegenteil: in einer durch und durch organisierten Planwirtschaft (so eine solche möglich ist) — günstig auswirken kann. Nur in ihr wird der notwendige Anpassungs- und Umstellungsprozeß rasch vor sich gehen können. Nicht aber in einer nach einseitigen privaten Interessen und rein politischen Überlegungen gebundenen Wirtschaft, in einer durch Kartelle und eine zwar scharfe, aber doch unvollkommene, ökonomisch widerspruchsvolle Intervention gebundenen, gefesselten, „eingefrorenen" Wirtschaft.

Und nun zum letzten Hindernis einer günstigen Auswirkung der Rationalisierung der deutschen Industrie, zugleich zu einer auch an sich, auch ohne Zusammenhang mit der Rationalisierung, wesentlichen Ursache der Arbeitslosigkeit der Gegenwart. Ich denke dabei an den zweiten Sinn der Formulierung des mir gestellten Themas „Industrialisierung und Arbeitslosigkeit" und gehe zu der Behandlung des Zusammenhanges zwischen der Industrialisierung der Welt und der Arbeitslosigkeit in Deutschland über. Der Sachverhalt ist bekannt. Schon im Kriege fingen viele

Staaten an, ihren industriellen Apparat auszubauen. Nach Kriegsende nahm diese Entwicklung ein noch rascheres Tempo an und zeigte sich insbesondere auch in manchen der aus dem Kriege hervorgegangenen neuen Staaten. Verursacht war diese Entwicklung, die stellenweise stürmisch verlief, wohl zu einem geringeren Teil durch die Grenzverschiebungen, die zusammenhängende Industriekörper auseinanderrissen und, wie die Dinge im außenhandelspolitischen Verkehr der Nachkriegszeit lagen, den Wiederaufbau der Industrie beiderseits der neuen Grenzen erforderlich machten, in der Hauptsache aber durch die Erkenntnis der Schwierigkeiten, die in der Zeit der durch den Krieg hervorgerufenen Unterbrechung, jedenfalls der starken Behinderung des internationalen Handelsverkehrs entstanden, und wesentlich durch den Wunsch, sich vom Ausland unabhängig zu machen: der Drang nach Autarkie. In manchem Fall, ich brauche hier wohl keine Beispiele zu nennen, war die Entstehung dieser neuen Industrien und der Ausbau der alten auch ökonomisch gerechtfertigt. In vielen anderen aber wurde an eine natürliche ökonomische Lebensfähigkeit und Zweckmäßigkeit der betreffenden Industrien überhaupt nicht gedacht — wer wollte da schon an den alten Ricardo denken? Wie viele der Welterneuerer wußten und wissen überhaupt von seiner Existenz? Es ging ja um politische Zielsetzungen, die sich aus der Akzentuierung des nationalen und nationalistischen Denkens der Völker oder auch nur ihrer Führer ergaben. Von vornherein war man sich darüber im klaren, daß die Existenz sehr vieler dieser neuen Industrien nur durch protektionistische Maßnahmen gesichert werden konnte.

Wenn auf irgendeinem Gebiete, so erreichten die Staaten Europas und der Welt eben auf diesem Gebiete, auf dem Gebiete des Protektionismus — den man ja heute schon Prohibitionismus nennen sollte! — eine Virtuosität ohnegleichen. Vom einfachen Zoll und bis zur Kontingentierung und Grenzsperre, von der Erschwerung des internationalen Geldverkehrs und bis zur Zahlungssperre und absichtlichen Entwertung der eigenen Währung, von der Subventionierung aller Art — ihre Möglichkeiten sind unbegrenzt! — und bis zur autoritären Unterstützung des Dumpings, vom Appell an den Patriotismus und bis zur ausgesprochenen Boykottpropaganda — alle Mittel zur Stützung der nicht lebensfähigen und zur Erleichterung der Lage der durchaus existenzfähigen Industrien wurden in diesen Jahren, namentlich in den allerletzten Jahren und in der Gegenwart angewandt. Und täglich kommen, ja müssen neue kommen — darin liegt ja die Tragik der heutigen Weltwirtschaft —, denn jede Kampfmaßnahme des einen Staates wird durch noch wirksamere Maßnahmen der anderen beantwortet.

Die neuen und neuausgebauten Industrien, entstanden hinter diesem

Schutzwall eines Höchstprotektionismus, begannen gar bald, die alten Lieferanten nicht nur von ihrem nationalen Markt zu verdrängen, sondern auch auf dritten Märkten zu bedrängen. Alle wollten alles produzieren, alle wollten allen alles verkaufen, keiner wollte aber vom anderen etwas kaufen. Man hatte im Inland rationalisiert, d. h. vernünftiger gestaltet, und hob gleichzeitig im internationalen Verkehr die Herrschaft der Vernunft auf. Wie kann man da noch von einer Rationalisierung der Wirtschaft sprechen?

Welche Folgen ergaben sich daraus für den Arbeitsmarkt? Der Konsum wurde verteuert und ging zurück — Arbeitslosigkeit; Kapital wurde in enormen Mengen fehlgeleitet — Arbeitslosigkeit; alte Absatzgebiete gingen verloren, bisherige Lieferanten wurden verdrängt — Arbeitslosigkeit; die Stellung der Länder älterer industrieller Entwicklung und industrieller Ausfuhr wurde erschüttert — Arbeitslosigkeit. Und Arbeitslosigkeit ist infektiös: Arbeitslosigkeit in einem Lande verursacht Arbeitslosigkeit in den anderen Ländern, mit denen es bisher im Handelsverkehr stand: die sinkende Kaufkraft der in einem Lande arbeitslos gewordenen Arbeiter und Angestellten, des ruinierten Mittelstandes, des um seinen Gewinn gebrachten Unternehmers ruft Arbeitslosigkeit in den Lieferländern dieses Landes hervor. Eine in der Gegenwart für die Erklärung der Arbeitslosigkeit sehr wichtige Feststellung, die man, wie mir scheint, viel zu wenig beachtet: die Bedeutung der internationalen wirtschaftlichen Interdependenz.

Doch kehren wir zur Industrialisierung der Welt zurück. Man wird vielleicht einwenden, daß diese Entwicklung ja nichts prinzipiell Neues bedeutet, daß ja auch schon in den vorausgegangenen Jahrzehnten die auf die Einfuhr industrieller Erzeugnisse angewiesen gewesenen Länder sich allmählich emanzipierten, daß schon seit langem, nicht erst seit fünfzehn Jahren, neben dem „Altkapitalismus" ein „Jungkapitalismus" entsteht, und daß der jüngste, um mit Sombart zu sprechen, „farbige" Kapitalismus nichts anderes als ein Bestandteil dieses Jungkapitalismus ist. Ja man wird mich vielleicht daran erinnern, daß diese Entwicklung vorauszusehen war, daß Sombarts Gesetz der sinkenden Quote des Außenhandels eben aus diesen Erkenntnissen entstand, und daß um die Zukunft besorgte Nationalökonomen — Wagner, Oldenberg, Pohle — davor warnten, Produktionsmittel und namentlich Maschinen in den „nichtkapitalistischen Weltraum" auszuführen, denn sonst würden sich die Länder des Altkapitalismus selbst das Grab graben.

Ich brauche nicht auf diese Fragen einzugehen, denn zweifellos werden sie morgen in der Autarkiedebatte in aller Breite und Tiefe aufgerollt. So begnüge ich mich mit der Feststellung, daß ich diese Auffassung nicht teile. Die Erfahrungen der Vergangenheit zeigen, daß die Industrialisierung eines Landes seine Einfuhr an industriellen Erzeugnissen und selbst an Maschinen nicht nur nicht vermindert, sondern eher erhöht. Die besten Abnehmer der hochindustrialisierten Länder sind nicht etwa die Agrarländer, sondern die dichtbesiedelten Industrieländer. Ich darf Sie vielleicht daran erinnern, daß selbst 1931 — in dem Jahr, in dem der Einfuhr überall die allergrößten Hindernisse in den Weg gestellt wurden — die Schweiz, ein Land mit der höchsten Kopfquote der Ausfuhr und mit des höchsten Anteils der in der Industrie erwerbstätigen Bevölkerung, nicht weniger als 67% ihrer Ausfuhr in den neun höchstindustrialisierten Ländern Europas und in den Vereinigten Staaten absetzte. Im übrigen spricht dafür auch die ganze Geschichte der Industrialisierung Europas, etwa Deutschlands, der Schweiz, auch der Vereinigten Staaten. Freilich ändert sich im Verlaufe der Entwicklung die Struktur der industriellen Ausfuhr in die Industrieländer, und es ergibt sich daraus die Notwendigkeit der fortwährenden Umstellungen und Anpassung, in deren Gefolge gelegentlich auch schmerzliche, aber vorübergehende Störungen auftreten. Eine dauernde Gefahr für die Ausfuhr der alten Industrieländer ergibt sich daraus aber nicht. So lagen die Dinge in der Vergangenheit, wir haben keinen Anlaß, anzunehmen, daß sich diese Entwicklung grundsätzlich ändern werde oder sich gar schon geändert habe.

Aber — und das ist wesentlich — nicht diese Frage, nicht die Frage, wer im Streite um die angeblichen „Schrecken des überwiegenden Industriestaates" recht hat, nicht die generelle Frage, wie bei normaler, wenigstens in der Hauptsache nach ökonomischen Überlegungen verlaufender Industrialisierung der Welt die Industrialisierung des halbkapitalistischen und nichtkapitalistischen Weltraumes an sich auf die wirtschaftliche Entwicklung der Länder älterer industrieller Kultur, auf ihre säkuläre Entwicklungstendenz, auf ihren Trend, einwirkt — nicht diese Frage steht hier heute zur Diskussion. Sondern die wesentlich engere spezielle Frage, die Frage, wodurch die so merkwürdig verlaufende Arbeitslosigkeit in Deutschland im letzten Jahrzehnt zu erklären ist. Und bei der Beantwortung dieser Frage — genauer: bei der Zurechnung eines Teiles der enormen Arbeitslosigkeit der Gegenwart — denn auch andere Ursachen wirken gleichzeitig — kann man, auch ohne sich zu jener Ansicht zu bekennen, sehr wohl einsehen, daß Deutschland (und in einem noch viel stärkeren Maße England) durch eine jener, von mir vorhin schon angedeuteten, mit der Industrialisierung der Welt zusammenhängenden, wellenartig verlaufenden Störungen hindurchgeht, die auch bei einem nicht abwärts gerichteten Trend immer wieder vorkommen. Noch einmal:

die Lehrmeinung von Wagner, Pohle und Oldenberg bezieht sich auf die Richtung des Trends, der säkulären Entwicklung der Länder des Altkapitalismus. Die Ablehnung dieser Auffassung schließt die Anerkennung der Möglichkeit, ja der Wahrscheinlichkeit temporärer, vorübergehender Störungen nicht aus.

Und diesmal zeigt die Störung deshalb besonders starke Ausschläge, weil erstens die Industrialisierung — nicht nur der politischen und wirtschaftlichen Neuländer — mit einer bisher unbekannt gewesenen Plötzlichkeit, in einem stellenweise sich förmlich überschlagenden Tempo vor sich ging, und weil zweitens die alten Industrieländer sich in törichter Weise mit den schärfsten Waffen auf politischem und wirtschaftlichem Gebiete bekämpfen, wodurch sie möglicherweise noch samt und sonders um ihren säkulären Vorsprung ihren jüngeren Konkurrenten gegenüber kommen werden. Und diesen beiden, für die Erklärung der Arbeitslosigkeit der Gegenwart sehr wichtigen Tatsachenreihen liegen in der Hauptsache nicht etwa ökonomische oder ökonomisch auch nur halbwegs vertretbare Überlegungen, sondern rein politisches Wollen, rein politische Zielsetzungen zugrunde, wie auch ein großer Teil der Mittel des modernen Höchstprotektionismus im Dienste dieser rein politischen Zielsetzungen steht.

Und das eben ist die letzte von mir hier zu erörternde, ihrem spezifischen Gewicht nach freilich eine der ersten und entscheidenden Ursachen des eigenartigen Wirtschaftsniederganges der Nachkriegsjahre und seines Hauptexponenten, der langwelligen Arbeitslosigkeit: die Politik, die außen- und innenpolitische Entwicklung, das der ökonomischen ratio widersprechende politische Wollen. Immer wieder stieß ich auf sie im Verlaufe meiner Ausführungen, und abschließend muß ich sie noch einmal — nicht gern, aber durch die Sachlage verpflichtet und dieser Pflicht gehorchend — hervorheben; ich werde dafür auf die Anführung der übrigen Ursachen des Wirtschaftsniederganges und der langwelligen Arbeitslosigkeit der Gegenwart, die ich in meinem einleitenden Beitrag zum Schriftenband eingehend behandelt oder auch nur aufgezählt habe, verzichten.

Ich wiederhole: die eigentlichen Ursachen der Arbeitslosigkeit, die die meisten unmittelbar zu erkennenden Faktoren erst in Bewegung setzen, sind zu einem großen Teil auf dem politischen Gebiete zu suchen. Politische Zielsetzungen wirkten und wirken heute noch zunächst unmittelbar: soll ich wirklich, um ein Beispiel zu nennen, auf den Versailler Vertrag erinnern, der Deutschland unsinnige Lasten auferlegte und ein zusammenhängendes Gebiet zerriß? Politische Zielsetzungen und von aökonomischen Erwägungen getragene politische Eingriffe wirkten und wirken auch mittelbar: sie kommen in der Wirtschaftsgesetzgebung und -verwaltung zum Ausdruck; ich nenne nur den Interventionismus, nicht so sehr den Interventionismus an sich, als vielmehr den merkwürdigen Interventionismus unserer Tage. Ihre Wirkung erkennen wir schließlich auch in der schweren Psychose, die seit dem Kriege die Welt ergriffen hat und immer noch nicht weichen will; sie bestimmt das Verhalten des Einzelnen — des Unternehmers, des Kapitalisten, des Sparers, des Arbeiters —, sie vergiftet die internationalen Beziehungen, sie untergräbt die Grundlage jeder Verkehrswirtschaft: das Vertrauen, sie durchkreuzt und verdrängt in allem und in jedem das ökonomisch vernünftige Handeln.

Ich bin auf einen Einwand gefaßt und will ihn deshalb vorwegnehmen. Sie könnten mich fragen, wer mir denn eigentlich das Recht gibt, das Ökonomische für vernünftig, das Politische aber für unvernünftig zu erklären. Mit Verlaub: ich tat es nicht. Ich sprach lediglich von dem in der Gegenwart nur zu häufig festzustellenden Widerstreit zwischen dem ökonomischen Vernünftigen auf der einen und dem Politischen auf der anderen Seite. Nun, ich gehöre durchaus nicht zu jenen Nationalökonomen — es soll auch solche geben! —, die, weil sie sich eben ihr Leben lang nur mit rein ökonomischen Problemen befaßt haben, die ganze Welt als ein rein ökonomisches Gebilde, das ganze Weltgeschehen als ein rein ökonomisches Theorem betrachten. Ich weiß sehr wohl, daß dem nicht so ist, daß das wirtschaftliche Element und das ökonomische Räsonnement nur die eine Komponente des menschlichen Handelns und des gesellschaftlichen Geschehens sind. Ich weiß sehr wohl, daß die Welt nicht nur durch die ökonomische Vernunft regiert wird, daß im Leben der Menschen und im Leben der Völker neben dem Rationalen — Gott sei Dank! — auch das Emotionale eine Rolle spielt, daß der Mensch nicht nur immer und immer wieder den materiellen Aufwand und den materiellen Ertrag einander gegenüberstellt, sondern auch andere Ziele kennt. Ich selbst gebe der Losung „Wirtschaft ist Schicksal" durchaus nicht unter allen Umständen den Primat vor „Politik ist Schicksal". Ich kann sehr wohl verstehen, daß man, ein hohes ideelles Ziel verfolgend, die ökonomische Vernunft preisgeben und materielle Opfer bringen kann, bringen soll, bringen muß (allerdings ist der Wirtschaftspolitiker verpflichtet, dem Volke zu sagen, wie groß diese materiellen Opfer jeweilen sind!).

Aber — was galt es heute hier zu erkennen? Hatten wir denn darüber zu urteilen, was die Völker in ihrem Tun bestimmt? Durchaus nicht. Tatsachen galt es festzustellen und sie zu erklären. Und ich stelle folgendes fest. Offenbar erscheint den Völkern Europas und der Welt seit zwei

Jahrzehnten die Erreichung ihrer politischen Ziele wichtiger als die Befolgung ökonomischer Maximen. Sonst wäre ihr Handeln unverständlich. Mag sein, daß sie darin recht haben, mag sein, daß diese Ziele die Opfer wert sind, mehr wert sind als das bißchen Kartoffeln und Kattun, das der Mensch zum Leben braucht — anders ausgedrückt: als die Aufrechterhaltung der Existenz der Massen auf dem bisherigen Niveau —, mag sein — ich habe darüber nicht zu urteilen, und auf mein Urteil kommt es übrigens nicht an. Eines aber, und das ist entscheidend, steht fest. Fest steht — und das werden auch die Vertreter des absoluten Primats der Politik und der aökonomischen Zielsetzungen nicht abstreiten können —, daß dieses Verfolgen politischer Ziele, das neuerdings in einem ganz ungewöhnlich starken Maße auf Kosten der ökonomischen Vernunft geschieht, zu schweren und anhaltenden wirtschaftlichen Störungen führen muß und tatsächlich geführt hat. Vor diesen Störungen und ihren Folgen stehen wir heute. Und das gibt mir das Recht, in der der ökonomischen ratio entgegengerichteten Politik, in den außen- und innenpolitischen Maßnahmen der letzten zwei Jahrzehnte und in ihren Wirkungen auf die Wirtschaft und auf die Psyche ihrer Lenker mit die entscheidende Ursache der merkwürdigen Wirtschaftslage der Gegenwart zu sehen, wie ich schon schrieb: die causa vera, die causa efficiens, die causa prima, neben der die Industrialisierung und in ihr die Rationalisierung nur die Rolle einer abgeleiteten Ursache, einer causa secunda, spielt.

Ich schließe: Wenn man das politische Weltgeschehen der letzten zwei Jahrzehnte genau betrachtet, dann darf man sich über den Wirtschaftsniedergang und die Arbeitslosigkeit nicht wundern. Ein Wunder wäre es, wenn die Welt vom Elend nicht ergriffen wäre.

(Lebhafter anhaltender Beifall.)

Präsident Oberbürgermeister Dr. **Külz** (Dresden):

Meine Damen und Herren! Ich darf mich zum Sprachrohr Ihrer Dankgefühle machen und Herrn Professor Saitzew unseren herzlichen Dank für den wertvollen Vortrag zum Ausdruck bringen, mit dem er uns heute beschenkt hat.

Meine Damen und Herren, ich bitte nunmehr den zweiten Referenten, Herrn Professor Colm, das Wort zu nehmen.

(Professor Dr. Wilbrandt, Dresden, übernimmt den Vorsitz.)

Prof. Dr. **Colm** (Kiel):

Meine Damen und Herren!

Die Aufgabe eines Korreferenten ist leicht in zwei Fällen: einmal, wenn er ganz anderer Meinung ist als der Hauptreferent; zum andern, wenn eine sachliche Aufteilung des Problems vorgenommen wurde. Beides ist in meinem Fall nicht gegeben. Der Herr Vorredner hat uns einen so klaren und überzeugenden Gesamtüberblick gegeben, daß es wenig fruchtbar wäre, nun noch den einen oder anderen weiteren Erklärungsgrund für die Arbeitslosigkeit anzuführen. Ich glaube daher, der Diskussion dieses Tages dadurch am besten zu dienen, daß ich die gleichen Faktoren unter einer ganz speziellen Blickrichtung untersuche. Unser Thema stellt die Frage nach dem Zusammenhang zwischen der Industrialisierung, also einem strukturellen Entwicklungsprozeß, und der Arbeitslosigkeit. Ich glaube aber nicht, daß damit das Problem auf die langwellige Arbeitslosigkeit beschränkt wird, ich glaube vielmehr, daß gerade auch die mittelwellige, die im engeren Sinn konjunkturelle Arbeitslosigkeit durch den Stand der Industrialisierung mitbestimmt wird. Wir fragen nach dem Anteil, den die Industrialisierung an den Ursachen der Arbeitslosigkeit, vor allem in Deutschland, hat. Bewußt sehe ich ab von der Erörterung der übrigen Faktoren, vor allem den politischen Erklärungsgründen der Arbeitslosigkeit, den Auswirkungen von Krieg und Kriegsliquidierung, die mein verehrter Herr Vorredner mit Recht sehr stark betont hat. Und doch dürfen auch wir diese entscheidend wichtigen Faktoren nicht einfach beiseiteschieben, wenn unsere Darstellung nicht jeden Realitätswert verlieren soll. Wir müssen sie als eine Voraussetzung, als ein Datum in unsere Erörterung aufnehmen. Wir fragen daher, inwieweit es an der Industrialisierung liegt, daß die politischen Erschütterungen zu einer solchen Arbeitslosigkeit führen konnten. Hat das industrielle System ein Entwicklungsstadium erreicht, in dem — unter den Bedingungen einer nicht befriedeten Welt — das wirtschaftliche Gleichgewicht systemnotwendig gefährdet wird? Sombart spricht von dem „Gesetz des proportionalen Verhältnisses zwischen Agrarbasis und Industrieüberbau". Wir fragen, ob in diesem oder in einem anderen Sinn die Industrialisierung zu einer Wirtschaftsstruktur geführt hat, die die innere Möglichkeit oder Widerstandsfähigkeit des gesamten wirtschaftlichen Gefüges in Frage stellt. Das Thema fordert demnach im Grunde eine Antwort darauf, ob Industrialisierung zur Überindustrialisierung geführt hat, ob die industrielle Entwicklung eine innere ökonomische Norm überschritten hat. Die Frage nach der etwaigen politischen oder kulturellen Normwidrigkeit der industriellen Systems wird in dem Thema des heutigen Tages hingegen nicht gestellt.

Industrielle Entwicklung müssen wir hier in einem doppelten Sinn verstehen. Wir sprechen von extensiver Industrialisierung, wenn der Anteil der Erwerbstätigen steigt, die mit der Herstellung, dem Transport oder dem Vertrieb von Industrieerzeugnissen beschäftigt sind, zu Lasten etwa der Erwerbstätigen in der Landwirtschaft oder in der anorganischen Rohstofferzeugung. Eine solche extensive Industrialisierung hat stattgefunden erstens durch die sogenannte Industrialisierung der Agrarländer, zweitens — was noch sehr viel wichtiger ist — durch die weitere Industrialisierung der Industrieländer selbst. Diese Extensivierung ging Hand in Hand mit der Intensivierung, wie wir den Übergang zu höherer Technik, also alle die Vorgänge bezeichnen, die Saitzew unter dem Schlagwort „Rationalisierung" zusammenfaßte.

Auf zahlenmäßige Belege für diese beiden Entwicklungen darf ich wohl verzichten, zumal die Extensivierung der letzten Jahrzehnte in dem vom Institut für Weltwirtschaft und Seeverkehr in Kiel herausgegebenen Werk über den Außenhandel, die Intensivierung in den von Saitzew für unsere Tagung vorbereiteten Industrieberichten eingehend dargestellt ist.

Nicht sprechen werde ich weiter von den wirtschafts- und konjunkturpolitischen Maßnahmen, die aus der Arbeitslosigkeit herausführen oder für die Zukunft einem derartigen Krisenausschlag vorbeugen sollen. Und doch haben meine Ausführungen keinen anderen Sinn, als Ansatzpunkte aufzuweisen für die konjunkturpolitische Beurteilung der bisherigen Wirtschaftspolitik sowie für die Gestaltung unserer gegenwärtigen Wirtschaftsordnung, die erfolgen muß, wenn das industrielle System Bestand haben soll.

Bei der Untersuchung, inwieweit die gegenwärtige Arbeitslosigkeit durch den Stand der extensiven oder intensiven Industrieentwicklung mitbedingt ist, haben wir drei Unterfragen zu stellen:

1. Inwieweit ist die Industrialisierung als eine Ursache von Gleichgewichtsstörungen anzusehen?
2. Inwieweit ist das im Vergleich zu früheren Krisen größere Ausmaß der Arbeitslosigkeit auf den Stand der Industrialisierung zurückzuführen?
3. Inwieweit ist die Dauer der Arbeitslosigkeit durch den Stand der Industrialisierung zu erklären?

Zur Erleichterung der Diskussion werde ich die Antworten auf jede dieser Unterfragen thesenartig zusammenfassen.

1. Die Industrialisierung als Ursache von Gleichgewichtsstörungen

a) Fragen wir also zunächst, ob die extensive Industrialisierung den Anlaß zu Gleichgewichtsstörungen gegeben hat, ob im Sinne Sombarts das Verhältnis zwischen Agrarbasis und Industrieüberbau gestört worden ist. Die extensive Industrialisierung, die Ausbreitung also des industriellen Sektors im Rahmen der Gesamtwirtschaft, ist im ganzen gesehen vor allem zurückzuführen auf die Entwicklung der Technik und auf die Auswirkungen der durch sie bedingten Wohlstandssteigerung. In der Landwirtschaft führten Technisierung und Chemisierung dazu, daß ein steigender Anteil vom Erlöse für Agrarprodukte an die Industrie für die Bezahlung von Landmaschinen, Düngemitteln usw. fließt. Mit dem Übergang zu höheren Qualitäten entfällt weiter ein steigender Anteil der Lebensmittelausgaben auf die Lebensmittelindustrie und den Lebensmittelhandel. Man kann sagen, daß heute ein wachsender Anteil unserer Lebensmittelerzeugung — mittelbar und unmittelbar — in der verarbeitenden Industrie stattfindet. Das Brot ist heute zum erheblichen Teil ein industrielles Produkt. Weiter sinkt mit wachsendem Wohlstand der Anteil der Lebensmittelausgaben an den Gesamtausgaben der Verbraucher, wächst die Nachfrage nach industriellen Produkten und Dienstleistungen.

Ganz ähnliches gilt auch für die anorganische Rohstofferzeugung. Mit dem Übergang zu Warenqualitäten höherer Verarbeitung sinkt der Anteil des Rohstoffs am Wert des Endproduktes. Das Gewicht einer Dampfturbine — als Maß der Materialverwendung — betrug z. B. im Jahre 1918 durchschnittlich 19,3 kg, im Jahre 1929 jedoch durchschnittlich 6,8 kg je Pferdestärke ihrer Leistungsfähigkeit. Auch die Gewinnung von Rohstoffen ist durch die Technisierung zu einem Teil in die verarbeitende Industrie verlagert worden.

Durch diese Tendenzen erklärt sich der wachsende Anteil der verarbeitenden Industrie gegenüber der Landwirtschaft und der anorganischen Rohstofferzeugung. Ja, gerade darauf, daß die Produktion sich den hierdurch bedingten Bedarfsverschiebungen noch nicht voll angepaßt hat, beruht zu einem großen Teil die schon vor Ausbruch der allgemeinen Industriekrisis festzustellende Agrar- und Rohstoffkrisis. Das Anwachsen der Lagerbestände und die Preisschere zwischen den „Urprodukten" auf der einen Seite, den Fertigfabrikaten auf der anderen Seite waren die hierfür sichtbaren Anzeichen. Strukturelle Krisenerscheinungen sind gerade dadurch aufgetreten, daß die Verlagerung des wirtschaftlichen

Schwergewichts zur verarbeitenden Industrie noch nicht schnell genug erfolgt ist. Bis jetzt ist demnach — wenigstens für die Weltwirtschaft als Ganzes — noch keine allgemeine „Überindustrialisierung" im Sinne einer überproportionalen Entwicklung des Industrieüberbaus festzustellen. Vielmehr waren die Verschiebungen, die hier stattfanden, durch die Veränderungen der Produktionstechnik und durch die Nachfrageentwicklung vorgezeichnet.

b) Gehen wir aber zur nationalwirtschaftlichen Betrachtung über. Im Zuge der „Industrialisierung der Industrieländer" steigerten die europäischen wie auch die überseeischen Industrieländer die Verarbeitung ausländischer Rohstoffe und die Einfuhr von Lebensmitteln. Die Tatsache, daß nationale Industriekörper sich über ihre eigene Rohstoffbasis hinaus entwickelt haben, kann ebenfalls nicht als Krisenursache angesehen werden. Die Befürchtung Sombarts, daß die überseeischen Länder ihre Rohstoffe zur Verarbeitung in eigenen Industrien verwenden und nicht mehr gewillt seien, sie weiter an die alten Industrieländer zu liefern, halten wir nach den bisherigen Erfahrungen nicht für begründet. Die Industrialisierung der überseeischen Länder hat eigentlich nur da wirksame Erfolge erzielt, wo sie gleichzeitig zu einer stärkeren Ergiebigkeit der Rohstoffausbeute führte. In diesen Fällen ging sie bei steigender Kaufkraft Hand in Hand mit wachsender Rohstoffausfuhr und bis jetzt mit wachsendem Einfuhrbedarf für qualifizierte industrielle Fabrikate.

Wenn die Industrialisierung demnach auch nicht zu einer Gefährdung der Rohstoffversorgung führte, so entstanden durch sie doch Absatzschwierigkeiten für bestimmte Industrien. Die „Industrialisierung der überseeischen Agrarländer" führte z. B. zu strukturellen Absatzschwierigkeiten der englischen Exportindustrien. Die Veränderung in der raumwirtschaftlichen Verteilung der Industrie veranlaßte eine industrielle Umgliederung, die sich nur schrittweise vollziehen konnte und in der Zwischenzeit Arbeitslosigkeit verursachte. Abgesehen von dem wichtigen englichen Fall kann man aber die gegenwärtige Arbeitslosigkeit in keinem der anderen Industrieländer wesentlich auf diese „Industrialisierung der Agrarländer" zurückführen. Für Deutschland sind sehr viel wichtiger die Rückwirkungen der „Industrialisierung der Industrieländer", wofür wir als Beispiel etwa auf die Entwicklung der chemischen Industrie in anderen Industrieländern hinweisen können. Diese vielfach durch protektionistische Maßnahmen geförderte Entwicklung führte zu Überkapazitäten der betroffenen Industrien. Da die Neuanlagen nicht immer bestimmt waren von der Entwicklung der weltwirtschaftlichen Gesamtnachfrage, sondern günstigstenfalls von der Nachfrage eines protektionistisch abgeschlossenen nationalen Marktgebiets, verursachte die Inbetriebnahme der so hochgezüchteten Industrien in einem Lande vielfach entsprechende Stilllegungen im andern. Besonders wirkte in diesem Sinne auch die Industriepolitik der auf Grund der Friedensverträge neu entstandenen Staaten. Ein Studium der deutschen Exportentwicklung zeigt allerdings, daß es der deutschen Industrie in höherem Maße als der englischen gelungen ist, durch Umstellung auf andere Qualitäten für einen Teil dieser Verluste einen Ausgleich zu finden. Trotzdem muß in diesen Anpassungsprozessen an eine veränderte weltwirtschaftliche Verteilung der Industrie ein schon vor Ausbruch der gegenwärtigen Krisis wirksamer Faktor für die Erklärung der Arbeitslosigkeit gesucht werden. Für Deutschland ist ihm allerdings eine ausschlaggebende Bedeutung nicht beizumessen. Nur in diesem begrenzten Sinne können wir demnach in dem Prozeß der extensiven Industrialisierung eine Ursache für die wirtschaftlichen Gleichgewichtsstörungen, für die Entstehung der gegenwärtigen Arbeitslosigkeit sehen.

c) Anders ist hingegen die intensive Industrialisierung zu beurteilen, wie wir den mit der industriellen Entwicklung verbundenen Übergang zu höherer Technik bezeichneten. Der Zusammenhang zwischen technischem Fortschritt und Arbeitslosigkeit steht heute im Brennpunkt der konjunkturtheoretischen Erörterung. Die vulgären Auffassungen, daß die Maschine notwendigerweise die menschliche Arbeitskraft verdränge und wir daher für den Stand unserer Technik bei der gegenwärtigen Arbeitszeit zu viele Arbeitskräfte hätten, kann ich hier wohl, zumal nach den überzeugenden Ausführungen meines Vorredners, als widerlegt annehmen. Die Frage ist nur, ob das Tempo der Freisetzung und der kompensierenden Wirkungen stets miteinander im Einklang stehen. Die Kompensation einer durch den technischen oder organisatorischen Fortschritt verursachten Freisetzung ist unter sonst unveränderten Umständen vor allem abhängig vom Ausmaß der Kapitalbildung, worauf ja bereits hingewiesen wurde. Hier zeigt sich die besondere Bedeutung dieses Problems im Lande einer Kapitalsituation, wie wir sie während der sogenannten Rationalisierungsjahre in Deutschland gehabt haben. Die Kapitalbildung muß nicht nur die Finanzierung des technischen Fortschrittes, sondern darüber hinaus auch die Durchführung der industriellen Erweiterungen möglich machen, wodurch die Wiederaufsaugung der freigesetzten Arbeitskräfte erfolgen kann. Ein Mißverhältnis zwischen technischem Fortschritt und Kapitalbildung, ein Mißverhältnis zwischen intensiver und extensiver industrieller Entwicklung, wie es mutmaßlich die sogenannten Rationalisierungsjahre für Deutschland gebracht haben, ist eine wesentliche Ursache der Arbeitslosigkeit, die schon vor dem eigentlichen Ausbruch der Weltwirtschaftskrisis auftrat. Hierfür können mit gleichem Recht das Tempo des technischen

Fortschrittes, die Hemmungen der Kapitalbildung und die Höhe der Kapitalfehlinvestitionen verantwortlich gemacht werden.

Gegen diese Auffassung kann ich den Einwand nicht anerkennen, daß die Höhe der Investitionen in Deutschland selbst während der Rationalisierungsjahre unter dem Vorkriegsstand lag. Für die Beurteilung dieser Frage kommt es hierauf gar nicht an. Entscheidend ist vielmehr das Verhältnis der Investitionen, die zur Freisetzung von Arbeitern führen, zu den Investitionen, die neue rentable Arbeitsplätze schaffen. Hoher Zinsfuß und die Organisation unserer Kreditwirtschaft begünstigten nun die — sagen wir einmal — Rationalisierungsinvestitionen gegenüber den Ausdehnungsinvestitionen. Kapitalmangel führt zwar auf dem Wege über die Zinssteigerung automatisch zu Einschränkungen der Ausdehnungsinvestitionen, nicht aber in gleicher Wirksamkeit auch zur Zügelung des technischen Fortschritts. Denn es ist ja ganz „zufällig", ob die Kostenersparnis durch Einführung eines technischen Fortschritts mehr oder weniger ausmacht als die Mehrbelastung bei höherem Zinsfuß. Die technische Erfindung und ihre privatwirtschaftlich rationelle Einführung sind unabhängig davon, ob gleichzeitig Kapital für die kompensierenden Neuanlagen zur Verfügung steht.

d) Aber wir haben noch einen weiteren Zusammenhang zwischen technischem Fortschritt und Arbeitslosigkeit zu besprechen. Ein kostensenkender technischer Fortschritt führt bei Annahme freier Konkurrenz zu einer Ausweitung der Produktionskapazität. Wiederum ist es ein „Zufall", wenn sich diese Entwicklung der Produktionskapazität in Proportion hält zur gleichzeitigen Entwicklung der Nachfrage. Meist ist es nicht der Fall. Die weltwirtschaftlichen Überkapazitäten im Getreidebau können hierfür als krasses Beispiel angeführt werden. Solche Marktstörungen können bei technischem Fortschritt in allen Wirtschaftszweigen, in Landwirtschaft, anorganischer Rohstoffwirtschaft, in der verarbeitenden Industrie, ja selbst im Handel eintreten. Immerhin ist anzunehmen, daß im allgemeinen nach Durchführung des technischen Fortschritts das Gesetz progressiver Kosten wieder wirksam wird und ein neuer Gleichgewichtszustand zwischen Angebot und Nachfrage eintritt.

Anders in solchen Wirtschaftszweigen, in denen degressive Kosten tendenziell überwiegen. Zum Problem der degressiven Kosten wäre ein längerer Exkurs erforderlich, den ich aber angesichts des Zeitmangels nicht vortragen kann. Nur so viel sei wenigstens zur Verdeutlichung gesagt, daß wir hier nur die sinkenden Kosten bei stärkerer Ausnützung einer gegebenen Betriebs- oder Unternehmungsgröße (bis zum Optimum) meinen. Sinkende Stückkosten durch Übergang zu größerem Betriebs- oder Unternehmungsumfang sind bei dem vorhin behandelten Problem des kostensenkenden technischen Fortschritts einbegriffen. Die ganze Frage erhält ihre praktische Bedeutung durch das Zusammenwirken beider Faktoren: durch die Tendenz zur Kapazitätsausweitung und den Anreiz, diese Kapazitäten bis zum Optimum auszunützen. Es handelt sich aber nicht nur um einmalige Vorgänge, da in den Wirtschaftszweigen, die wir hier im Auge haben, typischerweise die Kapazitätsausdehnung, noch ehe die optimale Ausnützung erreicht ist, wieder voraneilt. Bei freier Konkurrenz würden die Unternehmungen solcher Wirtschaftszweige die Tendenz haben, die Produktion ohne Rücksicht auf die Gesamtentwicklung der Nachfrage auszudehnen, um das Optimum des Betriebes oder der Unternehmung auszunützen. Die Tendenz zu Überkapazitäten in Verbindung mit den degressiven Kosten würde immer neue Marktstörungen veranlassen, die sich im Preissturz äußern, ohne damit zu einem neuen Gleichgewicht zu führen.

Diese theoretische Überlegung setzt jedoch freie Konkurrenz voraus. Tatsächlich herrscht aber gerade in den Wirtschaftszweigen, die wegen hohen Anlagekapitals unter dem Gesetz sinkender Betriebskosten stehen, keine freie Konkurrenz in diesem strengen Sinn. Freie Konkurrenz im theoretischen Sinn unterstellt erstens eine so große Zahl von Konkurrenten, daß der einzelne Unternehmer nicht damit rechnen kann, daß durch Veränderung lediglich s e i n e r Angebotsmengen der Preis entscheidend bestimmt wird. Freie Konkurrenz unterstellt zweitens einen völlig anonymen Absatzmarkt für ein bestimmtes Produkt, unterstellt also im Kampf um den Absatz kein anderes Mittel als das der Preisunterbietung. Beide Bedingungen sind aber in der Wirklichkeit nur teilweise erfüllt. In der Schwerindustrie weiß z. B. jeder Großunternehmer, daß seine Produktionsausdehnung nicht ohne Wirkung auf den Preis bleiben kann, woraus gewisse Hemmungen gegen eine ungezügelte Kapazitätserweiterung selbst bei degressiven Kosten entstehen. In Wirtschaftszweigen, in denen wegen individueller Beschaffenheit der Erzeugnisse noch relativ feste Beziehungen zwischen Produzenten und Kunden bestehen, ist eine Ausweitung der Produktion nur bei gleichzeitig intensiver Propaganda und kostspieligen Maßnahmen zur Absatzausweitung möglich. Als Beispiel sei hier etwa eine Schuhfabrik genannt, die nur durch kostspielige Reklame, Errichtung neuer Verkaufsläden usw. ihren Absatz erweitern kann. So ergeben sich in manchen Wirtschaftszweigen, insbesondere der Fertigindustrie, mit an sich degressiven Betriebskosten bei Berücksichtigung der Vertriebskosten progressive Gesamtkosten; auch hierdurch wird die Tendenz zu Gleichgewichtsstörungen gemildert. Aber trotz dieser hemmenden Momente muß besonders bei im engeren Sinne marktgängigen standardisierten Produkten eine dauernde Tendenz zu disproportionaler Produktionsausweitung angenommen werden. Immerhin darf diese Wirkung nicht überschätzt werden, da die Industriezweige, für die diese Bedingungen zutreffen, nur einen sehr kleinen Teil der Gesamtwirtschaft ausmachen. Überhaupt ist zu betonen, daß wir mit der empirischen Untersuchung dieser Tendenzen noch im Anfang stehen. Dem Verein für Sozialpolitik ist zu danken, daß die vorgelegten und die noch im Druck befindlichen Industrieberichte einige Anhaltspunkte bringen. Aber die empirische Hauptarbeit ist noch zu leisten. Ein Urteil über die praktische Tragweite dieser Tendenzen darf daher nur mit allem Vorbehalt abgegeben werden.

Weiter müssen wir fragen, ob die Tatsache der kartellmäßigen Wettbewerbsbegrenzungen uns zu einer Einschränkung unserer Behauptung zu veranlassen hat. Gerade in den Unternehmungszweigen mit großem Anlagekapital und hohem Konkurrenz- und Konjunkturrisiko sind die Unternehmer zu kartellmäßigen Zusammenschlüssen besonders bereit; gerade hier sind auch die Bedingungen für eine wirksame Kartellpolitik besonders gegeben. Die Kartelle können aber die Tendenzen, die bei freier Konkurrenz zu Überkapazitäten führen, nicht aus der Welt schaffen, ja, sie verstärken sie sogar oftmals im Zusammenhang mit Quotenkämpfen. Insofern haben die Kartelle nicht die stabilisierende Wirkung, die nur von einem Vollmonopol ausgehen könnte. Die Behauptung, daß technischer Fortschritt und hoher Anteil der fixen Kosten zu Gleichgewichtsstörungen führen, kann demnach durch die Tatsache kartellmäßiger Zusammenschlüsse nicht entkräftet werden. Ebenso falsch wäre es allerdings nun anderseits, die Kartelle an sich für diese Tendenzen, die aus der technischen Entwicklung und der betrieblichen Struktur folgen, verantwortlich zu machen, wie es gelegentlich geschieht. Die konjunkturpolitische „Sünde" der Kartelle besteht demnach zu einem Teil nicht in ihren Monopolisierungstendenzen, sondern darin, daß sie in Einzelfällen auch einer rationellen Monopolpolitik entgegenstehen.

Zusammenfassung

Für die Frage nach der Industrialisierung als einer Ursache von Gleichgewichtsstörungen ergibt sich demnach in thesenartiger Zusammenfassung:

1. Eine Überindustrialisierung im Sinne überproportionaler Entwicklung des industriellen Überbaus über die Agrarbasis ist nicht als Ursache der Arbeitslosigkeit anzusehen.
2. Die im Zuge der extensiven industriellen Entwicklung eingetretene Umschichtung in der raumwirtschaftlichen Verteilung der Industrie zwang die alten Industrieländer zu Anpassungsprozessen, die mit „struktureller" Arbeitslosigkeit verbunden waren.

3. Die intensive industrielle Entwicklung (technischer und organisatorischer Fortschritt) ist eine Ursache für Arbeitslosigkeit, da sie im Mißverhältnis erfolgte zur gleichzeitigen Entwicklung der Neuinvestitionen, da sich demnach Freisetzung und Neueinstellung von Arbeitskräften nicht im Einklang hielten.

4. Kostensenkungen infolge technischen Fortschritts und degressive Kosten infolge hohen Anteils der fixen Kosten haben bei freier wie auch bei einer durch Kartelle eingeschränkten Konkurrenz die Tendenz zu einer disproportionellen Ausweitung der Produktionsanlagen und zu Marktstörungen, führen demnach zur Arbeitslosigkeit. Diese Tendenz wird durch progressive Vertriebskosten und durch quasimonopolistisches Verhalten von Großproduzenten gemildert. Diese Wirkungen des technischen Fortschritts sind aber in ihrer tatsächlichen Tragweite empirisch noch nicht genügend untersucht.

2. Die Industrialisierung als Ursache der Krisenverschärfung

Gegenüber früheren Krisen ist die gegenwärtige dadurch ausgezeichnet, daß der Krisenausschlag ein bisher nicht bekanntes Ausmaß angenommen hat. Hierfür werden mit Recht an erster Stelle die politischen Faktoren verantwortlich gemacht. Immerhin ist es auffallend, daß die Krisenverschärfung in Ländern mit den verschiedenartigsten politischen Bedingungen zu beobachten ist. Wir haben zu fragen, inwieweit der Stand der industriellen Entwicklung es möglich machen konnte, daß die politischen Faktoren zu einer solchen Verschärfung des Krisenausschlags im Verhältnis zu früheren Krisen führen konnten, inwieweit die industrielle Entwicklung mit dazu beigetragen hat, die Krisenfestigkeit des Systems zu erschüttern.

a) In einer kleingewerblichen Produktionsstruktur führt die Depression in geringerem Maße zur Arbeitslosigkeit, als wenn ein größerer Anteil an Mittel- und Großbetrieben vorhanden ist. Der Kleinbetrieb setzt in der Depression seine Produktion unter Umständen bei sinkenden Preisen fort, wobei er sich mit einem minimalen Arbeitsertrage zufrieden gibt. (Allerdings bestehen auch Gegentendenzen: der Kleinbetrieb sucht vielfach bei sinkender Beschäftigung am einzelnen Stück mehr zu verdienen, um den Lebensstandard des Inhabers aufrechterhalten zu können.) Der auf Lohnarbeit angewiesene Mittel- und Großbetrieb hat in dieser Beziehung eine geringere Elastizität, denn der Erlös muß jedenfalls ausreichen, um neben den Materialkosten die Tariflöhne bestreiten zu können.

Für das Ausmaß, in dem die Depression zur Arbeitslosigkeit führt, ist nicht nur wichtig, inwieweit innerhalb der Industrie, sondern auch zwischen Industrie und Landwirtschaft Differenzierungen des Lohnes möglich sind. Wenn die Industrie eingelagert ist in ein überwiegend landwirtschaftliches Gebiet, so wird es meist den in der Industrie arbeitslos Gewordenen möglich, wenn auch gegen geringsten Entgelt, in der Landwirtschaft ihre Existenz zu fristen. Auch dies gilt allerdings nur, wenn es sich um ein kleinbäuerliches Agrargebiet handelt, insbesondere sofern noch verwandtschaftliche Beziehungen zwischen der Bauern- und der Arbeiterbevölkerung bestehen. Mit zunehmender Industrialisierung werden derartige Ausweichmöglichkeiten erschwert, weil mit zunehmender Industrialisierung der Grundsatz des gleichen Lohnes für gleiche Arbeit zur Herrschaft kommt. Mit sinkenden Möglichkeiten der Lohndifferenzierung wächst die Notwendigkeit allgemeiner Lohnsenkungen in der Depression, von denen, wie wir noch zu zeigen haben, in einer Zeit der Deflation wiederum krisenverschärfende Wirkungen ausgehen. Die „Kaufkrafttheorie" der Löhne enthüllte ihren berechtigten Kern in dem Moment, in dem sie verlassen werden mußte. Dieser Grundsatz: gleicher Lohn für gleiche Arbeit, wurzelt im Wesen des hochentwickelten industriellen Systems; die Lohntarifpolitik ist nur ein Ausdruck und eine allerdings bedeutsame Stütze dieses Sachverhalts. In Schwarzarbeit und in Arbeitsdienst durchgeführte Produktion stellen eine wesentliche Durchbrechung dieses für den marktwirtschaftlichen Sektor auf die Dauer wesensnotwendigen Systems der Lohngleichheit dar. Industrielle Entwicklung verstärkt innerhalb der Gesamtkosten sowohl den Anteil der in bezug auf eine gegebene Betriebsgröße „fixen" Kosten, wie auch die im Zeitverlauf „starren" Kosten und schließlich die im Vergleich von Betrieb zu Betrieb und Wirtschaftszweig zu Wirtschaftszweig „gleichen" Kosten.

b) In engem Zusammenhang hiermit steht ein zweiter Grund für die Krisenverschärfung. Bei freier Konkurrenz kleingewerblicher Unternehmungen würde die Preissenkung der Depression dazu führen, daß die ungünstigsten Betriebe, die sich selbst durch weitgehende Einkommensanpassung nicht mehr durchhalten können, aus dem Produktionsprozeß ausgeschaltet werden. Die günstigeren Betriebe müssen zwar auf einen Teil ihrer Differentialrente verzichten, können aber ohne Verlust weiter arbeiten. Wenn wir für die hochentwickelte moderne Industrie völlig freie Konkurrenz annehmen würden, dann müßte die Preissenkung auch hier dazu führen, daß die ungünstigeren Betriebe stillgelegt werden, während einige wenige begünstigte Unternehmungen den Gesamtbedarf unter optimaler Ausnutzung ihrer Kapazität decken. Bei der tatsächlich herrschenden beschränkten Konkurrenz findet diese Auslese nicht statt; vielmehr werden nur verhältnismäßig wenige Betriebe ganz stillgelegt, fast alle hingegen arbeiten mit schwacher Ausnutzung ihrer Kapazität, infolgedessen mit steigenden Kosten. Diese Kostensteigerung wird noch dadurch verschärft, daß wachsende Soziallasten und Steuern auf einen sinkenden Produktionsertrag umgelegt werden müssen. Infolgedessen geraten alle Unternehmungen in Schwierigkeiten, sowohl die innerlich gesunden wie auch die Unternehmungen mit relativ ungünstiger Kostenstruktur. Auch die günstigen Unternehmungen können sich nur halten dank der allgemeinen Kostensenkung, vor allem der Löhne und Zinslasten. Die allgemeine Kostensenkung verschärft aber ihrerseits wieder unter den Bedingungen der Depression den Kontraktionsprozeß, so daß die Maßnahmen, die notwendigerweise zur Krisenlinderung zu ergreifen waren, auf der anderen Seite krisenverschärfend wirken; denn in der Depression besteht die Neigung, einen Teil der durch Kostensenkung freiwerdenden Beträge zur Hortung oder Schuldentilgung zu verwerten. Die Maßnahmen zur Krediterweiterung z. B. durch die Arbeitsbeschaffungsprogramme konnten bisher nur einen teilweisen Ausgleich für diesen Kontraktionsprozeß schaffen. So darf man vielleicht zugespitzt sagen, daß unter den Bedingungen der modernen Technik und Wirtschaftsorganisation die kapitalistische Krisis ihren kapitalistischen Sinn der Bereinigung weitgehend verloren hat, und daß die sich unabweisbar aufdrängenden Maßnahmen zur Rentabilitätserhaltung in dem Zeitpunkt, in dem sie durchgeführt wurden, gerade umgekehrt zur Krisenverschärfung beigetragen haben.

c) Wichtiger noch dürfte ein dritter Faktor sein, der die Krisenfestigkeit des Wirtschaftssystems im Zuge der industriellen Entwicklung erschüttert hat. Eine Volkswirtschaft ist um so konjunkturempfindlicher, je höher der Anteil der Produktion ist, der auf die Erzeugung von Produktionsmitteln entfällt. Nun wächst im Zuge der Industrialisierung dieser Anteil der Produktionsumwege. Er erhält eine weitere Verstärkung auch durch die Technisierung der Landwirtschaft. Angenommen, wir hätten im Gegensatz zur heutigen Wirklichkeit eine Wirtschaft ohne Kapitalbildung und ohne jegliche Anwendung von Produktionsumwegen, dann wären Kaufkraftausweitung und Kaufkraftschrumpfung nur in engstem Ausmaß möglich. Sie könnte sich nämlich nur auf zwei Wegen vollziehen: einerseits durch die Veränderung der Taschengeldreserven der Konsumenten, anderseits durch die Veränderung der Vorräte der Unternehmer. Ganz anders in der modernen Wirtschaft mit dem hohen Anteil der Produktionsmittelindustrien und dem modernen elastischen Kreditapparat. Unter diesen Bedingungen kann eine Expansion der Kaufkraft im Aufschwung durch eine Investition erfolgen, die über die Ersparnisse der Konsumenten hinausgeht; in der Depression können, wie wir es gegenwärtig erleben, die Investitionen und selbst die Erhaltungsaufwendungen für die vorhandenen Anlagen fast bis auf den Nullpunkt sinken, trotz Rücklage von Ersparnissen und trotz Rücklage von Amortisationsquoten, wenn diese auch natürlich weit geringer sind als in Zeiten normaler Konjunkturlage. Der Wechsel von Anspannung und Entspannung des Kreditapparates macht diesen Wechsel von Kaufkraftausweitung und Kaufkraftschrumpfung möglich. Hieraus folgt, daß die Konjunkturempfindlichkeit der Gesamtwirtschaft mit wachsender Industrialisierung gewaltig verschärft wird.

Es braucht nur auf die Schätzung des Instituts für Konjunkturforschung verwiesen zu werden, nach der Anfang 1932 die Weltproduktion von Roheisen, Rohstahl und Maschinen, als Repräsentanten der Produktionsmittelindustrien, auf 45—47% der Produktion des Jahres 1928, die Welttextilerzeugung, als Repräsentant der Konsumgutindustrie, nur auf 83% gegenüber dem Jahre 1928 gesunken ist.

Diese besonders starken Konjunkturausschläge der technisch höchst entwickelten Produktionsmittelindustrien führen wir demnach vor allem darauf zurück, daß sie auf Grund ihrer Angebotsstruktur, besonders zur Ausbildung von Überkapazitäten drängen, auf Grund ihrer Nachfragestruktur der in der Depression stattfindenden Kontraktion besonders stark ausgesetzt sind.

d) Hier, bei der Behandlung der krisenverschärfenden Momente, haben wir schließlich die weltwirtschaftliche Produktionsdifferenzierung zwischen Industrie- und Rohstoffländern und die Kapitalverflechtung zwischen Schuldner- und Gläubigerländern zu erwähnen, die wir vorhin als Faktor der Krisen*verursachung* abgelehnt haben. Tatsächlich ist die Höhe der Arbeitslosigkeit etwa in Deutschland wie auch in andern Ländern internationaler Verschuldung mit zu erklären durch die Störung der internationalen Wirtschaftsbeziehungen. Deutschland mußte nach Abstoppen der Kapitalimporte die Aktivität seiner Handelsbilanz erzwingen, um zunächst die Reparationen, dann die Kreditabziehungen und die Verzinsung der privaten Verschuldung devisenmäßig abwickeln zu können. Nachdem mit Ausbruch der Weltwirtschaftskrisis die Aktivierung der Handelsbilanz durch Exportsteigerung unmöglich wurde, ja sogar unter Einfluß der Krisis und der Handelsabsperrungen eine Exportminderung einsetzte, wurde durch Einfuhrsenkung die Zahlungsbilanz ins Gleichgewicht gebracht. Zu einem Teil erfolgte diese Einfuhrsenkung durch die Preissenkung und durch Liquidierung von Lagerbeständen. Darüber hinaus mußte sie bei einem Lande wie Deutschland, in dessen Einfuhr industrielle Rohstoffe und Halbfabrikate einen so großen Anteil einnehmen, durch Drosselung der inländischen Produktion und damit durch verminderten Verbrauch auch der ausländischen Rohstoffe und Halbfabrikate erfolgen. Dieser Prozeß hat sich in Deutschland in eherner Wirksamkeit auf dem Wege über Gold- und Devisenabfluß und Kreditkontraktion durchgesetzt. Er wurde unterstützt durch die protektionistische Handelspolitik. Die Zahlungsbilanzen haben aus Gründen, die vornehmlich im Politischen liegen, solche Erschütterungen erfahren, daß der Ausgleich nicht durch den üblichen Diskontmechanismus allein durchgesetzt werden konnte. An seine Stelle trat der viel gröbere, krisenverschärfende Ausgleich durch das Mittel der Produktions- und Einfuhrdrosselung.

Wir glauben, daß auch hierin eine wesentliche Ursache für das besondere Ausmaß der Arbeitslosigkeit liegt, das wir in Deutschland zu verzeichnen haben. Es ist schwer zu entscheiden, ob diese Art der Einfuhrdrosselung die Methode darstellt, die die geringsten wirtschaftlichen Opfer erforderte, ob diese Handelsbilanzumstellung nicht auf andere Weise mit geringerer Arbeitslosigkeit hätte erkauft werden können. Als allgemeine Krisenursache konnten wir diesen Faktor jedoch nicht ansprechen, weil die Störung der internationalen Handelsbeziehungen nicht eigentlich als eine Ursache, sondern als eine Folge der Krisis anzusehen ist. Jedenfalls erfuhr das Krisenausmaß hierdurch in den Schuldnerländern eine Verschärfung, und die Krisenüberwindung wurde von einer Beseitigung dieser Zahlungsbilanzstörungen abhängig.

Die Verschärfung der Krisis und die außerordentliche Höhe der Arbeitslosigkeit gegenüber Konjunkturausschlägen früherer Perioden ist demnach auf die folgenden Faktoren zurückzuführen:

1. Mittel- und Großbetriebe haben eine geringere Möglichkeit der Kostendifferenzierung (insbesondere des Lohnfaktors) als Kleinbetriebe. Im Zuge der Industrialisierung steigt der Anteil der „fixen", der „starren" und der „gleichen" Kosten.
2. Unter den Bedingungen der hochentwickelten Großindustrie führt die Depression zur Gefährdung auch der innerlich gesunden Unternehmungen, wird die Wirtschaftspolitik zu allgemeinen Kostensenkungen (insbesondere Lohnsenkungen) gezwungen, verschärft damit aber den Kontraktionsprozeß und die Arbeitslosigkeit.
3. Mit wachsendem Anteil der Produktionsmittelindustrien wächst die Konjunkturreagibilität der Gesamtwirtschaft.
4. Die mit der Industrialisierung verbundene internationale Arbeitsteilung führt zu steigender Empfindlichkeit gegenüber den aus vorwiegend politischen Gründen eingetretenen Gleichgewichtsstörungen der Zahlungsbilanz.

3. Die Industrialisierung als Hemmung der Krisenüberwindung

Schließlich haben wir zu fragen, ob die industrielle Entwicklung Bedingungen geschaffen hat, die einer Krisenüberwindung, wie wir sie nach früheren Depressionen erlebt haben, hemmend im Wege stehen, ob also auch die Dauer der gegenwärtigen Arbeitslosigkeit mit der industriellen Entwicklung im Zusammenhang steht.

a) Meist wird in diesem Zusammenhang zunächst auf die geringe Anpassungsfähigkeit, die „geringe technisch-ökonomische Wendigkeit" der Großindustrie verwiesen, wie Saitzew es ausgedrückt hat. Ich möchte diesem an sich berechtigten Argument kein zu großes Gewicht beimessen. Der geringen Umstellungsfähigkeit steht die Vielfältigkeit der Verwendungsmöglichkeiten etwa der Eisenerzeugnisse ausgleichend gegenüber. Vor allem ist die Umstellungsfähigkeit der noch im Handwerklichen wurzelnden Kleinindustrie meist nicht größer. Die mangelnde Anpassungsfähigkeit der Großindustrie an die Bedingungen der Depression liegt wohl weniger in ihrer technischen als in ihrer finanziellen Struktur begründet: in den Widerständen, die sie der Dekapitalisierung, vielfach mit Unterstützung wirtschafts- und finanzpolitischer Mittel, entgegenzusetzen vermag. Die Bedeutung solcher Großunternehmungen steht einer Zinsreduktion durch Konkurs oder Sanierung vielfach im Wege. Hinzukommen für manche Wirtschaftszweige die Wirkungen von Kartellen usw., die Anpassungsprozesse hinausschieben können, ohne daß wir allerdings auch diesen Faktor zu stark betonen möchten. Auch die freie Konkurrenz unter den großbetrieblichen Unternehmungen würde nicht sehr viel leichter zu einem neuen Gleichgewicht führen können. Gerade wegen der geringen Umstellungsfähigkeit, d. h. der geringen Angebotselastizität großbetrieblicher Anlagen, ist an sich die Tendenz, durch Preissenkung den Absatzrückgang zu überwinden, sehr stark. Diese Politik scheitert letzten Endes nicht in erster Linie, wie vielfach angenommen wird, an der Gegenwirkung der Kartelle, sondern viel stärker an der vorhin besprochenen Nachfrageschrumpfung nach Produktionsmitteln in der Depression. Selbst eine Preissenkung würde den Binnenabsatz in der Depression nur in verhältnismäßig engen Grenzen beleben können. Die allgemeine Beurteilung der Zukunftschancen sowie die Situation auf dem Kapitalmarkt sind für die Vornahme von Investitionen und Ersatzbestellungen in höherem Maße entscheidend als das Ausmaß der Preissenkung etwa für Eisen und Stahl. Trotzdem ist diesem Gesichtspunkt eine sekundäre Bedeutung nicht abzusprechen.

b) Vermindert wurde die Beweglichkeit und Anpassungsfähigkeit der Wirtschaft ferner durch Maßnahmen der Wirtschaftspolitik. Allerdings könnte eine planmäßige staatliche Wirtschaftspolitik gerade die Anpassungsfähigkeit und Beweglichkeit der Wirtschaft erhöhen; denn sie könnte dazu beitragen und hat zum Teil dazu beigetragen, ökonomische Hemmungen politisch zu überwinden. Wenn der Staat aber im Gegensatz hierzu vielfach die Anpassungsprozesse nicht gefördert, sondern gehemmt hat, so liegt das daran, daß Industriepolitik, Handelspolitik, Sozialpolitik und Finanzpolitik nicht nach einheitlichem Plan geführt wurden, sondern zu stark nach der Linie des geringsten Widerstandes jeweils dem politischen Ausgleich der ökonomisch auseinanderstrebenden Kräfte dienten. Dieser Tatbestand muß der „Industrialisierung" insofern zur Last gelegt werden, als aus der modernen industriellen Entwicklung heraus Spannungen entstanden, die der Staat, der sich für die wirtschaftliche Entwicklung nur teilweise verantwortlich fühlte, im ersten Anhieb noch nicht meistern konnte. Die Mängel des kapitalistischen Marktmechanismus legten Interventionen nahe, die in der abgelaufenen Periode noch planlos vorgenommen wurden und daher die Schäden, die sie bekämpfen wollten, vielfach noch verschlimmerten. Unbegründet aber ist es, nun diese Schäden selbst ausschließlich den Interventionen, der sogenannten „Verfälschung des Kapitalismus", zuzurechnen.

c) Im Anschluß an die neumarxistische Literatur, vor allem an Rosa Luxemburg und Sternberg, wurde die Frage aufgeworfen, ob die extensive industrielle Entwicklung nicht zum Versagen eines bisher wirksamen Krisenventils geführt habe. Nach dieser Auffassung konnten frühere Depressionen verhältnismäßig schnell dadurch überwunden werden, daß die Industrieländer durch die Expansion in die nichtindustrialisierten Gebiete einen Ausweg fanden. In der Periode brachliegender Inlandskapitalien wurde der Kapitalexport verstärkt. Die überseeischen Anlagen, z. B. Eisenbahnanlagen, die mit diesem Kapital finanziert wurden, führten zu einem verstärkten Export der für diese Anlagen erforderlichen Materialien, führten damit zu einem konjunkturellen Auftrieb. Richtig ist, daß in der gegenwärtigen Depression der Kapitalexport der großen Gläubigerländer noch stärker zurückgegangen ist als die inländischen Investitionen. Der Grund liegt aber wohl kaum darin, daß die überseeischen Länder schon so stark industrialisiert sind, daß Anlagen hier nicht mehr in Frage kämen. An sich spielt heute die Elektrifizierung der überseeischen Länder die gleiche Rolle wie der Eisenbahnbau im vorigen Jahrhundert. Infolge der Gleichzeitigkeit der Agrar- und Rohstoffkrisis mit der Industriekrisis erscheinen jedoch die Chancen von Anlagen in den überseeischen Ländern gegenwärtig unsicherer als Investitionen in den Industrieländern selbst. Immerhin muß zugegeben werden, daß mit der Herausbildung einer selbständigen Kredit- und Notenbankpolitik in den überseeischen Ländern auch für die Zukunft dieses Krisenventil tatsächlich an Wirksamkeit verlieren könnte. Solange diese Länder noch keine eigene Kreditpolitik führen, muß der Kapitalimport mehr oder weniger zwangsläufig durch Wareneinfuhren aus den Industrieländern realisiert werden. Mit der Herausbildung eigener Kreditpolitik wird es möglich, daß diese Länder auf Grund der Kapitalimporte während einer Weltdepression zum Teil ihre Goldreserven verstärken, die Inlandsausgaben forcieren und erst in späterem Zeitpunkt die entsprechenden Wareneinfuhren vornehmen. Hierdurch würde dieses Krisenventil tatsächlich auch in Zukunft an Zwangsläufigkeit einbüßen können.

Für die Krisenüberwindung in den Industrieländern ist dies um so bedeutsamer, als auch ein zweites Krisenventil aus ganz anderen Ursachen versagt. In Zeiten wachsender Bevölkerung, besonders in den Städten, galten Wohnungsbauten selbst bei sonstiger Lähmung der Unternehmungslust als sichere Anlage, sobald die Depression zu sinkendem Zinssatz und sinkenden Materialkosten führte. Mit der Stagnation der Bevölkerung hat auch dieser Krisenausweg an Wirksamkeit verloren. Die Forderung, die Wiederbelebung der Wirtschaft durch konjunkturpolitische Maßnahmen zu fördern, finden vielleicht in diesen Tatsachen eine Begründung.

Die industrielle Entwicklung führte demnach dazu, daß bestimmte früher wirksame Kräfte der Krisenüberwindung gelähmt wurden.

1. Der moderne Großbetrieb entwickelt in Verbindung mit kartellmäßiger Organisation stärkere Widerstände gegen eine finanzielle Anpassung als der Kleinbetrieb, er erschwert daher eine die Depressionsüberwindung fördernde Umstellung und Kostensenkung.
2. Die industrielle Entwicklung führt zu ökonomischen Spannungen, die den Staat zu verstärkten, zunächst aber noch weitgehend untereinander nicht planmäßig verbundenen Interventionen in den Wirtschaftsprozeß veranlassen. Auch hierdurch wurde die Anpassungsfähigkeit der Gesamtwirtschaft vielfach gelähmt.
3. Ein Anstoß zur Krisenüberwindung durch verstärkten Kapitalexport und damit verbundenen Warenexport in nichtindustrialisierte Gebiete ist gegenwärtig gelähmt. Dies ist aber nicht in erster Linie eine Folge der Industrialisierung überseeischer Länder, sondern der gleichzeitigen Agrar- und Rohstoffkrisis. Doch ist anzunehmen, daß dieses Krisenventil auch für die Zukunft an zwangsläufiger Wirksamkeit verliert, wodurch die staatliche Konjunkturpolitik eine wachsende Bedeutung erhält.

Versuchen wir, das Gesamtergebnis unserer Ausführungen in wenigen Worten zusammenzufassen: Die Industrialisierung an sich hat unseres Erachtens nicht in dem von Sombart gemeinten Sinne zu einer Störung des „Verhältnisses zwischen Agrarbasis und Industrieüberbau“ geführt. Weder die Ausbreitung der Industrie noch der technische Fortschritt müssen mit Notwendigkeit den „Industrialismus“ zum Zusammenbruch führen. Eine „Überindustrialisierung“ im absoluten Sinn glauben wir nicht annehmen zu müssen. Wir hatten jedoch festzustellen, daß gewisse Grundtatsachen der modernen industriellen Entwicklung mit den Bedingungen eines Wirtschaftssystems freier Konkurrenz, halber Monopole und planloser Staatsinterventionen in Widerspruch geraten sind. Mit der industriellen Entwicklung ergab sich eine Labilität des wirtschaftlichen Gleichgewichts, die den politischen Erschütterungen nicht standhalten konnte. Die Überindustrialisierung im relativen Sinn, d. h. im Verhältnis zur Wirtschaftsordnung, erkannten wir als eine Ursache von Gleichgewichtsstörungen, insbesondere von Stärke und Dauer der Arbeitslosigkeit. Wir stellten fest, daß jedenfalls das ungezügelte, im Gegenteil vielfach politisch forcierte Tempo der Industrialisierung im extensiven und intensiven Sinne zu Proportionsstörungen den Anlaß gab. Die extensive Industrialisierung führte zur Notwendigkeit von raumwirtschaftlichen Umgliederungen, denen sich der wirtschaftliche Organismus nicht schnell genug anpassen konnte. Bei technischem Fortschritt und degressiven Kosten verliert unter den Bedingungen freier oder auch beschränkter Konkurrenz die Ausdehnung der Kapazität und der Produktion sozusagen die Tuchfühlung mit der Nachfrageentwicklung. Technische Fortschritte und Akkumulation stehen in keinem notwendig verbundenen Verhältnis, jede disproportionelle Entwicklung beider kann zur Arbeitslosigkeit führen. Die mit der Industrialisierung verbundene Steigerung der Produktionsumwege führt zu einer gewaltigen Verschärfung der Konjunkturempfindlichkeit des Gesamtsystems. Nur hierdurch war es möglich, daß die politisch mitbedingte Krediterschütterung zu solcher Verstärkung der Arbeitslosigkeit führen konnte. Die moderne Betriebs- und Unternehmungsstruktur bringt eine geringere Anpassungsfähigkeit in der Kostengestaltung, zwingt daher in der Depression zu einschneidenden wirtschaftspolitischen Maßnahmen der Kostensenkung, durch die aber ihrerseits wieder die Krisis verschärft wird, solange nicht konjunkturpolitische Gegenmaßnahmen erfolgen.

Ich kann nicht die wirtschaftspolitischen Schlußfolgerungen behandeln, die sich aus diesen Feststellungen ergeben. Das würde einen besonderen Verhandlungstag für sich in Anspruch nehmen. Nur sei negativ festgestellt, daß aus den hier angeführten ökonomischen Tatsachen weder die Unhaltbarkeit des „Industrialismus“, die unausweichbare Notwendigkeit also einer „Reagrarisierung“, noch die Zwangsläufigkeit des Überganges zu einer bürokratischen Verwaltungswirtschaft abgeleitet werden darf. Ich schließe vielmehr mit der Frage, ob nicht auch eine Entwicklung des industriellen Systems denkbar ist, bei der die Wirtschaftsordnung mit den Bedingungen der modernen Technik in Einklang gebracht wird, um eine höhere Widerstandsfähigkeit des Wirtschaftssystems auch gegenüber politischen Erschütterungen zu gewährleisten. Nur durch Einbau von Elementen planmäßiger Wirtschaftsführung kann das gegenwärtige industrielle System zu einer Krisenfestigkeit gebracht werden, die auch politischen Erschütterungen standzuhalten vermag. Ob industrielles System oder nicht, ist nicht nur eine wirtschaftliche Frage und vom Boden unseres heutigen Themas überhaupt nicht zu entscheiden. Wenn wir aber die Technik unter den gegebenen politischen Bedingungen bejahen, dann müssen wir auch die wirtschaftspolitischen Maßnahmen bejahen, die hieraus folgen.

(Stürmischer Beifall.)

Präsident Professor Dr. **Wilbrandt** (Dresden):

Ich danke Herrn Professor Colm für seinen wissenschaftlich außerordentlich gehaltvollen Vortrag. Wir lassen jetzt die Mittagspause eintreten. Um 3¼ Uhr wird zunächst die Mitgliederversammlung zur Erledigung geschäftlicher Dinge und Wahlen stattfinden, und im Anschluß daran werden wir dann mit der Aussprache über die heutigen Vorträge beginnen.

(Schluß 2 Uhr.)

Nachmittagssitzung am 28. September 1932.

Präsident Professor Dr. **Gehrig** (Dresden):

Ich eröffne nunmehr die Aussprache über die heute früh gehörten Referate.

Geheimer Regierungsrat Professor Dr. **Sering** (Berlin):

Verehrte Frauen, meine Herren! Die uns vorgelegten vorbereitenden Schriften und die vortrefflichen Referate, die wir heute morgen entgegenzunehmen die Freude hatten, gaben im wesentlichen eine Rückschau und Kausalanalyse der Tatsachen der Erwerbslosigkeit. Ich meinerseits will versuchen, aus den so gewonnenen Erkenntnissen Folgerungen für den Kampf gegen die Arbeitslosigkeit zu ziehen.

Die sehr verdienstlichen Untersuchungen, die unter Leitung von Professor Saitzew angestellt worden sind, haben zum erstenmal und mit einem ausreichenden Grade von Wahrscheinlichkeit eine ziffernmäßige

Vorstellung von dem Größenanteil gewinnen lassen, der vom Arbeitslosenheer des einzelnen Landes den kurz- und mittelwelligen Marktkonjunkturen zuzurechnen ist oder aber als langfristige Folge von Strukturwandlungen in der Weltwirtschaft und in den beteiligten Volkswirtschaften angesehen werden muß. Es ergab sich die sehr ernste Tatsache, daß in Deutschland wie in Großbritannien annähernd die Hälfte aller Erwerbslosen aus Ursachen dauernder Natur aus dem Arbeitsprozeß ausgeschieden und diese Quote in Österreich noch größer ist.

Ferner steht fest, daß nur eine geringe Erleichterung durch den Geburtenausfall während des Krieges zu erwarten steht. In Deutschland wird sich die Anzahl der Erwerbstätigen in den Jahren 1932—1934 aus diesem Grunde um 320000 Köpfe, also fast unmerklich vermindern. In dem Jahrzehnt 1931—1941 aber wird trotz dieses Ausfalls und trotz der geschwächten Geburtenziffer nach dem Kriege die Anzahl der nach ihrem Alter Erwerbsfähigen in Deutschland um mehr als 1 Million Köpfe zunehmen. Daraus folgt, daß mit einer vollständigen Überwindung des furchtbarsten Übels der Gegenwart in kurzer Zeit nicht gerechnet werden kann.

Im Verhältnis zur Volkszahl steht Deutschlands Arbeitslosenheer im ganzen und seine Reservearmee an langfristig Ausgeschiedenen oder zur Kurzarbeit mit halbem Einkommen Verurteilten vor allen anderen großen Industrieländern. Die Bemühungen um Verbesserung der durch den Weltkrieg verschlechterten Lebensbedingungen müssen deshalb für Deutschlands auswärtige Politik ebenso im Vordergrunde stehen, wie die Anpassung der deutschen Wirtschafts- und Sozialverfassung an die veränderten Lebensbedingungen eine der wichtigsten Aufgaben der inneren Politik und Wirtschaftsführung bleiben wird.

Aber bei aller Dringlichkeit handelt es sich hier um Arbeit auf lange Sicht. Eine rasche Abhilfe kann nur im Bereich der konjunkturellen Arbeitslosigkeit erwartet werden. Offensichtlich ist es dieser Kampf gegen konjunkturelle Arbeitslosigkeit, den sich das auf ein Jahr befristete Wirtschaftsprogramm der Reichsregierung zum Ziel gesetzt hat. Es handelt sich um eine echte Notstandsmaßnahme und nicht mehr. Aus diesem Grunde kann dieses Programm meines Erachtens nicht Anlaß zu irgendwelchen prinzipiellen Betrachtungen geben; es ist lediglich nach seiner begrenzten Zweckbestimmung und Zweckmäßigkeit zu beurteilen.

Hierzu nur einige Worte: Man gibt Beschäftigungsprämien für jeden mehreingestellten Arbeiter und lockert für diesen Fall die tariflichen Bindungen auch gegenüber dem alten Stamm der Arbeiterschaft im einzelnen Unternehmen. Man gewährt Steuererleichterungen über 5 Jahre hin, die aber sofort in Form von Reichsschuldverschreibungen, „Steuergutscheinen", dem Steuerzahler verfügbar gemacht und vom Reiche verzinst werden. Diese Steuergutscheine kommen auch den Landwirten, der Reichsbahn, den Hausbesitzern zugute, aber selbstverständlich in erster Linie der Industrie, ihr vor allem auch die Beschäftigungsprämien. Im ganzen sind zur Bekämpfung der Arbeitslosigkeit 2,2 Milliarden Mark vorgesehen, darunter 700 Millionen zur Auszahlung von Beschäftigungsprämien. Dazu kommen gegen 3/4 Milliarden für öffentliche Arbeiten, für die Organisation des freiwilligen Arbeitsdienstes und für Notstandsarbeiten. Ich halte den Plan für klug, wohlüberlegt und kühn. Er hat es fertig gebracht, ohne allzustarke Mehrbelastung des öffentlichen Haushalts recht bedeutende Summen zwecks Belebung der Wirtschaft einzustellen. Finanziell wurde dieses Vorgehen durch die Beseitigung der Tributpflicht ermöglicht. Wirtschaftlich beruht der Plan auf der Überlegung, daß sich eine Wende in der Weltwirtschaftskonjunktur anzukündigen scheint. Die Weltmarktpreise für wichtige Rohstoffe, für Baumwolle und Wolle, für Kupfer und Stabeisen, auch für Weizen und Roggen zeigen eine Wendung nach oben. Das ist aber um deswillen von entscheidender Bedeutung, weil die 1928/29 ausgebrochene Weltwirtschaftskrise in unerhörter Weise verschärft und verlängert worden ist gerade durch das Zusammentreffen der Industrie- mit der Agrar- und Rohstoffkrise, worauf schon Herr Colm mit Recht hingewiesen hat. Die Preiskrisis der Bodenerzeugnisse aber wurde keineswegs nur durch technische Fortschritte ausgelöst — den Mähdrescher im Landbau der halbtrockenen Gebiete, das Flotationverfahren bei der Gewinnung von Mineralien usw. —, sondern vor allem durch die Tatsache, daß der Krieg den Reichtum von Industrieeuropa nach Amerika verlagerte und die Amerikaner aus ihren so entstandenen politischen und privaten Forderungen Kapitalinvestitionen von unerhörtem Ausmaß vornahmen, zuerst in ihrem eigenen Lande, dann weiterhin über ganz Nord- und Südamerika außerhalb der Vereinigten Staaten, in Australien, in Teilen von Ostasien, endlich in Industrieeuropa, besonders Deutschland. England, in all den eben genannten Gebieten als Geldgeber und meist auch kommerziell zurückgedrängt, konnte — denn es ist immer noch ein sehr reiches Land — große Investierungen in denjenigen Gebieten vornehmen, die man durch den Suezkanal erreicht. Im ganzen britisch-amerikanischen Herrschafts- und Einflußbereich, dem noch die im Kriege neutralen europäischen Länder zugerechnet werden können, vollzog sich um die Mitte der 20er Jahre ein Aufschwung, der einerseits die Nahrungsmittel- und Rohstoffproduktion der weiträumigen Neuländer fast stoßweise ausdehnte, anderseits den industriellen Überbau in und außerhalb der älteren Industriegebiete erweiterte und verstärkte. Die erste dieser Bewegungen erfolgte so schnell, daß — ganz abgesehen von der verminderten Vermehrungsrate und Kaufkraft der Bevölkerung in wichtigen industriellen Einfuhrländern — eine echte Überproduktion an Bodenerzeugnissen, eine Produktion über den Sättigungspunkt hinaus, eintreten mußte. Obgleich wohl überall auch der ärmste Arbeitslose sein tägliches Brot bekommt, haben sich deshalb jene unverkäuflichen Getreidevorräte aufgehäuft, die die Weltmarktpreise in katastrophaler Weise abstürzen ließen. Und nicht viel anders steht es mit der Baumwolle, dem Kautschuk, den Metallen. Doch scheint sich jetzt nach drei Krisenjahren das Gleichgewicht zwischen Angebot und Nachfrage in der Sphäre der Bodenproduktion wieder anzubahnen.

Ich bekomme Monat für Monat Berichte aus den Trockengebieten der Erde. Da steht es so, daß die Getreidepreise in den allerbesten Gebieten im allgemeinen beträchtlich unter den Produktionskosten liegen, obwohl diese stark gesenkt worden sind. Da aber die Leitung der Produktion Sache von Einzelunternehmern ist, die das volle Risiko tragen, so vollzieht sich ein starkes Einschrumpfen der Anbauflächen und die allmähliche Anpassung des Angebots an die Nachfrage.

Nicht minder wird die Produktion mineralischer Rohstoffe auf automatischem Wege oder planmäßig eingeschränkt. Obwohl die sichtbaren Vorräte noch groß sind, erscheint deshalb die Erwartung nicht unbegründet, daß sich von hier aus ein Umschwung der Weltkonjunktur anbahnt. Steigen die Preise der Bodenerzeugnisse, so werden die überschuldeten und in Massenbankerott geratenen Nahrungs- und Rohstoffexportgebiete — mitsamt den im gleichen Zollverband liegenden älteren Agrarbezirken, wie den Ost- und Mittelstaaten der amerikanischen Union — allmählich wieder kauf- und zahlungskräftig. In den industriellen Einfuhrgebieten suchen sich Fabriken und Händler, deren Läger erschöpft sind, durch rechtzeitige Abschlüsse den günstigsten Rohstoffpreis zu sichern. Endlich setzen erweiterte Konsumentenkäufe von den in bessere Bedingungen gelangenden weiträumigen Rohstoff- und Nahrungsgebieten aus ein — wie dies jetzt aus Australien und Neuseeland gemeldet wird —, und erst damit wird eine wichtige weltwirtschaftliche Voraussetzung für die nachhaltige Besserung der konjunkturellen Arbeitslosigkeit erfüllt.

Freilich können die optimistischen Erwartungen durch unvorhergesehene Umstände hinfällig werden. Es scheint z. B., als ob die guten Ernten dieses Jahres in West- und Mitteleuropa die Räumung des übergroßen Weltgetreidevorrats und die Erholung der Preise von neuem hinausschieben werden. Aber für die Rohstoffpreise liegen die Dinge günstiger. Der Zeitpunkt für das fördernde Eingreifen der öffentlichen Gewalt in den Gang der Dinge in Deutschland scheint deshalb richtig gewählt.

Auch die gewählten Mittel halte ich für zweckmäßig. Die Erleichterung der drückendsten Realsteuern und der Umsatzsteuer, die Aushändigung von lombard- und börsenfähigen Steuergutscheinen macht die Unternehmungen liquider, beweglicher, deshalb fähiger, die hoffentlich bald wirklich kommende aufsteigende Konjunktur auszunutzen. Ihre Liquidität wird noch gefördert durch die schon eingetretene Diskontherabsetzung. Die erweiterten, den Unternehmern zur Verfügung gestellten Mittel gestatten, lang unterlassene Reparaturen an Häusern, Fabrikanlagen usw. nachzuholen, also den Produktionsapparat zu verbessern. Endlich ermöglichen es die Beschäftigungsprämien und die Tariflockerungen, die Produktionskosten zu senken, besonders für die arbeitsintensiven Betriebe. Dr. Hans-Joachim Rüstow hat eine Untersuchung darüber veröffentlicht, aus der sich ergibt, daß eine 25prozentige Steigerung der Produktion und entsprechende Mehreinstellung von Arbeitern keinen Mehraufwand an Gesamtarbeitskosten in den beteiligten Betrieben bei Durchführung der Bestimmungen zur Folge haben würde.

So erscheint die Erwartung nicht unbegründet, daß Deutschland einen Anteil an der verbesserten weltwirtschaftlichen Konjunktur gewinnen wird. Soll sich aber eine rasche und kräftige Auswirkung auf den Arbeitsmarkt und Beschäftigungsgrad ergeben, so müssen Unternehmer und Arbeiter vertrauensvoll das Regierungsprogramm zu ihrem eigenen machen. Die furchtbare Verschärfung der politischen Gegensätze in diesen Tagen ist geeignet, die Hoffnungen herabzudrücken, nicht minder die Opposition seitens der Gewerkschaften, deren Sorgen ich vollkommen verstehe, die aber, wie ich glaube, mit Unrecht in dem Regierungsprogramm einen prinzipiellen Angriff auf die sozialen Errungenschaften der Arbeiterschaft sehen. Im günstigsten Falle werden wir damit rechnen können, daß im Verlauf der aufsteigenden Konjunktur eine reichliche Hälfte der Arbeitslosen mit Hilfe der ergriffenen Maßnahmen wieder in den Arbeitsprozeß eingegliedert wird.

Die Wirtschaftskrise hat die Exportquote der deutschen Industrie erhöht. Der hier wohl anwesende Direktor Karl Lange vom Maschinenbauerverband hat in einer interessanten Untersuchung, die allerdings notwendigerweise viel Konjekturalstatistik enthält, berechnet, daß der Absatz der deutschen Industrie im Jahre 1931, im Werte von 20 Milliarden RM Reinproduktion, mit dem größten Anteil, nämlich mit 35,5 %, ins Ausland ging, 25,6 % an die inländische Industrie, aber nur 19,7 % an die heimische Landwirtschaft, während der Rest auf Handel, Verkehr und sonstige Berufskreise entfiel. Es ist also ganz begreiflich, daß man seine Hoffnungen zunächst auf den augenblicklich stärksten Sektor, den Export, setzte.

In diesem Kreise ist auch kein Wort darüber nötig, daß Deutschland durch seine Rohstoffarmut und seine auswärtige Verschuldung zu einem starken Export schlechterdings gezwungen ist. Aber gerade in den Auslandsbeziehungen sind die stärksten Veränderungen seit dem Kriege vor sich gegangen. Die im Kriege gegen uns verbündeten großen Reiche haben die von ihnen beherrschten und neu eroberten Länder, ganze Kontinente, gegen den industriellen Wettbewerb auch ihrer eigenen Schuldnerstaaten in verschärfter Weise abgeschlossen, und keine Dialektik kann die Verträge von Ottawa zu einem Sieg der Freihandelsidee umdeuten. Die Zerstückelung von Mitteleuropa und die gegenseitige Absperrung der Stücke durch Zölle, Kontingentierungen und Devisenbewirtschaftung sind weitere Hindernisse für die Entwicklung einer starken Exporttätigkeit.

Damit stoßen wir auf den entscheidenden Ursachenkomplex für die strukturelle Massenarbeitslosigkeit. Von deren Bekämpfung wird im Regierungsprogramm nicht gesprochen. Nur in einem Punkte ist das große Problem kraftvoll angegriffen worden, im Kampfe nämlich um Deutschlands Gleichberechtigung, um die Forderung nach Abrüstung für alle nach gleichen Methoden und gleichen Maßstäben der außenpolitischen Sicherung. Das ist eine Forderung von unmittelbarster Bedeutung für die weltwirtschaftlichen Beziehungen, besonders für die zwischenstaatliche Verflechtung Europas. Denn die Verarmung der 180 Millionen Menschen, die zwischen der Westgrenze Rußlands und der Westgrenze Deutschlands wohnen, ist letztlich bedingt durch den Geist von Versailles, der die europäischen Völker in Herren-, Vasallen- und Knechtsvölker geschieden hat, die Entwicklung eines starken Solidaritätsgefühls unmöglich macht, übrigens auch die Ergebnisse einer Konferenz, wie sie jetzt in Stresa in angenehmen Formen stattgefunden hat, zu vernichten droht. Wenn die Zeitungsberichte zutreffen, wonach zu unserem großen Kummer Präsident Hoover und in höchst ungeeigneten Formen der englische Außenminister Simon sich einem „Niemals" des Herrn Herriot angeschlossen haben, so kann man als wissenschaftlicher Mensch nur mit Bedauern feststellen, daß die Welt heute von den großen Machthabern nicht anders regiert wird als im Zeitalter des klugen schwedischen Kanzlers Oxenstjerna. Die Wiederherstellung der Gleichberechtigung, die Beseitigung des grundsätzlich zwiespältigen Rechts für die Sieger und für die Besiegten ist die erste Voraussetzung für die Wiederherstellung einer lebendigeren Weltwirtschaft.

Es ist heute gesagt worden, daß man von einer Überindustrialisierung Deutschlands wohl nicht sprechen könne. Ich muß gestehen, daß ich die Ausführungen des Herrn Professors Colm über diesen Gegenstand nicht sofort in allen Einzelheiten zergliedern kann. Ich kann meinerseits nur das Gesamtbild wiedergeben, wie mir die Lage des Landes im Lichte der durch den Weltkrieg geschaffenen neuen Macht- und Reichtumsverteilung und der herrschenden Ideen erscheint, und gerade darauf kommt es an, wenn man das rechte Urteil über das Wesen der strukturellen Arbeitslosigkeit und die richtigen Mittel für ihre Bekämpfung finden will.

Wenn sich seit den 70er Jahren des vorigen Jahrhunderts der ganze Bevölkerungszuwachs bis zum Krieg in die Städte und Industriebezirke unseres Landes zusammengedrängt hat, wenn jetzt mehr als ein Viertel unseres Volkes in Großstädten und fast die Hälfte in Groß- und Mittelstädten wohnt, so war das ein Reflex der Tatsache, daß die Erschließung der Erde durch die größte Kolonisation aller Zeiten eine weltwirtschaftliche Konjunktur für die Exportindustrie der höherentwickelten Länder heraufführte, die mit dem Kriege abgerissen ist und niemals wiederkehrt. Schon deshalb nicht, weil die rasche Expansion der Bodenproduktion in den Neuländern seit dem Kriege mit Hilfe einer Technik vor sich geht, die es gestattet, sozusagen ohne Menschen zu arbeiten.

Die Besiedelung der gemäßigten Zonen muß im großen als endgültig abgeschlossen gelten. Inzwischen haben sich die Vereinigten Staaten, obwohl sie wieder zu einem agrarischen Exportland wurden, zum ersten Industriestaat der Welt entwickelt, der den gewaltigen Binnenbedarf bis auf gewisse Spitzenbeträge vollständig deckt. Das auf Deutschlands Kosten vergrößerte und bereicherte Frankreich ist zu einem mächtigen Konkurrenten geworden, und alle Welt bemüht sich um größere industrielle Unabhängigkeit. Die technischen Errungenschaften werden immer mehr zu einem Gemeingut. Es ist deshalb nicht darauf zu rechnen, daß, wie vor dem Kriege, weite Gebiete ihren industriellen Massenbedarf in Deutschland decken. Mehr und mehr beschränkt sich unsere Ausfuhr auf Spezialitäten und hochwertige Qualitätswaren. Gewiß können wir mit Hilfe unserer hochgeschulten Arbeiterschaft und der Wendigkeit der deutschen Industriellen und Kaufleute hoffen, einen bedeutenden Export auch in Zukunft aufrecht zu halten. Gegen die Abschlußpolitik der großen Reiche werden wir uns wehren müssen und auch wehren können, weil Deutschland nach wie vor der drittgrößte Käufer in der Welt ist. Wir werden auch bemüht bleiben müssen, den geschlossenen großen Wirtschaftsgebieten ein Gegengewicht durch den engeren ökonomischen Zusammenschluß mit den unsere Bodenproduktion gut ergänzenden südöstlichen Nachbarländern zu schaffen.

Aber kein großes Volk kann seine Existenz zu einem ausschlaggebenden Teil auf Veredelungswirtschaft und Spezialitätenproduktion gründen. Und es ist auch keineswegs zu erwarten, daß es auf dem Wege der Exporterweiterung gelingen wird, das ganze Arbeitslosenheer wieder einzugliedern. Vielmehr sehen wir uns gezwungen, zugleich mit den Bemühungen um die Aufrechterhaltung des Exports den Binnenmarkt zu stärken und hier nach Möglichkeit Ersatz zu suchen für die draußen verlorengehenden Märkte. Stärkung des Binnenmarktes aber ist immer nur vom Boden her möglich, der in jeder Volkswirtschaft das Fundament des ganzen Baues bleibt. Verstärkung des Binnenmarktes bedeutet also notwendig Verlegung von Rohstoff- und Nahrungsquellen vom Ausland her ins Inland, soweit das die natürlichen Bedingungen gestatten.

Man spricht hier von einer „Reagrarisierung", die Deutschland vornehmen müsse. Das ist ein schlechtes Wort. Aber wir müssen unter dem Zwang der Verhältnisse darauf Bedacht nehmen, planmäßig die wirtschaftlichen Hilfsquellen, die unser eigenes verkleinertes Land bietet, zu entwickeln. Das Wort „Reagrarisierung" trifft nur in dem Sinne zu, daß ein größerer Teil der deutschen Bevölkerung seine Nahrung unmittelbar aus dem Landbau, der Landwirtschaft, dem Gartenbau, kurz vom Boden her suchen muß. Die Aufgabe greift aber weit darüber hinaus. Es handelt sich darum, die gesamte wirtschaftliche und soziale Verfassung des deutschen Volkes seinen durch den Krieg veränderten Lebensbedingungen anzupassen: den großen territorialen Verlusten, den besonders im Osten äußerst gefährdeten Grenzen und der furchtbaren Kapitalarmut, in die uns der Aufwand von 90 Goldmilliarden für den Krieg und der Verlust von 65 Milliarden durch Vermögenskonfiskationen und Tribute gestürzt haben.

Unter diesen Umständen sind wir darauf angewiesen, das, was uns an Bodenschätzen verblieben ist, aufs intensivste auszunutzen, und zwar weniger in kapitalintensiver Weise, nach amerikanischen Methoden: laufendes Band, Mähdrescher usw., als vielmehr vermöge reichlicheren und wohldurchdachten Einsatzes des einzigen Produktionsfaktors, der uns in übergroßer Menge zur Verfügung steht, also auf arbeitsintensiven Wegen. Diese Gesamtlage begründet die natürliche Tendenz zum Vordringen der Familienwirtschaft im Landbau gegenüber den Großbetrieben, eine Tendenz, die überall auf der ganzen Erde außerhalb Rußlands sich geltend macht, aber in Deutschland besonders zwingender Natur ist.

Aus dem allen leite ich die Forderung einer verstärkten inneren Kolonisation ab. Diese ist nicht einfach Umwandlung von Guts- in Dorfgemarkungen, sondern umschließt die planmäßige Entfaltung der landwirtschaftlichen und gewerblichen Produktivkräfte, die Erschließung der verkehrsentrückten Gegenden durch Landstraßen, Eisenbahnen und Wasserstraßen, die Vornahme von planmäßigen Bodenverbesserungen und Gewinnung von Siedlungsgelände im großen, in den Kleinbauerngebieten die Zusammenlegung der zerstückelten Grundstücke. Bei richtiger Ausgestaltung ist auch die Vermehrung der Kleingärten und die Stadtrandsiedelung eine bedeutsame Maßnahme, weil sie der wirtschaftlichen Existenz großer Teile der gewerblichen Arbeiterschaft durch eigene Wohnung und ein kleines naturales Einkommen eine Sicherung bei vorübergehender Arbeitslosigkeit gewährt.

Leider droht der wichtigste, der landwirtschaftliche Teil des Siedlungswerkes — wir gründeten im letzten Jahre 10000 neue Bauernstellen — jetzt ins Stocken zu geraten. Das Landangebot in den wichtigsten Kolonisationsgebieten, in Ostdeutschland, ist versiegt, weil die Eröffnung des Sicherungs- und Entschuldungsverfahrens große Teile der von der Krise besonders hart getroffenen großen Güter dem Druck der Schuldenzahlung entzogen hat. Das für diese Maßnahmen eingeschlagene individuelle Verfahren, wo auf Anmeldung für jeden Bauernhof, jedes große Gut die Sachlage in den Einzelheiten untersucht wird, zieht sich übermäßig lange hin, weil es schwer fällt, Akkorde mit den Gläubigern zu erzielen, die gegen ihren Willen nur zum Abstrich der Hälfte ihrer nachstehenden Forderungen gezwungen werden können, während viel größere Abstriche nötig sind, oft sogar die erste Hypothek gekürzt werden muß, wenn die Güter lebensfähig gemacht, d. h. nur noch bis zur Zinsleistungsgrenze belastet bleiben sollen. Die Landstellenleiter, also Männer der Verwaltung, die an die Stelle des Konkursrichters getreten sind, tragen begreiflicherweise Scheu, das Urteil auszusprechen: Nicht mehr sanierungsfähig, nicht mehr zu retten! Die nachstehenden Gläubiger tragen Bedenken, Zwangsversteigerungen auch für die aus dem Verfahren ausscheidenden Güter herbeizuführen, weil sie dann noch größere Verluste erleiden würden. Auch die Landschaften haben als Inhaber der ersten Hypotheken kein Interesse daran, solange das Reich die ausfallenden Zinsen bezahlt. Jetzt hat man sich entschlossen, auch die Zinsen für die ersten Hypotheken auf zwei Jahre herunterzusetzen. Das wird eine Beschleunigung in diese Sache bringen.

Ich sehe, daß ich schon reichlich lange gesprochen habe, und muß mir deshalb versagen, auf alle Einwände einzugehen, die gegen die umfassende Förderung der Innenkolonisation erhoben werden. Nur zwei Punkte! Man behauptet, die ländliche Siedlung sei von geringer Bedeutung für die Mehrung der Arbeitsgelegenheit und Bevölkerung. Nun, wir haben eine gute Untersuchung, die Widerlegung fordert, wenn man ihre Ergebnisse bestreiten will. Die Abteilung Rostock des Forschungsinstitutes für Agrar- und Siedlungswesen unter der Leitung von Professor Seraphim hat festgestellt, daß in 500 älteren Kolonien der Vorkriegszeit mit über 6000 Stellen im Verlauf einer längeren Periode eine Vermehrung der Bevölkerung um durchschnittlich 50 % durch die Umwandlung der Betriebsgrößen eingetreten ist, nicht, wie man zu sagen pflegt, um 10 %. In den nach dem Kriege angelegten Siedelungen innerhalb der besonders dünn bevölkerten Großgüterdistrikte Westpommerns war der Satz sogar 93 %. Es gibt überhaupt kein Mittel, um die Summe der Arbeitsgelegenheiten so rasch zu steigern wie die richtig geleitete innere Kolonisation. Aber damit ist die bevölkerungspolitische Wirkung noch nicht erschöpft. Wo Dorfschaften an die Stelle der großen Güter treten, da blühen auch die Klein- und Mittelstädte auf. Die Ansiedlungskommission Posen-Westpreußen hat für die Zeit von 1885—1905 festgestellt, daß in den von bäuerlichen Neusiedlungen umringten Städten die Bevölkerung um 47 % zugenommen hat gegen 8,47 % in den Nichtansiedlungsstädten. Dort vermehrte sich die Ziffer der selbständigen Handwerker um 29,66 %, hier nahm sie um 3,89 % ab. Der Siedlungsvorgang bringt sofort starke Beschäftigung für das Baugewerbe und intensive Nachfrage nach Baustoffen, Geräten, Maschinen und Hausrat. Wo sich die Landbevölkerung stark verdichtet, werden oft die Voraussetzungen für eine Verlagerung des Standorts der wesentlich arbeitsorientierten Industrien aus den teuren Großstädten in kleinere Städte und aufs Land geschaffen. Im gleichen Maße wird es vorteilhafter, die auf dem Lande gewonnenen Rohstoffe dortselbst in genußreife Fabrikate zu veredeln. Die Stadtrandsiedlung bedeutet insofern einen ersten Anlauf zu solcher Dezentralisation, als sie zahlreiche Menschen aus den Städten in eine halbländliche Umgebung hinausführt. Im Laufe eines einzigen Jahres ist dies Verfahren nach der Berechnung des Reichskommissars Saassen schon etwa 500000 Menschen zugute gekommen. Die richtig durchgeführte Siedlung versetzt Hunderttausende in gesunde und gesicherte Lebensbedingungen. Sie sichert zugleich den Besitzstand deutscher Kultur und Macht in dem schwer bedrohten Osten, und sie sichert die auf Eigentum begründete Rechtsordnung gegen das Einfluten der freiheitsfeindlichen Ideen des Bolschewismus.

Man bestreitet, daß für die Fortführung des ländlichen Siedlungswerkes in Deutschland und besonders in Ostdeutschland genügend Raum vorhanden sei. Bisher hat man in ganz Deutschland auf Grund des Reichssiedlungsgesetzes in der Zeit von 1919—1931 49000 Neusiedlungen geschaffen, außerdem 200000 schon vorhandene Anwesen durch Landzulagen erweitert. Rechnet man auf die Siedlerstelle 5 Köpfe, so ergibt sich, daß bisher schon 1¼ Millionen Menschen von diesem Siedlungsgesetz Vorteil gehabt haben. Im Hauptsiedlungsgebiet Ostdeutschland hat man bisher 33400 Neusiedlungen begründet und die gleiche Anzahl durch Landzulagen zu ökonomischer Selbständigkeit erhoben. Für die Weiterentwicklung in den Großgüterdistrikten hat das Reichssiedlungsgesetz ein Minimalprogramm aufgestellt und durch Enteignungsbefugnisse erzwingbar gemacht. Nach diesem Minimalprogramm soll ein Drittel der Gesamtfläche der großen Güter nach dem Stande von 1907, das sind 1½ Millionen ha, für die Besiedlung verfügbar gemacht werden. Tatsächlich sind aber bisher nur 500000 ha in Ostdeutschland herangezogen worden. Es bleibt also noch das Doppelte dieser Fläche aufzusiedeln. Ich habe keinen Zweifel, daß im Laufe der Zeit und im Wege des freien Verkehrs die altüberkommenen Betriebsformen weitere Veränderungen erfahren werden. Bleiben wir aber bei dem Drittel, so wird die Gesamtzahl der neuen und derjenigen Stellen, die durch Landzulage zur Selbständigkeit erhoben werden, auf je 100000 mit zusammen etwa einer Million Einwohner anwachsen.

Nach dem allen sind folgende Folgerungen zu erheben: Das Siedlungswerk muß zu einer Kolonisation im Sinne Friedrichs des Großen fortgebildet werden, die die natürlichen Produktivkräfte des Landes mit allen Mitteln der Wissenschaft und Technik planmäßig entwickelt. Das hemmende Entschuldungsverfahren ist rasch zu beenden und das Programm des Reichssiedlungsgesetzes entschlossen durchzuführen. Dazu sind verstärkte Geldmittel nötig. Wenn aber 700 Millionen Mark verfügbar gemacht werden konnten, um daraus Beschäftigungsprämien ohne finanzielle Gegenleistung zu zahlen, so erscheint die Erwartung nicht unbillig, daß auch 100 Millionen im ersten Jahr und ebensoviel in den nächstkommenden Jahren zur Förderung des Siedlungswerkes im Wege billiger Kredite verfügbar gemacht werden.

Ferner erscheint mir notwendig, daß eine organische Verbindung zwischen der ländlichen und städtischen Siedlung in der Zentralverwaltung hergestellt wird, damit dort Richtlinien für das im Grunde einheitliche Werk entwickelt werden. Endlich muß das Arbeitsbeschaffungsprogramm und der wohlbewährte freiwillige Arbeitsdienst in den Dienst der Innenkolonisation gestellt werden. All das sind Maßnahmen auf lange Sicht, aber doch auch für sofortige Entlastung des Arbeitsmarktes von kräftiger Wirksamkeit. Gewiß ist das Problem der strukturellen Arbeitslosigkeit im Wege der Innenkolonisation allein so wenig zu lösen wie durch die Förderung des Exports. Aber aller Export ist von Verhältnissen abhängig, die unserer Einflußnahme nur beschränkt zugänglich sind. Die Innenkolonisation jedoch ist das große Mittel zur Bekämpfung der Arbeitslosigkeit, das im Bereich unseres freien Entschlusses liegt. Aber das eine wie das andere Werk kann nur vollbracht werden, wenn in dem Ziel die ganze Nation einig ist.

(Lebhafter, anhaltender Beifall.)

Dr. Alexander **Rüstow** (Berlin):

Meine Damen und Herren! Wenn unser Herr Vorsitzender in seiner Eröffnungsansprache dargelegt hat, daß die Periode des Vereins, in der wir uns befinden, charakterisiert sei durch eine zunehmende Einsicht in die Abhängigkeit wirtschaftspolitischer Probleme von staatspolitischen Umständen, so darf es mir erlaubt sein, über diese staatspolitische Seite unseres Themas hier kurz zu sprechen, und zwar deshalb, weil ich sie für die eigentlich entscheidende halte.

Über die Einsicht, daß die gegenwärtige deutsche Krise zu einem erheblichen Teil durch Interventionismus und Subventionismus der öffentlichen Hand verursacht ist, herrscht nachgerade unter den Urteilsfähigen Einigkeit; in diesem Punkt stimmten auch die beiden Referenten des heutigen Tages überein. Über den Grad zu streiten, hat dabei wenig Sinn, weil eine ziffernmäßige Festlegung ja doch nicht möglich ist, und weil außerdem nach allen Seiten Korrelationen bestehen.

Aus solcher Einigkeit könnte man nun vielleicht versucht sein, die tröstliche Hoffnung abzuleiten, daß man durch Schaden klug geworden sei und also vor einer Wiederholung gesichert. Ich glaube aber, diese Überzeugung hat im Ernst niemand von uns; wir haben vielmehr alle das höchst beunruhigende Gefühl, daß so, wie die Dinge heute liegen, sich entsprechende Vorgänge mit entsprechend verhängnisvollen Folgen jederzeit wiederholen könnten und wiederholen werden, wenn nicht inzwischen noch sehr entscheidende und durchgreifende Änderungen eintreten. Schon das allein weist darauf hin, daß die Wurzeln dieser Dinge weit über den Bereich wirtschaftspolitischer Verhältnisse und wirtschaftspolitischer Einsichten hinausreichen, daß es sich letzten Endes nicht um Fragen der Einsicht, sondern um Fragen der Willensbildung, um politische und staatspolitische Fragen handelt. Und ich bin, in Anknüpfung an etwas, das heute morgen gesagt wurde, in der Tat der Meinung, daß nicht die Wirtschaft unser Schicksal ist, sondern der Staat, und daß der Staat auch das Schicksal der Wirtschaft ist.

Wenn wir uns einmal die Ausgangssituation all jener Interventionen und Subventionen klarmachen, dann ist es gewöhnlich so, daß durch irgendeine meist von außen kommende Strukturveränderung die Konkurrenzbedingungen für irgendeinen Teil der nationalen Wirtschaft verschlechtert sind, und daß nun zur Kompensation dieser Verschlechterung, zum Schutze des betreffenden Wirtschaftszweiges, eingegriffen wird.

An sich kann man sich gegenüber solcher Lage verschieden verhalten. Das eine mögliche Verhalten ist dies, daß man gar nichts tut, daß man den Dingen ihren Lauf läßt nach der Maxime: laissez faire, laissez passer. Was geschieht dann? Auf diese Frage sind wir um Antwort nicht verlegen. Besteht doch im Grunde der ganze angewandte Teil der klassischen Nationalökonomie in nichts anderem als in einer Beantwortung dieser Frage. Ich brauche das also hier auch nicht näher auszuführen: Über eine Reihe von Reibungen, Verschiebungen usw. stellt sich irgendwann und -wie ein neues Gleichgewicht her. Es besteht Einigkeit darüber, auch mit den wirtschaftswissenschaftlich gebildeten Vertretern interventionistischer Anschauungen, daß, wenn erst einmal dieser Zustand des neuen Gleichgewichts erreicht ist, er die optimale, für die Gesamtheit günstigste Lösung darstellt. Aber — so wird von all denjenigen entgegnet, die auf einem antiliberalen Standpunkt stehen — wann tritt dieser Zustand ein, und wie groß sind die Opfer und Schäden, die sich in der Zwischenzeit auf die Betroffenen häufen? Denn diese Zwischenzeit ist ja die Zeit, in der wir leben, nach dem bekannten geistreichen Wort von Keynes, daß auf die Dauer wir alle tot sind.

Wenn es uns heute unerträglich erscheint, solchen Dingen mit verschränkten Armen zuzusehen, wenn wir uns für Volksgenossen mitverantwortlich fühlen, die ohne ihre Schuld in eine wirtschaftliche Notlage kommen, der sie nicht gewachsen sind, so braucht gerade hier im Verein für Sozialpolitik nicht erst besonders betont zu werden, daß diese Einstellung an sich einen sozialen Fortschritt darstellt. Ich will auch nicht von der Übertreibung dieser sozialen Einstellung reden, von jener Wehleidigkeit, mit der heute fast jeder Interessent erwartet, daß auf jedes Wehwehchen, und sei es noch so klein, sofort von öffentlicher Hand ein möglichst großes Pflaster geklebt wird, ein Pflaster, das letzten Endes aus unserer Haut geschnitten werden muß (man verzeihe das etwas grausame, aber leider zutreffende Bild). Gegenüber einer solchen Wehleidigkeit bedeutet der vielgescholtene Manchesterliberalismus jedenfalls eine sehr viel männlichere und mutigere Haltung. Auch hat man die Widerstandsfähigkeit, die Leidensfähigkeit der Wirtschaft offensichtlich weit unterschätzt. Sicherlich wäre, wenn man — mit einziger Ausnahme der Arbeitslosenunterstützung — gar nichts getan und den Dingen ihren Lauf gelassen hätte, das Unheil nicht entfernt so groß geworden, wie es jetzt durch die Häufung von verkehrten Interventionen geworden ist. Eine Wirtschaft, die die katastrophalen Folgen dieser Interventionen derart ausgehalten hat wie immerhin die unsere — sie hätte das, wovor man sie durch den Bärendienst dieser Interventionen schützen wollte, ganz bestimmt erst recht aushalten können.

(Zustimmende Heiterkeit.)

Aber die Probe auf dieses Exempel ist ja nicht gemacht worden. Man hat vielmehr in allen Fällen eingegriffen, und zwar in einer Weise, die rein psychologisch naheliegend und verständlich ist, nämlich reaktiv, entgegen der von außen kommenden Störung. Wenn z. B. die Folge einer weltwirtschaftlichen Strukturveränderung ein Sinken irgendwelcher Preise ist, so ergreift man Maßnahmen aus dem leider sehr groß gewordenen Arsenal der Mittel, um die Preise hochzumanipulieren, handelspolitische oder sonstige. Wenn irgendwelche Einkommen sinken oder nicht so steigen, wie man es für wünschenswert hält, so legt man eben auf allgemeine Kosten oder unmittelbar aus öffentlichen Kassen zu. Wenn irgendwo Kapitalverluste drohen oder eintreten, so springt man mit Staatsgarantien ein oder füllt aus öffentlichen Mitteln auf. Allen diesen Eingriffen ist das gemeinsam, daß sie dem Ablauf, der ohne sie vor sich gehen würde, entgegengerichtet sind, ihn verhindern, den bisherigen Zustand aufrechterhalten wollen. Man könnte deshalb diese Art des wirtschaftspolitischen Eingreifens als reaktionär bezeichnen, im wörtlichen wie im geläufigen Sinne. Da nun aber die Strukturveränderungen, denen man auf diese Weise entgegenwirken will, gewöhnlich nicht stehen bleiben, sondern sich weiter fortsetzen, da es sich nicht selten um große säkulare Verlagerungen handelt, die sich mehr und mehr verstärken, so muß man immer von neuem und immer schärfer in der gleichen Gegenrichtung eingreifen, um die beabsichtigte Wirkung immer wieder zu erzielen. Außerdem gewöhnen sich bekanntlich die Interessenten sehr rasch an diese Nachhilfe. Das Mittel schmeckt nach mehr, der Appetit kommt beim Essen, und so ergibt sich jene Schraube ohne Ende, die wir kennen, oder vielmehr jene Schraube mit dem schlimmen Ende, an dem wir jetzt angelangt sind.

Angesichts dieses Ergebnisses müssen wir uns fragen: stehen wir wirklich nur vor der Wahl, entweder den Dingen restlos ihren Lauf zu lassen oder in dieser aussichtslosen und verhängnisvollen Weise entgegen dem natürlichen Lauf der Dinge einzugreifen? Ich glaube es nicht. Ich glaube, daß es eine dritte Art des Verhaltens gibt, und daß das die richtige und zeitgemäße Art sein würde. Wenn nämlich Einigkeit darüber besteht, daß jener neue Gleichgewichtszustand, der sich bei freiem Ablauf ergeben würde, wenn auch erst über viele Reibungsverluste und Unerträglichkeiten hinweg, an und für sich die richtigste Lösung sein würde, so läge es doch eigentlich sehr nahe, zu versuchen, diesen Zustand eingreifenderweise sofort herbeizuführen und nur die Zwischenzeit, die sonst vergehen würde, bis der neue, in sich haltbare Zustand erreicht ist, diese Zeit des aussichtslosen Kampfes, des Niedergangs und des Elends, sozusagen auf Null abzukürzen. Das wäre ein Eingreifen in genau der entgegengesetzten Richtung, als in der bisher eingegriffen worden ist, nämlich nicht entgegen den Marktgesetzen, sondern in Richtung der Marktgesetze, nicht zur Aufrechterhaltung des alten, sondern zur Herbeiführung des neuen Zustandes, nicht zur Verzögerung, sondern zur Beschleunigung des natürlichen Ablaufs. Also sozusagen ein liberaler Interventionismus nach dem Motto: fata volentem ducunt, nolentem trahunt.

Ich muß es mir versagen, das, was ich meine, hier an konkreten Einzelbeispielen durchzuführen, nicht nur, weil es den Rahmen meiner Ausführungen überschreiten würde, sondern auch deshalb, weil bei jedem Einzelbeispiel fast unvermeidlich die konkreten Einzelheiten, über die man besonders diskutieren müßte, in den Vordergrund treten. Ich will deshalb hier nur das Schema eines Beispiels kurz skizzieren[1].

Man nehme an, ein bestimmter abgegrenzter Teil der bäuerlichen Landwirtschaft sei durch säkulare Strukturveränderungen auf dem Weltmarkt in seiner Konkurrenzfähigkeit bedroht, ja in erheblichem Umfang vernichtet, und man habe bisher darauf so reagiert, daß in der üblichen Weise durch Zollschutz, Subventionen usw. versucht wurde, diese Wirkung zu kompensieren, mit dem üblichen Mißerfolg: es wird immer schlimmer, es muß immer wieder neu und verstärkt eingegriffen werden.

Würde man manchesterlicherweise gar nichts tun, sondern den Dingen ihren Lauf lassen, so würde sich nach Jahrzehnten des Elends, des verzweifelten aussichtslosen Kampfes um die ererbte Scholle schließlich folgender Zustand ergeben: Soweit Umstellungsfähigkeit vorhanden war, haben sich die betreffenden Umstellungen durchgesetzt, wo solche Umstellungsmöglichkeit fehlte, haben die Betroffenen notgedrungen ihre Scholle verlassen und anderswo versucht, auf einem neuen haltbaren Standort unterzukommen.

Mein Vorschlag geht nun dahin, daß man diesen Endzustand sofort herbeiführt, daß man die möglichen Umstellungen durch pädagogische und finanzielle Hilfe beschleunigt und erleichtert, und daß man denjenigen, denen an der Stelle, wo sie jetzt sitzen, auf die Dauer nicht zu helfen ist, eine andere Stelle in Tausch gibt, wo sie eine neue, gesunde und konkurrenzfähige Produktionsgrundlage haben. Diese Form der Intervention würde einen Bruchteil von dem kosten, was die andere übliche kostet, die unabsehbar immer weiter läuft, und man würde mit diesem Bruchteil an Kosten einen haltbaren, in sich gesunden Zustand schaffen, während man bei dem bisher beliebten Verfahren die Unhaltbarkeit immer nur vor sich herschiebt. Ferner würde das eine Form des Eingriffs sein, die sich selbst auf dem kürzesten Weg überflüssig macht, während die andere Form immer unentbehrlicher wird, je mehr sie angewandt worden ist, und daher immer größere Gaben verlangt wie beim Morphium,

[1] Das hier nur schematisch skizzierte Beispiel behalte ich mir vor, an anderer Stelle ausführlich zu entwickeln.

wo die Dosis immer mehr gesteigert werden muß, wenn die Wirkung bleiben soll.

Nun könnte hier vielleicht mancher Interventionist mit Befriedigung und Erleichterung feststellen, wenn jemand, der so sehr als rabiater Liberaler verschrien ist, wie ich es bin, sich immerhin so weit schon auf Interventionen, welcher Art auch immer, einläßt, daß dann die Einigung nicht mehr schwer sei, und daß es sich eigentlich nur noch um Detailfragen handele, über die man ja von Fall zu Fall reden könne. Das wäre aber ein großer Irrtum. Es handelt sich in Wahrheit um einen ganz grundsätzlichen Unterschied, um eine Polarität höchsten Spannungsgrades, wenn man die Dinge nicht in der Ebene der abstrakten Begriffe, sondern in derjenigen der dynamischen Realitäten nimmt. Es ist ja nicht so, wie man sich das rationalistischerweise wohl vorstellt, daß da der Staat ist und sich überlegt, ob und wie er eingreifen soll, und die Wahl hat, es so oder anders zu machen, daß er es leider bisher verkehrt gemacht hat, und es künftig, eines Besseren belehrt, hoffentlich besser machen wird. Daß der Staat bisher so und nicht anders eingegriffen hat, das hat vielmehr sehr tiefliegende und sehr zwingende Gründe. Die neue Art des Eingreifens, wie ich sie im Auge habe, setzt gegenüber derjenigen, die bisher üblich war, einen vollkommen anderen Staat voraus. Es ist nicht derselbe Staat, der in der einen oder in der anderen Richtung wahlweise eingreifen könnte.

Es muß hier eine ganz grundsätzliche Feststellung gemacht werden. Fast allgemein herrscht die Auffassung, als ob die Erscheinung, die Carl Schmitt im Anschluß an Ernst Jünger den „totalen Staat“ genannt hat, dieses Ausgreifen des Staates über seine bisherigen Grenzen, dieses Einbeziehen aller möglichen Lebensgebiete in die staatliche Betätigung, als ob dies ein Zeichen übermäßiger Stärke des Staates wäre, eine Hybris, ein Nicht-mehr-seine-Grenzen-kennen. Es ist in Wahrheit das genaue Gegenteil davon: nicht Staatsallmacht, sondern Staatsohnmacht. Es ist ein Zeichen jämmerlichster Schwäche des Staates, einer Schwäche, die sich des vereinten Ansturms der Interessentenhaufen nicht mehr erwehren kann. Der Staat wird von den gierigen Interessenten auseinandergerissen. Jeder Interessent reißt sich ein Stück Staatsmacht heraus und schlachtet es für seine Zwecke aus. Daher auch die Allseitigkeit dieser Erscheinung. Denn es war ja nicht etwa so, daß die bisherigen Regierungen je nach ihrer parteimäßigen Zusammensetzung nur zugunsten ihrer jeweiligen Anhänger Subventionen verteilt hätten, sondern alle haben in allen Richtungen nachgeben müssen, nicht selten sogar in der parteipolitisch entgegengesetzten Richtung am meisten, weil da am ungehemmtesten und rücksichtslosesten gefordert und erpreßt wurde. Ich brauche

Beispiele nicht anzuführen. Das ist eben ein Beweis dafür, daß bei diesen Vorgängen die Regierung, der Staat gar nicht Subjekt, sondern leidendes Objekt war, und Subjekt vielmehr die Interessenten. Was hier vorliegt, ist, um wieder einen Terminus von Carl Schmitt zu brauchen, „Pluralismus", und zwar Pluralismus schlimmster Sorte. Was sich hier abspielt, steht unter dem Motto: „Der Staat als Beute."

Nun hat man verschiedentlich auch heute gemeint, wenn der bisherige Subventionismus und Interventionismus so schlecht gewirkt hätte, so habe das nur an seiner Planlosigkeit gelegen; man brauche die bisherigen Eingriffe nur planmäßig zu gestalten, dann würde es schon besser gehen. Meine Damen und Herren! Das, was ich eben gesagt habe, zeigt, daß die Planlosigkeit im Wesen der bisherigen Art staatlichen Eingreifens liegt. Eine Intervention, die darauf beruht, daß jede Interessentengruppe sich ihr Teil herausholt, kann gar nicht planmäßig sein. Dieser Staat steht nicht vor der Wahl, statt planloser Eingriffe planvolle Eingriffe zu machen. Nur in einem einzigen Ausnahme- und Grenzfall kann er nach einheitlichem Plan eingreifen: Wenn nämlich der Kampf der Interessenten um den Staat als Beute so ausgeht, daß eine Interessentengruppe allein die Oberhand behält, alle anderen aus dem Felde schlägt und für sich allein den Staat annektiert, wenn also in der Gleichung des Pluralismus $n = 1$ wird. Dann kann natürlich diese eine Interessentengruppe, die über den Staat allein verfügt, ihre Interessen und die Verfolgung ihrer Ziele planmäßig und total wahrnehmen. Das ist der Fall in Rußland, wo ein paar Millionen Industrieproletarier oder solche, die es einmal waren, über die hundert Millionen Bauern, die ja diese Behandlung seit vielen Jahrhunderten gewöhnt sind, in einer tyrannischen und autokratischen Form herrschen. Nur so ist Planwirtschaft bis jetzt je verwirklicht worden und meines Erachtens auch allein möglich. Ob man diesen Zustand, bei dem allerdings der Staat selber immerhin noch besser fährt als bei einer Aufteilung unter viele, im übrigen politisch, menschlich und sonstwie für wünschenswert hält, steht hier nicht zur Diskussion. Auf jeden Fall aber muß man sich über die Unumgänglichkeit dieser politischen Voraussetzung klar sein, wenn man in der üblichen Weise nach Planwirtschaft ruft, und wenn man dem Staat vorschlägt, die Interventionen, die er bisher planlos gemacht hat, künftig lieber planmäßig vorzunehmen. Zu diesem Gedanken einer demokratischen Planwirtschaft, wie ihn etwa Carl Landauer vertritt, muß man entweder sagen, daß er eine Unmöglichkeit, ein Widerspruch in sich selber ist, oder, wenn man bitter sein will, daß demokratische Planwirtschaft allerdings ziemlich genau das ist, was wir bisher gehabt haben, und daß sie gar nicht viel anders aussehen kann. (Heiterkeit.)

Im Gegensatz zu diesen bisher praktizierten Interventionismen zugunsten einer Einzahl oder einer Vielzahl von Interessentengruppen sind an der von mir geforderten Art des Eingreifens — nämlich gerade in der Richtung der von den Betroffenen als störend und bedrohlich empfundenen Veränderungen — die Interessenten egoistischerweise ganz und gar nicht interessiert. Sie möchten immer nur, daß ihre bisherige Position, auf die sie ein wohlerworbenes Recht zu haben glauben, durch Schutzmaßregeln oder Subventionen gesichert und erhalten werde. Diese Medizin, die bisher angewandt worden ist, und die schließlich so katastrophale Wirkungen gezeitigt hat, schmeckt süß; das Mittel dagegen, das ich empfehle, ist für die Interessenten zwar in der Wirkung heilsam, aber im Geschmack sehr bitter, und steht schon darum auch nicht in der Gefahr, daß es in zu großen Gaben angewandt werden könnte.

Eben deshalb fordert die Durchführung dessen, was ich vorschlage — wie übrigens auch schon die bloße Garantie der Marktfreiheit, die Garantie fairer Konkurrenz mit gleichen Spielregeln für alle —, einen starken Staat; einen Staat, der über den Gruppen, über den Interessenten steht, einen Staat, der sich aus der Verstrickung mit den Wirtschaftsinteressen, wenn er in sie hineingeraten ist, wieder herauslöst. Und gerade dieses Sichbesinnen und Sichzurückziehen des Staates auf sich selber, diese Selbstbeschränkung als Grundlage der Selbstbehauptung ist Voraussetzung und Ausdruck seiner Unabhängigkeit und Stärke. Nur so kann er wieder kraftvoll, kann er wieder eigenständig, kann er wieder neutral im Sinne des höheren Ganzen werden, überlegen nicht durch Gewalt und Herrschaft, sondern durch Autorität und Führertum.

Nun könnte man fragen: Wie soll das möglich sein? Der Staat kann doch nicht im luftleeren Raum schweben, er muß sich doch auf irgend etwas stützen. Das führt auf die vielleicht zentralste Frage der Staatspsychologie und Staatssoziologie, die ich hier natürlich nicht in Angriff nehmen kann. Ich will nur ganz kurz folgendes sagen: In jedem Staatsbürger, selbst in dem egoistischsten und borniertesten Interessenten, steckt irgendwo ein anständiger Kern, der danach verlangt, anständig regiert zu werden, im Sinne des Ganzen regiert zu werden, der angesprochen werden kann auch und gerade durch eine Maßregel, die gegen sein eigenes im übrigen noch so laut vertretenes egoistisches Interesse geht. Das haben wir gerade in letzter Zeit erlebt, und Sache einer ihrer selbst bewußten Regierung ist es eben, diesen guten Kern, diese bessere Hälfte jedes einzelnen Staatsbürgers aufzurufen, an sie zu appellieren, sich von ihr das plébiscite de tous les jours einzuholen. Es ist das entscheidende Kriterium einer richtig und organisch konstruierten Verfassung, daß sie den Menschen in diesem seinem noch unzersetzten Kern trifft und integriert, und nicht etwa den Interessenten im Menschen als Integrationselement verwendet. Nur so ist es ja auch möglich, die gleichen Menschen durch eine bessere Verfassung besser und stärker zu integrieren. Nur so, quer zu allen Interessenrichtungen, läßt sich der Pluralismus überwinden; in diesem Sinne den Staat zu führen, das ist die eigentliche Aufgabe. Und wenn in den letzten Jahren, in diesen schweren, tragischen Jahren deutscher Geschichte, doch irgend etwas besser geworden ist, wenn irgendwie doch Hoffnungen wieder lebendig geworden sind, die schon begraben waren, so sind es die, wenn auch noch so leisen, noch so unvollkommenen, mit noch so viel unentschlossenem Zaudern und vorschnellem Fehlgreifen belasteten Fortschritte, die staatspolitisch in dieser Richtung gemacht worden sind.

Man hat dem alten Liberalismus vorgeworfen und wirft ihm noch heute vor, wenn man ihn als Manchestertum beschimpft, er habe einen schwachen Staat, einen Nachtwächterstaat gefordert. Ich will nicht näher untersuchen, ob das historisch richtig ist: es ist nicht richtig, wenn man den Dingen auf den Grund geht, und den Liberalismus nicht beim Wort, sondern bei der Sache nimmt. Die historische Situation war die, daß der alte Liberalismus einem außerordentlich starken Staat gegenüberstand, und daß er von diesem Staat nicht Schwäche verlangte, sondern Freigabe des Entfaltungsraumes für sich selber unter dem Schutz dieses gegebenen starken Staates, eine Forderung, die historisch berechtigt war, und die auch erfüllt worden ist.

Der neue Liberalismus jedenfalls, der heute vertretbar ist, und den ich mit meinen Freunden vertrete, fordert einen starken Staat, einen Staat oberhalb der Wirtschaft, oberhalb der Interessenten, da, wo er hingehört. Und mit diesem Bekenntnis zum starken Staat im Interesse liberaler Wirtschaftspolitik und zu liberaler Wirtschaftspolitik im Interesse eines starken Staates — denn das bedingt sich gegenseitig —, mit diesem Bekenntnis lassen Sie mich schließen.

(Lebhafter, lang anhaltender Beifall.)

Dr. Heinz **Ludwig** (Berlin):

Meine Damen und Herren! Leider kann ich den Herren Referenten auch als dritter Diskussionsredner den Wunsch nicht erfüllen, den eigentlichen Kern ihrer Ausführungen, die Diagnose, die Erkenntnis des gegenwärtigen Krisenzustandes zu diskutieren. Die praktischen, die aktuellen Fragen, die sich aufdrängen, sind in diesem Augenblick so stark, daß sie die historischen und die theoretischen Gedankengänge zurückdrängen müssen. Immerhin darf ich zu Eingang meiner Ausführungen mit Freuden begrüßen, daß in den beiden Referaten heute vormittag endlich einmal ein vulgär-ökonomisches Schlagwort zerstört worden ist, das seit 3 oder 4 Jahren durch die Zeitungen und durch wirtschaftspolitische Kundgebungen geht, das Schlagwort von der alleinigen oder der vorwiegenden Schuld der Rationalisierung an dieser Krise. Ich sage, das ist zu begrüßen; denn die wirtschaftspolitischen Nachwirkungen, die dieses Schlagwort verschuldet hat, sind ja nicht ganz ungefährlich. Die Herren haben heute vormittag übereinstimmend festgestellt, daß der Erfolg der Rationalisierung nicht ein immanenter war, sondern daß er durch die Verhältnisse der Kapitalneubildung und durch die Verhältnisse der Märkte entstanden ist. Aber wenn man dieses Schlagwort auch zerstört und wenn man dafür hoffentlich einer richtigen Beurteilung der Rationalisierungserscheinungen den Weg geebnet hat, so darf man sich im Zusammenhange mit der Diskussion des Problems der Arbeitslosigkeit der Erkenntnis nicht verschließen, daß auch in Zukunft Mißverständnisse über die Bedeutung dieser Erscheinung nicht ausgeschlossen sind. Wir sind nämlich nicht am Ende der Rationalisierungsperiode. Im Gegenteil, ich glaube, daß diese Krisis, in der wir augenblicklich stehen, ein neuer, ja vielleicht ein stärkerer Rationalisierungsprozeß gewesen ist als derjenige, den wir im allgemeinen unter den Erscheinungen der Jahre 1925/29 verstehen. Der Unternehmer hat in diesen letzten Jahren unter dem Stichwort „Abbau" zum Teil viel mehr getrieben als Abbau. Er hat gelernt, daß sich das Verhältnis von Aufwand zum Erfolg ohne Anwendung von Maschinen, lediglich durch eine andere Gruppierung seiner Anlagen, ohne Anwendung technischer Hilfsmittel, lediglich durch eine andere Verwendung seiner menschlichen Hilfskräfte erheblich steigern läßt oder vielmehr daß sich der gleiche Arbeitserfolg mit einem viel geringeren Aufwand an Mitteln erzielen läßt. Und der Erfolg dieser krisenzeitlichen Rationalisierungsperiode dürfte der sein, daß wir unter gleichen Voraussetzungen am Ende der Krisenperiode mit einem kleineren Arbeiter- und Angestelltenstamm auskommen werden, als es vor der Krise notwendig war, und das dürfte für die Beurteilung der Arbeitslosigkeit nicht ganz unwesentlich sein.

Zweitens: Die Reserven der Rationalisierung sind noch lange nicht erschöpft. Sie sind einmal deswegen nicht erschöpft, weil der technische Fortschritt ja weitergeht, weil er letzten Endes nicht an die wirtschaftlichen Verhältnisse gebunden ist, weil das konstruktive oder fabrikatorische Genie ja unabhängig wirkt; und ich glaube kaum, daß man sich weiteren Fortschritten auf technischem Gebiete ohne Zwang wird verschließen können, wie etwa, daß man die Neuanschaffung von Maschinen, wie kürzlich ein französischer Ingenieur vorgeschlagen hat, besteuert. Es ist doch wohl sehr fraglich, ob man solche Wege gehen wird.

Der Fortschritt der Rationalisierung scheint mir auch aus einem anderen Grunde noch lange nicht an seinem Ende angelangt zu sein. Ich möchte eine Legende zerstören, die sich beinahe in allen nationalökonomischen Lehrbüchern befindet, und die von dem kapitalistischen Unternehmen der heutigen Zeit aussagt, daß es vorwiegend nach den Prinzip der ratio arbeitet. Das stimmt gar nicht. Wohin Sie auch kommen, nicht nur in Deutschland, sondern auch in anderen Ländern, finden Sie in den meisten Fällen ein sehr starkes Vorherrschen irrationaler und emotionaler Elemente und vor allem auch traditioneller Elemente in der Betriebsführung, zu denen man vom Standpunkt der Wirtschaft ja sehr verschieden stehen kann, zu denen man aber unter dem hier diskutierten Thema sagen muß, daß sie wahrscheinlich mit den Fortschritten der Wissenschaft immer mehr einer rationalen Arbeitsgestaltung weichen müssen. Dieser Prozeß liegt in der Mehrzahl der deutschen Unternehmungen noch vor uns. Das führt mich zu einer Perspektive, die auch Herr Professor Sering bereits vorhin gesehen hat, zu der Perspektive, daß die chronische Arbeitslosigkeit nach Überwindung dieser Krise eine viel stärkere sein wird als vorher, daß die Zahl der Arbeitslosen im Verhältnis zu den Beschäftigten wahrscheinlich ohne Änderung der Arbeitsverhältnisse viel größer sein wird.

Zu dieser Überzeugung führt mich aber nicht nur die Überlegung von der Seite der Rationalisierung her, es führen dazu auch Gedankengänge, die ebenfalls bereits hier angeschnitten worden sind. Das Kapitalvolumen, mit dem wir in Deutschland zu rechnen haben, wird viel geringer sein als in früheren Jahren. Die Struktur der Exportmärkte ist vollständig verändert. Wahrscheinlich wird ein großer Teil der Absatzmärkte, die wir gehabt haben, mindestens für bestimmte Industrien, vollkommen verlorengehen. Ein sehr deutliches Beispiel, das ich in diesem Zusammenhang anführen möchte und das für viele spricht, ist das Beispiel der Papierindustrie. Es ist merkwürdig, daß die Papiermaschinenfabriken in Deutschland augenblicklich zu tun haben, weil sie die Türkei, Bulgarien und andere Länder beliefern. Aber diese Länder fallen in Zukunft als Papierkonsumenten aus und werden infolgedessen unseren Papierexport in starkem Maße beeinträchtigen. Solche Beispiele gäbe es eine ganze Reihe. Letzten Endes dürfte wahrscheinlich auch die augenblicklich von uns betriebene Zollpolitik die Struktur unserer Auslandsmärkte sehr wesentlich beeinflussen; denn Repressalien dürften nicht ausbleiben, und das Ausmaß der Repressalien steht durchaus dahin. Wieder ein Beispiel, das mir dieser Tage zu Ohren gekommen ist: Eine sehr bedeutende deutsche Fabrik, die Badeöfen herstellt, hat einen sehr großen Auftrag von über 15000 Stück von einer großen holländischen Stadt bekommen. Dieser Auftrag ist zu 10000 Stück ausgeführt, die restlichen 5000 Stück sind in Arbeit. Der Auftrag ist plötzlich auf Intervention der holländischen Regierung storniert worden; man kann ihn nicht ausführen, weil man dann den eigenen Vertreter in der betreffenden Stadt ruinieren würde. Das sind Dinge, die symptomatisch sind und für die man wahrscheinlich noch mehr Beispiele anführen könnte.

Alle diese Überlegungen führen dazu, daß wir in Zukunft einem nicht nur strukturell gewandelten, sondern wahrscheinlich einem strukturell verminderten Exportmarkt gegenüberstehen. Man soll sich dieser Überlegung nicht verschließen. Ein ausgezeichneter, vielleicht der beste Diagnostiker der Konjunktur, sehr angesehener Nationalökonom einer deutschen Großbank, hat in seiner Bibliothek vor einiger Zeit unglücklicherweise ein Buch von Schaeffle gefunden, worin die Krisenerscheinungen im Jahre 1857 beinahe genau so dargestellt wurden, wie sie sich heute vollziehen, und er hat daraus, wie mir scheint, dadurch, daß er diesen Teil veröffentlicht hat, die Folgerung gezogen: Es ist in der Tat eine normale Krise, eine normale konjunkturzyklische Bewegung, die sich eines Tages wieder in Wohlgefallen auflösen wird. Dieser Standpunkt erinnert an ein schönes Lied, das gegen Ende des Krieges gesungen worden ist und das die Stimmung und den Wunsch der Bevölkerung deutlich wiedergab, es hieß: „Alles kommt einmal wieder, wie es im Frieden war.“ So denken viele auch im Augenblick: Alles kommt einmal wieder, wie es in der Hausse war. Ich fürchte nur, man täuscht sich, und ich fürchte, es ist gefährlich, eine solche Täuschung hervorzurufen angesichts der überzeugenden und nachzuweisenden Argumente, die der Markt und die Wirtschaftslage bieten.

Aus diesem Grunde meine ich, daß die 40-Stundenwoche, die durch die letzte Notverordnung zum erstenmal in eine offizielle Form gebracht worden ist, vielleicht auf absehbare Zeit aus der deutschen Wirtschaft wenigstens nicht verschwinden wird, daß sie sozusagen in Permanenz erklärt werden wird, ob man will oder nicht, und wenn dieser Fall eintritt, so werden wir vor einer praktisch und politisch sehr schwierigen Alternative stehen. Wir werden nämlich entweder einen Lohnausgleich durchführen oder die Preise der wichtigen Konsumartikel senken müssen; denn zu essen muß schließlich der Arbeiter haben, und er befindet sich augenblicklich, soweit es mir bekannt ist und ich aus den meisten Unternehmungen, die ich kenne, sehe, bereits am Rande des Existenzminimums, vielleicht schon jenseits des Existenzminimums. Also diese Perspektive möchte ich immerhin als ein sehr schwieriges wirtschaftspolitisches Problem aufzeigen, das sich für die Zukunft auftut.

Ich darf im Anschluß daran auf ein Wort von Herrn Dr. Colm zurückkommen, der am Schluß seiner Ausführungen sagte, er glaube, daß sich der Ausweg aus der strukturellen Arbeitslosigkeit, die er im wesentlichen allerdings vom Standpunkt der Technisierung aus herleitet, möglicherweise nur finden lassen werde durch Einbau planmäßiger Elemente in die gegenwärtige Wirtschaftsverfassung. Ich meine, daß dieses Wort eigentlich gar nicht so weit entfernt ist von gewissen Vorgängen, die sich augenblicklich bereits vollziehen. Es ist zweifellos festzustellen, daß sich in der deutschen Industrie der Gedanke einer planmäßigen Disposition, einer planmäßigen Kostengestaltung und einer planmäßigen Finanzgestaltung, kurz das, was man mit einem Modewort den Gedanken der industriellen Budgetierung nennt, in immer stärkerem Maße durchgesetzt hat. Es ist außerdem unter diesem Gesichtspunkt sehr interessant, daß auch die Kreditpolitik der Banken, wie es scheint, in der allerletzten Zeit eine Wendung in der Richtung macht, daß für die Beurteilung einer Kreditgewährung oder Kreditaushaltung nicht mehr die Gesichtspunkte der Sicherheiten und des persönlichen Vertrauens und persönlicher Kenntnis maßgebend sind, sondern daß an die Stelle dieser Gesichtspunkte einmal die eingehende Prüfung der Rentabilitäts- und der Absatzchancen der betreffenden Unternehmungen auf längere Sicht tritt, und zweitens die Prüfung des, sagen wir, Branchenbedürfnisses, daß man also die Kreditprüfung des einzelnen Unternehmens in stärkerem Maße auf eine Übersicht über die Kreditversorgung der ganzen Branche überhaupt einstellen wird.

Nun noch ein paar kurze Worte zu der augenblicklichen Situation. Wenn Sie, meine Damen und Herren, gegenwärtig in die Firmen der verschiedensten Branchen kommen, stellen Sie überall eine ungeheuere Spannung unter den Unternehmern fest. Die Wirtschaft steht im Augenblick vor der Frage: Sind die Belebungsmomente, die sich hier und dort gezeigt haben, vorübergehend oder dauernd? An Tatsachen darf ich folgende erwähnen: In der Produktionsmittelindustrie hat sich in den letzten 14 Tagen die Anfragetätigkeit merklich belebt, ohne daß allerdings aus den Anfragen bereits konkrete Aufträge geworden sind. In der Industrie der Stapelartikel haben die letzten 2 oder 3 Wochen zu stoßweisen und nervösen Eindeckungen geführt, die allerdings nach kurzem wieder abgerissen sind. Diese Eindeckungen scheinen auf zweierlei zurückzuführen sein, einmal auf die Schwankungen bzw. auf die Belebung der Rohstoffmärkte und zweitens auf die politischen Stimmungsmomente. Was die Rohstoffmärkte betrifft, so kann ich mich dem Optimismus, den Herr Geheimrat Sering geäußert hat, nicht ohne weiteres anschließen. Es ist zweifellos richtig, daß eine Reihe von Rohstoffmärkten in letzter

Zeit eine Belebung aufgewiesen haben. Aber wir dürfen nicht verkennen, daß alle Rohstoffpreise augenblicklich politischen Charakter haben, daß die Situation auf den Rohstoffmärkten absolut nicht bereinigt ist, daß die Bestände, mindestens soweit es die Hauptrohstoffe betrifft, noch sehr groß sind, und daß die Produktionskosten niedriger sind, als man bisher angenommen hat. Man hat hier, um bei dem Beispiel der Baumwolle zu bleiben, angenommen, daß die Produktionskosten der Baumwolle um 7—8 cts liegen. In Wirklichkeit haben Sachverständige, die jetzt aus Amerika zurückkehren, die die Baumwollfarmen dort studiert haben, festgestellt, daß unter den heutigen Bedingungen die Baumwollproduktionskosten um 5 cts liegen, und 5 cts ist der niedrigste Stand des Baumwollpreises, der je erreicht worden ist. Mir scheint also, daß es nicht richtig ist, sich jetzt schon einem Optimismus hinsichtlich der Gestaltung der Märkte hinzugeben.

Noch etwas über die Märkte der Fertigprodukte. Die Märkte der meisten Fertigprodukte in Deutschland sind derartig verwüstet, daß sie unter allen Umständen — das ist meines Erachtens überhaupt der Ausgangspunkt einer Besserung — in Ordnung gebracht werden müssen. Ich kenne eine Reihe von Industrien, von denen ich aus Kalkulationen notorisch weiß, daß die Fabrikate unter den baren Auslagen verkauft werden, daß man nicht einmal Lohn, Material und Beträge für Provisionen und ähnliches hereinbekommt. Wenn sich das nicht ändert, wenn weiter die Konkurrenz besteht, von der Professor Colm vorhin sprach, die Konkurrenz der halbtoten Unternehmungen, der Unternehmungen, die entweder eine Zahlungseinstellung vor sich oder hinter sich haben, die Konkurrenz derjenigen Unternehmungen, die die gesund arbeitenden und guten Unternehmungen auch noch kaputt macht, — wenn diese Verhältnisse sich nicht ändern, werden wir kaum zu einer Besserung kommen, und ich glaube, daß eine Besserung nur erzielt werden kann — das Wort ist vielleicht hart — durch eine Bewegung der Preishebung, die entweder von den für diese Maßnahme berufenen Instanzen der Industrie, den Kartellen, ausgehen muß, oder die von der kreditpolitischen Seite ausgehen muß. Denn solange diese Selbstzerfleischung der Industrie anhält, die augenblicklich ein ungeheueres Ausmaß angenommen hat, solange werden wir eine Besserung nicht erzielen.

Ich sprach von den psychologischen, den Stimmungsmomenten, die die Wirtschaft im Augenblick verstärkt und die die Frage der Arbeitslosigkeit selbst entscheidend beeinflussen. Da ist über das wichtigste Ereignis der letzten Zeit, das Wirtschaftsprogramm der Reichsregierung, folgendes zu sagen: Der Papen-Plan kann Förderliches im Rahmen der Voraussetzungen der allgemeinen Wirtschaft sowohl der internationalen wie der nationalen leisten. Der Papen-Plan ist aber — und das muß, nachdem es von Gewerkschaftsseite aus gesagt worden ist, auch einmal von der Seite der industriellen Unternehmungen aus gesagt werden —, der Papen-Plan ist einseitig; er ist insofern einseitig, als er sich lediglich von der Produktionsseite her orientiert und die Frage des Absatzes im Dunkeln läßt. Ich habe in den letzten Wochen in Gesprächen mit Industriellen immer wieder dasselbe Thema berührt: „Werden Sie Arbeiter einstellen, werden Sie Ihre Produktion erhöhen, und was werden Sie damit machen?", und überall hat sich gezeigt, daß der Unternehmer nicht geneigt ist, sich in eine Spekulation treiben zu lassen und auf Lager zu arbeiten. Das kann man ihm, nachdem 5 Jahre lang gepredigt worden ist: „Herunter von den Vorräten!", auch nicht zumuten; denn der Unternehmer ist nur dann geneigt, Arbeiter einzustellen, wenn sich tatsächlich neue Absatzmöglichkeiten für ihn ergeben, und das ist hier und da tatsächlich bereits eingetreten. Der Papen-Plan müßte in der Richtung ergänzt werden, daß konkrete Absatzmöglichkeiten geschaffen werden.

Das letzte Moment der Wirtschaftsbelebung ist das psychologische. Wenn heute ein sehr großer Teil der Industrie, wahrscheinlich der größte Teil, ganz ungeachtet seiner bisherigen politischen Einstellung sich hinter das gegenwärtige Kabinett gestellt hat, so einzig darum, weil er glaubt, daß von der Politik des Kabinetts eine Stabilisierung der gegenwärtigen Verhältnisse ausgehen wird, und eine Stabilisierung und Beruhigung brauchen wir in allererster Linie. Denn ohne Beruhigung kann eine Wirtschaft, die letzten Endes auf Vertrauen eingestellt ist, nicht wieder sich erholen, und eine solche Beruhigung muß nach innen und auch nach außen hin geschaffen werden, damit die Wirtschaft in ihrer Wiederbelebung nicht gestört wird. So meine ich, daß die beste Sozial- und die beste Wirtschaftspolitik im Augenblick die Politik der Beruhigung ist.

(Beifall.)

Präsident Professor Dr. **Gehrig** (Dresden):

Es liegt ein Antrag von Herrn Geheimrat Lotz vor, die Redezeit auf 10 Minuten zu beschränken. Die Versammlungsleitung unterstützt den Antrag und sie erweitert ihn dahin, daß gleichzeitig die Versammlung die Rednerliste als geschlossen betrachten möge. Es sind noch 6 Redner gemeldet. Wenn wir jedem Redner 10 Minuten zubilligen, haben wir noch reichlich die Möglichkeit, die Herren Referenten und Korreferenten zu Worte kommen zu lassen. Wird der erste Antrag auf Beschränkung der Redezeit angenommen?

(Zustimmung.)

Der Antrag ist angenommen. Ist der zweite Antrag der Versammlungsleitung angenommen, die Rednerliste als geschlossen anzusehen?

(Zustimmung.)

Auch dieser Antrag ist angenommen.

Professor Dr. Ernst **Schultze** (Leipzig):

Meine Damen und Herren! Für die Ursachen der ungeheuren Arbeitslosigkeit, die heute die Welt bedrückt, sind von den Herren Vortragenden und den Diskussionsrednern viele wertvolle Erkenntnisquellen aufgedeckt worden. Aber eine wichtige Ursache scheint mir zu fehlen: der gewaltige Druck, den die Schrumpfung des Welthandels auf die Produktionsverhältnisse aller Länder ausübt. Der Gesamtumsatz des Welthandels ist zwischen 1929 und 1931 von 284 auf 165 Milliarden RM zurückgegangen. Es wäre überaus merkwürdig, wenn die ungeheure Steigerung der Arbeitslosigkeit, die sich genau in diesen selben Jahren vollzog, keinen Zusammenhang damit hätte. In Wirklichkeit bestehen hier sehr enge Funktionsbeziehungen. Und zwar entspringen sie meines Erachtens dem unüberbrückbaren Mißverhältnis zwischen der Aufblähung des Weltwirtschaftskapitals und dem Umfang der Warenumsätze in der Weltwirtschaft. Dadurch ist eine Diskrepanz zwischen Zahlungsansprüchen (bzw. Zahlungsverpflichtungen) und den Umsatzziffern im Welthandel (zusammen mit den Leistungsposten der Zahlungsbilanzen, der sogenannten „unsichtbaren Ausfuhr") eingetreten, die seit der New Yorker Börsenkatastrophe vom Herbst 1929 eben jenes Zusammenschrumpfen des Welthandels hervorgerufen und immer weiter akzentuiert hat. Die Furcht, vom Ausland mehr an Waren oder Dienstleistungen zu nehmen, als dorthin abzugeben, d. h. noch weitere Zahlungsmittel dorthin zu verlieren, beherrscht nunmehr fast alle Völker.

Das Größenverhältnis zwischen dem weltwirtschaftlich vergebenen Kapital und dem Welthandelsumsatz ist bekanntlich seit dem Weltkrieg ein ganz anderes als vorher. Vielleicht gewinnen wir hier einen Schlüssel zur Erkenntnis einer der wichtigsten Ursachen der alle Welt bedrückenden Arbeitslosigkeit. Nach dem Kriege (genauer gesagt: nach der Stabilisierung der Währungen, die um das Jahr 1924 beendet war) zeigte der Welthandel einen beunruhigenden Stillstand — in schroffstem Gegensatz zu dem fast steilen Anstieg, den er in dem Menschenalter vor 1914 genommen hatte. Damals gab es kaum ein einziges Jahr, das nicht einen Aufschwung des Welthandels verzeichnet hätte. Jetzt hingegen kroch er gleichsam am Boden dahin: 1925 errechnete sich der Welthandel nach den Ziffern des Statistischen Reichsamtes (d. h. der Außenhandel von 91 Ländern, die insgesamt rund 99% des Welthandels umfassen und die für die Vorkriegszeit 80 Ländern mit dem gleichen Anteil des Gesamthandels entsprechen) auf 268 Milliarden RM, bis 1929 war er nur auf 284 Milliarden RM gestiegen — um dann hoffnungslos in steiler Kurve zunächst auf 229, vollends 1931 auf 165 Milliarden RM zu fallen.

Zieht man dagegen den weltwirtschaftlichen Kapitalumsatz derselben Jahre in Betracht, so kennzeichnet er sich durch Kapitalverleihungen von einer Stärke, wie man sie vor dem Kriege nicht erlebt hatte. Die Kapitalverpflichtungen und damit auch die Zinsverpflichtungen der Schuldnerländer an die Gläubigerländer wuchsen mit Riesenschritten, nachdem sie bereits durch den Weltkrieg und das ihm folgende Jahrfünft unmäßig aufgebläht worden waren. Ich möchte sagen, daß infolgedessen erhebliche Teile des weltwirtschaftlichen Kapitals fiktiven Charakter angenommen haben, während es vor dem Kriege in weit stärkerem Ausmaß auf greifbaren Unterlagen beruhte. Hatten doch während der zweiten Hälfte des 19. Jahrhunderts und ebenso zu Beginn des 20. die überseeischen Länder Kapitalien von den europäischen Industrienationen vor allem in der Form von Produktions- und Verkehrsmitteln eingeschluckt, mit deren Hilfe sie die Produktivität ihrer eigenen Wirtschaft in raschem Tempo entwickelten, sie konnten daher den Zinsen- und Tilgungsdienst für die von ihnen aufgenommenen Auslandsanleihen durch eine Steigerung ihrer Ausfuhr wettmachen, die wiederum den Industrieländern erwünscht war, weil sie ihre Zinsen- und Tilgungsansprüche an die Schuldnerländer durch Einfuhrüberschüsse und mancherlei weltwirtschaftliche Dienstleistungen abgelten ließen. Das war eine durchaus gesunde Dynamik der weltwirtschaftlichen Beziehungen. Jene Steigerung der Ausfuhrziffern der sich für Produktions- und Verkehrsanlagen verschuldenden überseeischen Länder führte aus dem genannten Grunde nach einiger Zeit Ausfuhrüberschüsse herbei und ließ diese immer weiter anschwellen, während vorher eine Mehreinfuhr stattgefunden hatte. In dieser Dynamik der Kapital- und Handelsumsätze zwischen Gläubiger- und Schuldnerländern sehe ich das Wirken einer Funktionsverflechtung, die ich das Gesetz des Handelsbilanzumschwungs genannt habe. Für beide Teile war es durchaus heilsam.

Die Vereinigten Staaten, denen der Weltkrieg ein ungeheures weltwirtschaftliches Fiktivkapital in den Schoß geworfen hat, sträuben sich trotzdem noch immer mit Händen und Füßen gegen diesen Umschwung. Sollte die Zahlungsbilanz der ihnen verschuldeten Länder nicht zusammenbrechen, so mußte sie eine Entlastung durch steigende Ausfuhr erfahren, so daß die USA. statt des bisherigen Exportüberschusses einen Importüberschuß hätten annehmen müssen. Trotzdem wandten sie alle möglichen Mittel an, um es nicht dahin kommen zu lassen, sondern ihren Ausfuhrüberschuß beizubehalten. Deshalb türmten sie ihre ohnehin bereits sehr hohen Zollmauern nach dem Kriege wiederholt noch weiter empor. Eine Zeitlang nahmen sie ferner riesige Goldmengen an. Die Goldwanderungen über den Atlantischen Ozean in den ersten Jahren nach dem Waffenstillstand stellen bekanntlich alle früheren Goldbewegungen in den Schatten. Dann jedoch überwog der Zweifel, ob man denn wirklich Nutzen von diesem Einsargen ungeheurer Goldsummen in unterirdischen Bankgewölben habe, und man versuchte deshalb, die weitere Goldeinfuhr fernzuhalten. Trotzdem wollte man eben die gewaltigen Devisenansprüche, die sich jahraus, jahrein ergaben, nicht in einen Wareneinfuhrüberschuß verwandeln. Und da auch der eigene Fremdenverkehr im Ausland bei all seiner beträchtlichen Zunahme nicht entfernt imstande war, diese Devisensummen abzuschöpfen, blieb den USA. nichts anderes übrig, als ihr Anspruchskapital an die übrige Welt immer weiter zu erhöhen.

Das ging mit Hilfe immer neuer Milliardenausleihungen an andere Länder so fort, bis im Oktober 1929 der New Yorker Börsenkrach der Überspekulation, die eine notwendige Folge dieser fiktiven Kapitalwirtschaft gewesen war, durch einen Zusammenbruch des Kursgebäudes ein Ende machte, der die Werte sogleich um 40 % und später mehrmals noch weiter senkte. Dieser Börsensturz verursachte eine Panik, die dem spekulativ aufgeblähten eigenen Wirtschaftsumlauf empfindliche Wunden schlug, die vielgerühmte Prosperity arg zerzauste. Man war nun gezwungen, Gelder abzuziehen, die man ins Ausland gelegt hatte, so daß diese kurzfristigen Zahlungsansprüche die Krisis auf die europäischen Geldmärkte übertrugen.

Sie haben offenbar nicht unbeträchtlich mitgewirkt, eines der dramatischsten Wirtschaftsereignisse der letzten Jahre herbeizuführen: den englischen Pfundsturz vom 20. September 1931. Er kam so unerwartet, daß sowohl die Regierung wie die Bank of England davon überrascht wurden.

Kann man angesichts solcher Tatsachen daran zweifeln, welche Wirkungen die Aufblähung des fiktiven Kapitals in der Weltwirtschaft haben mußte?

Man weiß, welche Unruhe der englische Pfundsturz sofort in die Weltwirtschaft, nicht zum wenigsten auch in die Goldbewegungen und die Währungspolitik der Völker gebracht hat. Von der Kreditkrisis zur Währungskrisis war vielfach nur ein Schritt. Jedes Land aber, das in eine Währungskrisis versetzt wird, sucht seine Einfuhr zu drosseln und die Ausfuhr zu steigern. Werden mehrere oder gar viele Länder gleichzeitig davon betroffen, so muß die Folge ein starker Druck auf den Preisspiegel sein und eine Kette von Maßnahmen, um die Einfuhr herabzusetzen. Dadurch wachsen jedoch die weltwirtschaftlichen Zahlungsschwierigkeiten noch weiter, und die Krisis gewinnt die Tendenz, sich zu verallgemeinern und weiterhin — fast könnte man sagen: langwellig — zu verschärfen. Vollends unerträglich mußte sie werden, wenn sich die Struktur der Weltwirtschaft durch die oben geschilderte Diskrepanz zwischen einem fiktiven Gläubigerkapital von unerhörter Größe und einem des Aufschwungs unfähigen Welthandel kennzeichnet.

Denn dadurch treten drei Faktoren in den Vordergrund, die eine immer weitere Schrumpfung des Welthandels erzwingen und die ihrerseits in enger Wechselwirkung miteinander stehen: einmal nämlich die starren und obendrein zu hohen Zinsansprüche eines weit über die Produktionssphäre aufgeblähten Gläubigerkapitals; weiterhin die Kontraktion der Goldkerne aller Schuldnerländer infolge der übermächtigen Zahlungsbilanzansprüche der Gläubigerländer; endlich die panikartige Angst der Gläubigerländer um die von ihnen hergegebenen Kredite, die zur rücksichtslosen Einforderung namentlich der kurzfristigen Gelder und damit zu neuen Kontraktionen der Goldkerne und zu vermehrter Kreditangst führt.

Dabei darf nicht vergessen werden, daß an sich die Welthandelsbilanz stets passiv ist, und zwar in dem annähernd gleichbleibenden Betrage von etwa 3 %. Es müssen also stets mehr Devisen durch den Außenhandel aufgebracht werden als er einbringt. Ganz überwiegend fließen sie der Schiffahrt zu; die Völker, die fremden Volkswirtschaften Schiffahrtsdienste leisten, verbessern dadurch ihre Zahlungsbilanz. Das ändert aber nichts an der Tatsache, daß jene enorme Mehrbelastung, die bei einem Welthandelsumsatz von rund 270 Milliarden RM annähernd 8 Milliarden betrug, auf der Handelsbilanz ruht. Weltwirtschaftspsychologisch hat das insofern große Bedeutung, als die Handelsbilanzziffern allenthalben veröffentlicht werden und mehr oder weniger bestimmend für die handelspolitischen Absichten und Strömungen sind. Sieht nun die überwiegende Mehrzahl der Völker, daß ihre Handelsbilanz nicht nur passiv ist, sondern immer passiver wird, so sind sie in der Angst um die Auswirkungen auf die Zahlungsbilanz in der Regel zu gewaltsamen Eingriffen in die Handelsbilanz bereit. Selbst ökonomisch weitblickende Völker suchen dann, wie wir das sehr deutlich an England seit dem Pfundsturz beobachten können, das Heil vor allem in einer zwangsweisen Herabsetzung der Einfuhrseite. „Buy british!" ist der Ruf der Autarkisten in Großbritannien — und die Handelspolitik fügt sich ihm, indem sie zu so überaus scharfen protektionistischen Maßnahmen greift, wie man sie in dem klassischen Lande des Freihandels niemals für möglich gehalten haben würde.

So greifen die Störungen des Welthandels immer weiter um sich. Kann man wirklich Zweifel hegen, daß die Arbeitslosigkeit dadurch in die Höhe getrieben werden muß? Den Schlußfolgerungen der Außenhandelsenquete des Instituts für Weltwirtschaft und Seeverkehr an der Universität Kiel, die für den deutschen Außenhandel nachzuweisen sucht, daß er sich in der gegenwärtigen Krisis einigermaßen stabil erhalten habe, so daß es nicht möglich sei, sie aus „einem Versagen des weltwirtschaftlichen Sektors" zu erklären, kommt unter diesen Umständen meines Erachtens nur eine recht beschränkte Bedeutung zu.

Die Arbeitslosigkeit, die heute als dumpfer Druck über der ganzen Welt liegt, wird daher — so behaupte ich — nur dann beseitigt werden können, wenn es gelingt, die Aufblähung des weltwirtschaftlichen Anspruchskapitals zu beseitigen. Nur wenn durch einen kräftigen Kapitalschnitt die Überlastung fast aller Zahlungsbilanzen beseitigt, die lähmende Sorge um Aufbringung der Schulddevisen erstickt, infolgedessen die Einfuhrangst gemildert, daher dem Welthandel und damit der Produktionswirtschaft der absatzbedürftigen Länder neuer Mut eingehaucht wird, können die 25—30 Millionen Erwerbslosen, die in der Nähe des Existenzminimums dahinleben und von denen ein Teil nicht weiß, ob die Mittel für ihre weitere Unterstützung von den öffentlichen Kassen auf die Dauer getragen werden können, in die Produktionswirtschaft allmählich wieder eingegliedert werden. Geschieht das nicht, so mögen sich die Länder, die infolgedessen politischen und sozialen Wirren zum Opfer fallen, bei dem weltwirtschaftlichen Gläubigerkapital für die Unvernunft bedanken, mit der es zusieht, wie ein Schornstein nach dem anderen zu rauchen aufhört, wie die Drehkrane mit eingezogener Nase dastehen, wie die unbenutzten Schiffe zu Hunderten an den Kaien verfaulen und wie die Welt, die, im Besitze eines vollendeten Produktionsapparates, durchaus zur Deckung des rationellen Bedarfs imstande wäre, durch den eigensinnigen Widerstand gegen eine Anpassung des Anspruchskapitals an den Welthandelsumsatz in helle Verzweiflung versetzt wird, weil sie infolgedessen einen erheblichen Teil ihrer Produktionskräfte nicht verwenden kann. Es wird eben doch dazu kommen müssen, was Churchill als Sprachrohr der englischen Regierung schon 1922 oder noch früher den Vereinigten Staaten angeboten hat, daß eine allgemeine Schuldenstreichung mindestens der interalliierten Schulden erfolgen muß, um dadurch die Weltwirtschaft etwas zu bereinigen.

(Beifall.)

Dr. Hans-Joachim **Rüstow** (Berlin):

Meine Damen und Herren! Herr Professor Saitzew ging in seiner Untersuchung über den Zusammenhang zwischen Rationalisierung und Arbeitslosigkeit, die einen hervorragend klaren und prägnanten Überblick über die in Frage kommenden Problemkreise gab, davon aus, daß jede Rationalisierung sich letzten Endes auswirken müsse in einer Erhöhung der Produktivität der Arbeit, d. h. in einer Leistungssteigerung je Kopf des beschäftigten Arbeiters. Eine Rationalisierung könne infolgedessen sowohl zur Folge haben, daß mit gleich viel Arbeitskräften mehr oder daß mit weniger Arbeitskräften gleich viel produziert werde. Nur im ersteren Falle bewirke die Rationalisierung keine Arbeitslosigkeit. Hierzu müsse jedoch mindestens eine von folgenden vier Bedingungen erfüllt sein: Der durch Rationalisierung bewirkten Produktionssteigerung müsse in entsprechendem Ausmaße

entweder eine Senkung der Preise
oder eine Erhöhung der Löhne
oder eine allgemeine Kürzung der Arbeitszeit
oder eine Verstärkung der Investitionstätigkeit

parallel gehen.

Lassen Sie mich zunächst die ersten beiden Bedingungen näher untersuchen. Es ist ohne Zweifel richtig, daß nur dann mit gleich viel Arbeitern mehr erzeugt werden kann, wenn sich für das entsprechende Überschußprodukt ausreichende Absatzmöglichkeiten ergeben. An sich wäre ein solcher Absatz des Überschußproduktes sowohl durch eine entsprechende Senkung der Preise wie durch eine entsprechende Erhöhung der Löhne, also der Massenkaufkraft, möglich. Unbestreitbar würde das Absatzproblem in beiden Fällen seine Lösung finden. Das Entstehen von Arbeitslosigkeit aber würde hierdurch nur dann vermieden, wenn an der Leistungssteigerung, die den Produktionsüberschuß bewirkt hat, alle Betriebe und Betriebsteile gleichen Anteil hätten. In Wirklichkeit aber erstreckt sich jede Rationalisierung in ganz verschiedenem Maße auf die einzelnen Unternehmungen. Eine Senkung der Preise oder Steigerung der Lohnkosten muß infolgedessen die Stillegung aller derjenigen Betriebe („Grenzbetriebe") oder Betriebsteile zur Folge haben, die vordem nur gerade ihre laufenden Kosten zu decken vermochten. Ebenso kann die Fortführung der Produktion auf den relativ unrationellsten Arbeitsplätzen innerhalb jedes einzelnen Betriebes unrentabel und die Entlassung der schlechtesten, wenigst leistungsfähigen Arbeitnehmer notwendig werden.

Um die Freisetzung von Arbeitern infolge einer Rationalisierung des Produktionsapparates zu verhindern, genügt also weder eine Senkung der Preise noch eine Steigerung der Löhne. Zudem kann eine starke Preissenkung einen lähmenden Einfluß auf die Unternehmerinitiative und auf die Investitionstätigkeit ausüben und die durch Rationalisierung bedingte Arbeitslosigkeit noch verschärfen. Eine Lohnsteigerung andererseits kann die Anpassung des Preisniveaus an die internationale Preisentwicklung und den Abfluß überschüssiger Warenbestände auf den Auslandsmarkt erschweren. Geht die Lohnerhöhung über das Maß der gesamtwirtschaftlichen Produktivitätssteigerung durch Rationalisierung hinaus, so wird sie die Entstehung von Arbeitslosigkeit nicht nur nicht verhindern, sondern im Gegenteil wesentlich zu ihrer Verschärfung beitragen.

Was die dritte von Herrn Professor Saitzew genannte Bedingung betrifft, so hat eine Kürzung der Arbeitszeit nicht nur eine Verminderung der Produktion, sondern im gleichen Ausmaß auch eine Schmälerung der Nachfrage zur Folge. Zu einer Auszahlung ungekürzter Löhne aber, trotz Kürzung der Arbeitszeit, wären die „Grenzbetriebe" genau so wenig in der Lage wie zu einer direkten Lohnerhöhung. Durch Verkürzung der Arbeitszeit kann also niemals die Absorption des durch Rationalisierung entstandenen Produktionsüberschusses erreicht und die Entstehung von Arbeitslosigkeit verhindert werden.

Da der Produktionsüberschuß um so größer sein muß, je erfolgreicher eine Rationalisierung ist, so wird das Absatzproblem um so schwieriger, je weniger es sich um Fehlinvestitionen handelt. Die Gefahr der Entstehung von Arbeitslosigkeit ist also gerade dann am größten, wenn die Herabdrückung der Produktionskosten nicht durch eine Erhöhung der Verteilungskosten ausgeglichen wird. Nur wenn es eine Möglichkeit gibt, das Mehrprodukt ohne Preissenkung oder Lohnerhöhung abzusetzen, oder wenn die durch Preissenkung bzw. Lohnerhöhung ausgeschiedenen Betriebe und stillgelegten Arbeitsplätze durch neue Produktionsanlagen ersetzt werden, hat eine Rationalisierung keine Arbeitslosigkeit zur Folge. Die Ersetzung stillgelegter Produktionsanlagen erfordert Investitionen entsprechenden Umfangs. Eine solche verstärkte, durch Kreditschöpfung finanzierte Investitionstätigkeit absorbiert zugleich auch einen mehr oder weniger großen Teil des durch Rationalisierung entstandenen Produktionsüberschusses. Insoweit ist also tatsächlich der Absatz des Produktionsüberschusses ohne Preissenkung oder Lohnerhöhung möglich.

Beide Referenten haben denn auch die Bedeutung der Investitionstätigkeit in diesem Zusammenhange hervorgehoben. Herr Professor Saitzew hat eine Erhöhung der Investitionen als eine der vier notwendigen Bedingungen für eine erfolgreiche Rationalisierung, von denen wir bisher erst drei näher untersucht haben, genannt. Herr Professor Colm hat in seinem durch die besondere Höhe des theoretischen Niveaus ausgezeichneten Korreferat den Nachweis zu führen versucht, daß die Krise im wesentlichen aus einer Diskrepanz zwischen Rationalisierungs- und Ausweitungsinvestitionen entstanden sei, infolge deren die freisetzende Wirkung der Rationalisierung nicht durch eine entsprechende Erweiterung des Produktionsapparates kompensiert wurde.

Diese Hypothese Colms scheint mir einer gewissen Modifizierung und Ergänzung zu bedürfen, um der Wirklichkeit zu entsprechen. Auch scheint mir die von Colm angeführte Begründung nicht ganz auszureichen. Zunächst müßte ein anormal überhöhter Zinsfuß, wie ihn Colm für jene Diskrepanz zwischen Rationalisierungs- und Ausweitungsinvestition verantwortlich macht, doch gerade die Rationalisierung besonders stark beeinträchtigen. Die Rentabilität eines Ersatzes von Handarbeit durch die Maschine, auf die Rationalisierung im allgemeinen hinausläuft, hängt doch in allererster Linie gerade von der Höhe des Zinsfußes und seiner Relation zum Arbeitslohn ab. Gewiß kann es Umstände geben, die eine Rationalisierung — nicht nur organisatorischer Art — trotz hohen Zinsfußes und relativ niedriger Löhne erzwingen, wie das in der Rationalisierungsperiode von 1926/27 tatsächlich der Fall war. Dennoch glaube ich, daß der Diskrepanz zwischen Rationalisierungs- und Erweiterungsinvestition, die Professor Colm als Hauptursache der Krise bezeichnet hat, eine geringere Bedeutung zukommt als der Diskrepanz zwischen dem Ausmaß der Investitionen zweier aufeinanderfolgenden Phasen der hinter uns liegenden Entwicklung.

Wie erinnerlich, wurde die Rationalisierungsperiode der Jahre 1926/27 durch ein äußerst tiefes ausländisches Zinsniveau und einen starken, ungehemmten und wachsenden Zustrom von Auslandskapital begünstigt. Auch die innerdeutsche Zinsentwicklung erreichte Anfang 1927 ihren tiefsten Punkt seit der Stabilisierung. Erst vom Jahre 1928 ab trat eine Erhöhung des ausländischen Zinsniveaus ein. Die internationale Hochkonjunktur absorbierte einen immer größeren Teil des ausländischen Kapitalüberschusses und trieb den Zinsfuß schließlich sprunghaft in die Höhe. Dementsprechend erfuhr der Kapitalzustrom nach Deutschland von seinem Höhepunkt an der Jahreswende 1927/28 ab einen schroffen Rückgang, verschärft durch die eigenen wirtschaftspolitischen Maßnahmen Deutschlands zur Drosselung des langfristigen Kapitalzuflusses. Die Hemmung der Investitionstätigkeit und Kapitalbildung wurde noch verschärft durch den Eingriff des damaligen Reichsbankpräsidenten in die Funktion der Börse und durch die künstliche Überhöhung der Löhne. Die Steigerung gerade des langfristigen Kapitalzinses, der schon durch die politische Unsicherheit infolge des ungelösten Reparationsproblems stark überhöht war, beeinträchtigte übrigens in erster Linie die langfristige Kapitalinvestition zur Erweiterung der Produktionsanlagen im Sinne Colms.

Diese Entwicklung der Dinge seit 1928 war um so verhängnisvoller, als die vorangegangene Phase intensiver Rationalisierung eine ganz besonders starke Investitionstätigkeit in der nachfolgenden Periode erfordert hätte. Wie gezeigt, kann weder eine Preissenkung noch eine Lohnerhöhung oder Arbeitszeitkürzung die Freisetzung von Arbeitskräften durch Rationalisierung verhindern, wenn die nachfolgende Investition nicht ein der vorangegangenen Rationalisierung entsprechendes Ausmaß erreicht. Diese nachfolgende Investitionstätigkeit hat eine doppelte Funktion zu erfüllen. Ihre Aufgabe besteht nicht nur darin, stillgelegte Betriebe und Arbeitsplätze durch neue Produktionsanlagen zu ersetzen, wie in dem Referat von Professor Colm ausgeführt wurde, sondern vor allem auch darin, einen möglichst großen Teil des durch Rationalisierung bedingten Produktionsüberschusses zu absorbieren, und dadurch das Ausmaß der unvermeidbaren Stillegung von Arbeitsplätzen zu verringern. Dabei ist zu berücksichtigen, daß jede Preissenkung oder Lohnerhöhung die Investitionsfähigkeit der Wirtschaft schwächt.

Darin, daß die Investitionstätigkeit ab 1928 nicht im entsprechenden Größenverhältnis zu dem Ausmaß der Rationalisierung in der vorangegangenen Periode stand, dürfte eine der wesentlichsten Ursachen für das schnelle Anwachsen der Arbeitslosigkeit seit 1928, längst vor dem Ausbruch der allgemeinen Weltwirtschaftskrise, zu suchen sein.

Zugleich mit der Arbeitslosigkeit, die bis Ende 1928 bereits auf 2½ Millionen arbeitsuchende Erwerbslose angeschwollen war, stiegen zwangsläufig die Soziallasten und Steuern. Der von der Weltwirtschaftskrise im Jahre 1929 ausgehende Rückschlag traf infolgedessen eine schon stark geschwächte Wirtschaft, deren Vermögensreserven durch den vorzeitigen, seit anderthalb Jahren anhaltenden Niedergang bereits weitgehend aufgezehrt waren. Ob dieser unvermeidbare Rückschlag selber ohne jene wirtschaftspolitischen Fehler schwächer gewesen wäre, ist nicht mit Bestimmtheit zu sagen, da eine noch stärkere Investitionstätigkeit allerdings gewisse Hypertrophien, wie sie sich in jedem Konjunkturaufstieg zwangsläufig herausbilden, vergrößert hätte. Ebenso unfruchtbar ist der Streit darüber, ob während des Aufschwungs von 1926/27 eine Überrationalisierung stattgefunden habe. Ausmaß und Tempo dieser Rationalisierung waren ja durch die notwendige Anpassung an die Produktionstechnik der Konkurrenzländer bedingt; die deutsche Wirtschaft mußte, um der ausländischen Konkurrenz nicht zu erliegen, den Vorsprung an Leistungsfähigkeit aufholen, den vor allem Amerika während des Krieges und der Inflation gewonnen hatte. Eines nur läßt sich mit Bestimmtheit sagen, nämlich, daß eine so schroffe Unterbrechung der Entwicklungskontinuität in jedem Falle krisenhafte Störungen besonderen Ausmaßes nach sich ziehen mußte.

Der Ausbruch der Weltwirtschaftskrise, die übrigens nicht, wie vielfach angenommen wird, mit einer Kreditkrise begann — der Kurssturz der Effekten in den Vereinigten Staaten erfolgte erst mehrere Monate nach dem schroffen Rückgang der Produktion —, traf die deutsche Wirtschaft ganz besonders empfindlich. Seit dem starken Rückgang der Kapitalzufuhr und der entsprechenden Verengung der Investitionsmöglichkeiten auf dem eigenen Wirtschaftsgebiet hatte sich die deutsche Industrie in zunehmendem Maße und nicht ohne Erfolg darauf eingestellt, durch gesteigerten Export und Aktivierung der Handelsbilanz den aus Rationalisierung bedingten Produktionsüberschuß auf dem Weltmarkt abzusetzen. Die rapide Schrumpfung der Kaufkraft der Absatzländer verengte nun trotz weiterer relativer Steigerung des deutschen Anteils am Welthandel auch dieses Ventil. Absatzstockung und Preisfall, das ungelöste Reparationsproblem und die allgemeine politische und wirtschaftliche Unsicherheit lähmten die Unternehmerinitiative und bewirkten, daß die Investitionstätigkeit, die bereits seit 1928 in einem Mißverhältnis zu der vorangegangenen Rationalisierung gestanden hatte, weit unter das normale Ausmaß herabsank. Dadurch wurden wiederum in einem circulus vitiosus die Absatzmöglichkeiten für die Industrie weiter eingeschränkt, die Arbeitslosigkeit verschärft, die Soziallasten und Steuern erhöht. Als dann schließlich der Abzug kurzfristiger Auslandsgelder, zu deren übermäßigem Anwachsen die Politik der Anleihedrosselung in verhängnisvoller Weise beigetragen hatte, die Bankenkrise herbeiführte, kam die Investitionstätigkeit fast völlig zum Stocken.

Die Bedeutung dieses Aussetzens der Investitionen, auf die das anormale Ausmaß der Krise zurückzuführen ist, wird klar, wenn man sich vor Augen hält, daß der durchschnittliche Investitionsbedarf der deutschen Gesamtwirtschaft für die Erneuerung und Erweiterung des Produktionsapparats etwa 12 Milliarden RM. jährlich beträgt und in guten Konjunkturjahren sogar bis auf etwa 14 Milliarden RM. ansteigt, während zur Zeit der Gesamtbedarf für Investitionszwecke auf etwa 3 Milliarden RM. pro Jahr zusammengeschrumpft ist. Gegenüber den Jahren 1928/29 dürfte die Gesamtnachfrage für Investitionszwecke um ganze 10 Milliarden RM. jährlich zurückgegangen sein. Die dadurch verursachte Absatzstockung betrifft zunächst natürlich die Produktivgüterindustrien. Der Rückgang des Beschäftigungsgrades dieser Industrien wirkt jedoch durch den Kaufkraftausfall der davon betroffenen Arbeitnehmer auch auf die Konsumgüterindustrien zurück. Infolge des Stockens der industriellen Investition liegen zur Zeit Millionen auch solcher Arbeitsplätze still, die an sich, d. h. bei normaler Entwicklung der Wirtschaft, durchaus rentabel sind. Gewiß mag die Krisenfestigkeit der deutschen Wirtschaft durch die verschiedensten Umstände stark beeinträchtigt sein — wiewohl man die einzelnen von Colm hierfür angeführten Faktoren sehr verschieden beurteilen kann —, einer solchen Schrumpfung der Nachfrage aber, wie wir sie in den letzten Jahren erlebt haben, würde selbst die krisenfesteste Wirtschaft nicht gewachsen sein.

Geradezu katastrophal hat sich diese Entwicklung auf die spezifischen Investitionsindustrien ausgewirkt. Diese sind im allgemeinen nicht einmal in der Lage, durch Preissenkung ihren Absatz zu erweitern bzw. zu behaupten, da der Unternehmer, der aus allgemeinem Mißtrauen in die zukünftige Entwicklung nicht zu investieren wagt, durch eine Preissenkung in seiner Zurückhaltung unter Umständen noch bestärkt wird. Die Produktionsschrumpfung der Investitionsindustrien kann infolgedessen dem Nullpunkt bedenklich nahekommen.

Demgegenüber sind die Konsumgüterindustrien in einer relativ günstigen Lage. Zunächst wird durch den Verzehr von Spargeldern und die Auszahlung von Arbeitslosenunterstützung der Rückgang der Nachfrage nach Konsumgütern beschränkt. Zur Zeit stehen für die Unterstützung der Arbeitslosen zwar keine Kapitalreserven zur Verfügung, an der Aufbringung der dafür benötigten Mittel aber, die nur der Konsumgüterindustrie Kaufkraft zuführen, sind alle Zweige der Wirtschaft beteiligt. Nur ein Bruchteil dieser Beträge ist also der Konsumgüterindustrie selbst entzogen, und hiervon wiederum wird ein Teil durch entsprechende Steuerstaffelung den Differentialgewinnen der besten Betriebe entnommen. Alle diese Umstände aber bedeuten natürlich keinen absoluten Schutz der Konsumgüterindustrie gegen Arbeitslosigkeit. Auch in der Konsumgüterindustrie ist der Prozentsatz von Betrieben, die dem Druck der steigenden Lasten und sinkenden Preise erliegen, erschreckend groß. Niemals aber ist eine so weitgehende Schrumpfung des Absatzes und der Produktion möglich, wie wir sie bei den Investitionsindustrien haben erleben müssen, die ein geringes Minimum an Beschäftigung nur durch die relativ gute Behauptung ihrer Ausfuhr aufrechterhalten konnten.

Während der sogenannte Tiefpunkt der Depression, vor dessen Erreichung nach Meinung so vieler Wirtschaftspolitiker und -theoretiker alle Bemühungen um einen neuen Aufstieg der Wirtschaft aussichtslos sind, also nicht vor der fast völligen Stillegung der Investitionsindustrien erreicht zu werden braucht, muß die Schrumpfung der weit krisenfesteren Konsumgüterindustrien viel früher zum Stillstand kommen. Eine Tatsache, die selbst die extremsten Fanatiker einer natürlichen „Bereinigung“ der Wirtschaft kaum wird beruhigen können.

In den normalen Vorkriegskrisen hat die Depression längst vor Erreichung des äußersten Tiefpunktes aus sich heraus Gegenkräfte gegen eine weitere Schrumpfung der Produktion erzeugt. Die geringe Kreditnachfrage infolge des sinkenden Beschäftigungsgrades bewirkte eine Verflüssigung des Geld- und schließlich auch des Kapitalmarktes. Die Senkung des Zinsfußes und der Produktionskosten aber weckte neue Investitionstätigkeit auf den verschiedensten Gebieten. Nicht nur für die Industrialisierung unerschlossener oder rückständiger Gebiete, vor allem im überseeischen Ausland, sondern auch für die Inangriffnahme langfristiger kapitalintensiver Produktionsanlagen im Inlande, sowie für den Bau von Wohnhäusern und anderen Ertragsgütern langer Nutzungsdauer boten die gesunkenen Produktionskosten und vor allem der niedrige Kapitalzins auch bei zunächst anhaltender ungünstiger Absatzgestaltung einen starken Anreiz.

Alle diese Voraussetzungen waren in den letzten Jahren seit dem bedrohlichen Anwachsen der Arbeitslosigkeit in Deutschland aus den verschiedensten, allgemein bekannten Gründen kaum gegeben. Eine wesentliche Erhöhung der Investitionstätigkeit, ohne deren Wiedereinsetzen kein Konjunkturumschwung möglich ist, wäre in nächster Zeit selbst dann nicht zu erwarten, wenn die Kapitalmarktsverhältnisse sich erheblich bessern würden. In Wirklichkeit aber verhindert die aus völliger Ungewißheit über die politische und wirtschaftliche Entwicklung entspringende Angst des Gläubigers vor langfristiger Bindung seines Kapitals ein Absinken des Kapitalzinses. Selbst der Geldmarkt hat trotz sinkender Löhne und Preise und trotz der ungeheuren Schrumpfung der Produktion keine wesentliche Entlastung erfahren. Notenhamsterei, Verlangsamung des Geldumlaufes, Devisenflucht und weitgehende Inanspruchnahme von Stützungskrediten durch überlastete Unternehmungen erstickten jeden Ansatz hierzu im Keime.

Vor allem aber ist die Initiative der Unternehmer — und zwar nicht nur bei uns, sondern in aller Welt — dermaßen gelähmt, daß selbst eine außergewöhnliche Senkung des Zinses keinen genügenden Anreiz zu einer Verstärkung der Investitionstätigkeit bietet. In der denkbar großzügigsten Weise haben z. B. die Amerikaner bereits vor einem dreiviertel Jahr die technischen und organisatorischen Voraussetzungen für eine Erweiterung des Kreditvolumens um volle 16 Milliarden RM. geschaffen, ohne daß sich trotz niedrigsten Zinsfußes die Investitionstätigkeit belebt hätte. Durch das wirtschaftshistorisch instruktive Beispiel der Amerikaner ist — sofern es eines solchen Beweises überhaupt noch bedurfte — die weitverbreitete Annahme widerlegt, daß die Eingliederung der Arbeitslosen in den Produktionsprozeß und die Ausnutzung der brachliegenden Produktionsanlagen nicht nur eine entsprechende Geld- und Kreditbeschaffung voraussetze, sondern daß die Erfüllung dieser Bedingung zur Überwindung der Krise allein schon ausreiche.

Es ist daher zu begrüßen, daß die Reichsregierung in ihrem Wirtschaftsplan zur Überwindung der Krise sich nicht auf dieses Mittel allein verlassen hat. Es wäre kaum zu erwarten, daß die Unternehmer von den durch die Steuergutscheine neugeschaffenen Kreditunterlagen produktiven Gebrauch machen würden, wenn sie nicht zugleich einen besonderen Anreiz zur Produktionssteigerung dadurch erhielten, daß ein Teil der Steuergutscheine nur bei einer Neueinstellung von Arbeitskräften ausgehändigt wird und daß auch die in dem Wirtschaftsprogramm vorgesehene Möglichkeit einer Lohnsenkung an die gleiche Bedingung geknüpft ist. Durch diese Bestimmungen wird auf den einzelnen Unternehmer geradezu ein Zwang zur Produktionssteigerung ausgeübt, denn falls er selbst von der Möglichkeit einer erheblichen Verbilligung seiner Produktion durch Neueinstellung von Arbeitskräften keinen Gebrauch machte, müßte er befürchten, daß sein Konkurrent ihn durch Unterbietung aus dem Markt verdrängt.

Werden beide in dem Regierungsplan vorgesehenen Vergünstigungen für die Neueinstellung von Arbeitskräften tatsächlich ausgenutzt, so ist eine Steigerung der Produktion kaum mit zusätzlichen Lohnkosten verbunden, so daß Arbeitsplätze wieder in Betrieb genommen werden können, die ohne solche Zuschüsse unrentabel wären. Weitgehende Arbeitsstreckung wird auch in denjenigen Fällen vorteilhaft, in denen sie bisher wegen zu hoher Mehrkosten nicht durchführbar war.

Freilich wird eine solche zunächst künstliche Belebung der Wirtschaft nur dann von nachhaltigem Erfolg sein können, wenn inzwischen eine gewisse Verstärkung der zur Zeit auf ein abnormales Minimum herabgesunkenen Investitionstätigkeit eintritt, die für eine erhöhte Produktion über den konsumtiven Eigenverbrauch der Arbeitnehmer hinaus ausreichende Absatzmöglichkeiten bietet. Nur wenn auf diese Weise der „Mehrwert" der leistungsfähigsten Betriebe realisiert werden kann, ist ja eine Steigerung der Produktion auf die Dauer rentabel, und für die weniger leistungsfähigen Betriebe wenigstens eine Deckung der Selbstkosten auch nach Fortfall der staatlichen Lohnzuschüsse möglich.

Eine solche Erhöhung der Investitionstätigkeit wird bis zu einem gewissen Grade mit der Steigerung des Beschäftigungsgrades und der Produktion zwangsläufig verbunden sein. Je mehr Arbeitslose durch die zunächst künstliche Erhöhung des Beschäftigungsgrades dem Produktionsprozeß wieder eingegliedert, je mehr stilliegende Produktionsanlagen also wieder in Betrieb genommen werden, desto größer muß der Ersatzbedarf zur Erneuerung des Produktionsapparates und zur Wiederauffüllung von Lagervorräten sein. Hierdurch werden sich schon für die künstliche Steigerung der Produktion in der Übergangszeit zusätzliche Absatzmöglichkeiten ergeben, ganz abgesehen davon, daß selbst bei voller Ausnutzung der in dem Regierungsprogramm vorgesehenen Möglichkeiten zur Lohnsenkung die Gesamtlohnsumme durch Neueinstellung von Arbeitskräften steigt, die Massenkaufkraft also zunimmt.

Des weiteren trägt die in dem Wirtschaftsplan der Reichsregierung vorgesehene Arbeitsbeschaffung in dem beträchtlichen Umfange von beinahe 800 Millionen RM. wesentlich zur Lösung des Absatzproblems bei der Übergangszeit bei. Die Investitionen der öffentlichen Hand bieten nicht nur den Produktivgüterindustrien neue Absatzmöglichkeiten, vielmehr entfalten auch die in der Produktivgüterindustrie neu eingestellten Arbeitskräfte eine zusätzliche Nachfrage nach Konsumgütern, und durch die Erhöhung des Beschäftigungsgrades in den Konsumgüterindustrien steigt wiederum der Eigenverbrauch der in diesen Produktionszweigen beschäftigten Arbeiter. So haben die Investitionen der öffentlichen Hand eine kumulative Steigerung der Nachfrage auf allen Gebieten der Wirtschaft zur Folge, deren Gesamthöhe ein Mehrfaches der für öffentliche Arbeitsbeschaffung eingesetzten Beträge ausmachen kann.

Schließlich wird es infolge der verbilligten oder — bei voller Ausnutzung aller in den Regierungsverordnungen vorgesehenen Vergünstigungen — fast kostenlosen Neueinstellung von Arbeitskräften möglich sein, trotz starker Exporthemmnisse die Ausfuhr zu steigern bzw. die Einfuhr zurückzudrängen. Eine solche Steigerung des Exports ist vor allem in der ersten Phase der Aktion wichtig zur Bezahlung des zusätzlichen Rohstoffbedarfs, soweit nicht langfristige Rohstoffkredite einen Aufschub dieser Zahlungen ermöglichen. In dieser Hinsicht erwachsen aus einem Voraneilen der eigenen wirtschaftlichen Entwicklung vor einem allgemeinen weltwirtschaftlichen Konjunkturaufstieg ganz besondere Schwierigkeiten. Hat die Aktion erst einen nachhaltigen Erfolg aufzuweisen, so ist mit der Wiederkehr des Vertrauens zu der deutschen Wirtschaftsentwicklung ein erheblicher Rückstrom von Fluchtkapital aus dem Ausland und ein Rückfluß gehamsterter Noten an die Reichsbank zu erwarten.

Erst in diesem Stadium der Entwicklung, wenn die Erhöhung des Beschäftigungsgrades mit steigendem Gewinn bereits eine Zeitlang angehalten hat und ein erheblicher Teil der Arbeitslosen dem Produktionsprozeß wieder eingegliedert ist, ist eine gewisse Ausweitung der Produktionsanlagen wenigstens auf Teilgebieten der Wirtschaft durch eine weitere Verstärkung der Investitionen notwendig und möglich. Erst dann werden die Voraussetzungen für einen Übergang der Entwicklung in einen normalen Konjunkturaufstieg gegeben sein.

Man kann sich also nur der bereits von Herrn Geheimrat Sering zum Ausdruck gebrachten Hoffnung anschließen, daß das Regierungsprogramm trotz bedenklicher Mängel und Konstruktionsfehler im einzelnen, auf die ich in der von Geheimrat Sering angeführten Arbeit[1] hingewiesen habe, und trotz der erheblichen politischen Schwierigkeiten, die seiner Durchführung entgegengetreten sind, diese Erwartungen erfüllt.

(Lebhafter Beifall.)

Minister a. D. Dr. **Gothein** (Berlin):

Meine Damen und Herren! Die letzten Redner sind ja auf die wichtigen Fragen der historischen Entwicklung und des Absatzes mehr eingegangen, als das seitens der Referenten geschehen ist. Nun hat Herr Dr. Ludwig mit Recht darauf hingewiesen, daß man nicht annehmen solle, daß, weil die Krisen früher im natürlichen Verlauf vollständig abgeflaut sind und einer Aufwärtsbewegung Platz gemacht haben, das unbedingt auch bei der jetzigen Krise der Fall sein müsse. Aber wenn sich selbstverständlich die Geschichte auch nicht unbedingt wiederholt, sondern nur mit starken Abwandlungen, so wird man doch sagen können, daß ähnliche Vorgänge ähnliche Folgen auch in der Zukunft haben müssen. So haben wir immer erlebt, daß nach großen Kriegen — ich erinnere an die Freiheitskriege, ich erinnere selbst an den Krieg von 1870/71 — zunächst ein Aufblühen der Wirtschaft stattfand, dem dann eine lange Periode, ich will sagen die lange Welle der Depression folgte, und das ist auch nur naturgemäß, das muß so sein. Denn während eines langen Krieges ist nicht bloß die Produktion der kriegführenden, sondern auch aller derjenigen Länder, die die Kriegführenden versorgen, weitgehend, wenn nicht ganz für die Zwecke des Krieges eingestellt, und infolgedessen muß sich bei all diesen Ländern dann hinterher ein Mangel an Ware und, wenn der Krieg lange dauert, auch eine außerordentliche Abnutzung der Produktionsmittel herausstellen, die der Warenerzeugung dienen. Wenn die jetzige Weltkrise schwerer ist als irgendeine vorangegangene, so erklärt

[1] „Konjunkturankurbelung" in der Zeitschrift „Der Ring" vom 23. 9. 1932 Jahrgang 5, Heft 39, Beilage „Reich und Staat" Seite 159 bis 163; ferner: „Nochmals das Wirtschaftsprogramm" in „Der deutsche Volkswirt" vom 9. 9. 1932, Jahrgang 6, Nr. 50, Seite 1637 bis 1640, und: „Lohnopfer der Arbeitnehmer" im Berliner Tageblatt vom 9. 10. 1932, Beiblatt „Die Brücke" Nr. 41.

sich das daraus, daß nie die Welt in solchem Maße durch einen Krieg in Anspruch genommen worden ist und nie derartige Zerstörungen vor sich gegangen sind, wie es in diesem Weltkriege der Fall war.

Nun kommt dazu, daß in manchen Fällen auch die Auswirkungen — die Fortsetzung des Krieges mit anderen Mitteln, will ich einmal sagen — die Krisis außerordentlich verschärfen. Nehmen wir nur — ein mir naheliegendes Beispiel — den Kohlenbergbau. Deutschland wurde das Saargebiet auf Jahrzehnte, wurden drei Viertel des oberschlesischen Kohlengebiets weggenommen. Gleichzeitig wurde Deutschland gezwungen, die kontinentalen Siegerländer mit Reparationskohle zu versorgen. Die deutschen Bergwerke mußten dieser Forderung zugleich mit der Versorgung des eigenen Marktes entsprechen. Das erforderte eine enorme Investition von Kapital in Neuanlagen der Bergwerksindustrie. Ich habe damals als Minister das rascheste Mittel ergriffen und von Staats wegen besonders die am raschesten zur Entfaltung zu bringende Kohlenförderung, die des Braunkohlenbergbaues in die Wege geleitet. Aber inzwischen waren natürlich auch die Tiefbauanlagen des Steinkohlenbergbaues in Betrieb gekommen, und als sie endlich soweit waren, zu fördern, war die Produktionskapazität überhöht, und zugleich hatten inzwischen die anderen Länder wie Frankreich und Belgien ihre zerstörten Produktionsanlagen selbst wieder auf die Höhe gebracht, sie forderten von uns weniger Kohle, und im Young-Plan haben es auch die Engländer durchgesetzt, daß die Reparationskohle, die Deutschland zu liefern hatte, wesentlich ermäßigt wurde, damit mehr englische Kohle dorthin geliefert würde. Infolgedessen ist natürlich darin eine kolossale Überkapazität vorhanden. Dazu kam noch, daß gleichzeitig in der ganzen Welt der Kohlenverbrauch aus technischen, sagen wir aus Rationalisierungsgründen, stark zurückgegangen ist; denn wenn Sie bedenken, daß vor dem Krieg der durchschnittliche Atmosphärendruck eines Dampfkessels vielleicht 8 Atmosphären waren, während wir jetzt Dampfkessel mit 220 Atmosphären haben, so wirkt das natürlich dahin, daß die durchschnittliche Ausnutzung der Kohle zur Dampferzeugung gegen früher vielleicht auf das Drei- bis Fünffache gestiegen ist. Ähnliche Entwicklungen vollzogen sich in der metallurgischen Industrie. Dazu kam die beispiellose Konkurrenz, die andere Rationalisierungen der Kohle brachten: die Konkurrenz der weißen Kohle durch die elektrische Kraftübertragung, die Motorisierung mit Erdölen usw., die sowohl in der Maschinenindustrie wie im Verkehr, namentlich auch im Schiffsbau eine kolossale Umwälzung brachte. Es ist beachtenswert, daß das Land, das in der Ausnutzung seiner Kohle vor dem Krieg, ja bis nach ihm am meisten rückständig war, bei dem eine beispiellose Kohlenverschwendung herrschte, daß die Vereinigten Staaten von Amerika darin zu einer enormen Rationalisierung übergingen und daß infolgedessen in den Vereinigten Staaten die Krise zuerst beim Kohlenbergbau angefangen hat, weit früher sogar als im Getreidebau und in den Lebensmittelindustrien. Im amerikanischen Kohlenbergbau gab es bereits in den Jahren 1927/28 eine beispielslose Arbeitslosigkeit.

Rationalisierungen haben immer die Wirkung gehabt, zunächst eine Reihe von Arbeitskräften auszuschalten und brotlos zu machen. Aber die Rationalisierung, richtig angewandt, heilt doch auch die Wunden, die sie schlägt, indem nämlich die dadurch herbeigeführte Verbilligung des Arbeitsprodukts zu einer gewaltigen Zunahme des Konsums der verbilligten Artikel führt und damit schließlich einen Ausgleich schafft. So war es nach der Erfindung des mechanischen Webstuhls, wo zwar nicht sofort, aber nach einigen Jahren solche Besserungen eingetreten sind. Doch diesmal haben wir — wenn wir von Automobilen absehen, die damit in Amerika zu einem Volkskonsumartikel gemacht wurden — keine allgemeine Verbilligung. Wo ist jetzt die Verbilligung durch die Rationalisierung geblieben? Die außerordentliche technische Verbesserung hat sich nach einem Wort von Krupp von Bohlen verflüchtigt in Erhöhungen der Löhne, der Steuern und der sozialen Lasten. Wenn Sie einmal vergleichen, was jetzt das Institut für Konjunkturforschung bezüglich der Eisenindustrie als Material gebracht hat, werden Sie sehen, daß selbst in einem noch relativ günstigen Jahre wie dem Betriebsjahr 1930/31 allein die Steuern vom Nettoproduktionswert nicht weniger als 16% ausmachten, was bei dem inzwischen zurückgegangenen Absatz und Produktionswert im laufenden Jahr wohl zu einer Verdoppelung geführt hat; daß ebenso die Soziallasten in dem gleichen Maße gestiegen sind. Da werden Sie es begreifen, daß eine Verbilligung, die den Konsum hätte stark anregen können, bisher nicht eintreten konnte. Deshalb ist heute die Herabsetzung der Lasten, die nicht bloß auf der Industrie, sondern ebenso auf der Landwirtschaft liegen, die dringendste Forderung: Also Verbilligung der Produktionskosten durch Steuerherabsetzung und Erleichterung der Soziallasten usw.

(Beifall.)

Reichsminister a. D. Dr. **Wissell**:

Meine sehr geehrten Damen und Herren! Wir haben sehr interessante, lehrreiche und tiefschürfende Ausführungen über Industrialisierung und Arbeitslosigkeit gehört. Wir haben auch etwas über die Rückwirkungen der Arbeitslosigkeit auf die Wirtschaft gehört, aber nur etwas, und dieses Gebiet möchte ich wenigstens kurz vertiefen, kurz einmal des erlahmenden Interesses wegen und zum andern wegen der Beschränkung der Redezeit auf 10 Minuten. Ich will ausgehen von einem Worte, das Herr Saitzew gebraucht hat. Er meinte, ein Unternehmer mit 1000 Arbeitern schaffe durch Rationalisierung die Möglichkeit, mit 700 Arbeitern auszukommen. Angenommen, dieses Zahlenbeispiel — in welcher Höhe ich es nehme, spielt keine Rolle, im Grundergebnis ist es dasselbe —, angenommen, der Unternehmer hat 2000 RM. Lohn gezahlt, so spart er also durch die Rationalisierung im Laufe des Jahres 600000 RM. an Löhnen, er zahlt nunmehr statt 2 Millionen nur 1400000 RM. Er hat natürlich die Kosten für die neugeschaffene technische Apparatur, Maschinen usw. Ich will annehmen, diese Maschinen haben, um zu ermöglichen, daß er 300 Mann erspart, 2 Millionen RM. gekostet. Ich will weiter unterstellen, mit Rücksicht auf die außerordentlich schnelle Entwicklung der Technik und die damit gegebene Möglichkeit der Veraltung der Maschinerie, er amortisiere dieses Kapital in 5 Jahren, also zu 20% gut gerechnet. Ich will weiter annehmen, er hat es mit 5% zu verzinsen, das heißt er braucht also im Jahr 500000 RM., um diese Unterlage zu schaffen, um 300 Arbeiter zu entlassen und 600000 RM. Löhne im Jahr zu ersparen. Der Gewinn für ihn ist 100000 RM., vorausgesetzt, daß die 100000 RM. ihm nicht zu einem großen Teil dadurch weggesteuert werden, daß nunmehr ja die Gesellschaft die 300 Arbeiter unterhalten muß. Nun will ich einmal annehmen, jeder entlassene Arbeiter bekommt im Jahr nur 500 RM. Unterstützung. Dann muß die Gesellschaft 150000 RM. im Jahr dafür aufwenden, daß der Unternehmer einen Gewinn von 100000 RM. macht. Privatwirtschaftlich gesehen, vom Standpunkt des Unternehmers ein glänzendes Geschäft für ihn, gesellschaftlich gesehen eine Rationalisierung, die der Allgemeinheit mehr kostet als wirtschaftlicher Nutzen daraus entspringt.

(Professor Dr. Saitzew: Das habe ich doch selbst gesagt!)

— Gewiß, ich will ja dieses Beispiel nur noch vertiefen und will die von Ihnen, Herr Professor, nicht gezogene Schlußfolgerung daraus ziehen. Bleibt es nun bei der freien Wirtschaft, wie Sie sie ja im Prinzip als richtig anerkennen, glauben Sie dann, daß sich bei der zukünftigen Rationalisierung jemals an dieser Tatsache, daß auf Kosten der Gesellschaft, der die Unterhaltung der Arbeitslosen obliegt, der einzelne Unternehmer einen Gewinn erzielt, etwas ändert? Ich glaube also, daß nur durch eine gesellschaftliche Rationalisierung, die im Interesse der Gesamtheit erfolgt, die keine Kosten macht, Vorteile erzielt werden. Dann aber ist es unmöglich, lediglich im Wege des freien Spiels der Kräfte in einer Wirtschaft, die nur auf Profitanreiz und Gewinnstreben abgestellt ist, weiter zu wirtschaften. Ich komme daher zu dem Schlusse, daß schon aus diesem Grunde der Gedanke einer Planmäßigkeit in der Wirtschaft das unbedingte Gebot ist, das sich schließlich auch einmal durchsetzen wird.

Aber lassen Sie mich nun einmal die Rückwirkung der Arbeitslosigkeit auf die Psyche des einzelnen Arbeitslosen betrachten. Die Frage ist hier nicht besprochen worden, und das scheint mir im Verein für Sozialpolitik doch absolut notwendig zu sein. Tagelang, monatelang, jahrelang, viele ohne Hoffnung, jemals wieder in den Arbeitsprozeß hineinzukommen, lungern die Leute vor den Arbeitsämtern und in ihren Wohnungen herum. Wie wirkt das auf das Gemüt und auf die Seele dieser Menschen! Wie wirkt es aber auch auf jene Leute, die noch in Arbeit stehen, die aber, wenn die Rationalisierung fortschreitet, wie Dr. Ludwig meint, immer in der Gefahr stehen, die Zahl der Arbeitslosen nun auch noch vermehren zu müssen! Ja, glauben Sie, daß der Arbeiter nicht erkennt, daß eine Wirtschaft, die der Produktionskräfte nicht mehr Herr wird, die ihr anscheinend über den Kopf gewachsen sind, unmöglich das Ideal einer Wirtschaft sein kann? Vor drei Menschenaltern hat der englische Minister Sir Robert Peel einmal das Wort gesprochen, daß jene große Leistung britischen Scharfsinns, vermöge dessen die Maschine den Fabriken zu solcher Vollkommenheit gelang, statt zu einem Segen, zum bittersten Fluche für die Nation geworden sei. Und nun sehen Sie sich einmal den Arbeiter an, der da sieht, daß er durch die tote Maschine verdrängt wird, der sieht, wie diese ungeheuere technische Vollkommenheit statt zum Segen zum bittersten Fluche für Millionen geworden ist. Herr Gothein hofft, daß schließlich, wie es bisher gewesen ist, nach einer Rationalisierung wieder ein Hereinströmen der Arbeiter in die Arbeitsstellen möglich wäre [1]. Herr Dr. Ludwig hat durchaus recht, wenn er das Ende der Entlassungen noch nicht gekommen sieht. Herr Professor Sering hat gesagt, 2—3 Millionen bringen wir vielleicht in Arbeit. Ich glaube, das ist viel zu optimistisch. Aber selbst dann bleiben ja immer noch 2½—3½ Millionen übrig, denen jede Hoffnung für die Zukunft fehlt, durch Arbeit ihren Erwerb zu finden. Viele lernen ja gar nicht den Wert der Arbeit kennen. Sie wissen zwar, daß die Arbeit das kostbarste Gut ist, das dem Menschen und nur dem Menschen allein gegeben ist, und ihnen soll es versagt sein; jede Verbindung mit der Wirtschaft verlieren sie ja; ihnen wird das Nichtstun zur öden Qual.

Wir sehen hier an der Wand ein Bild, das zeigt, wie zum erstenmal der Hebel angewandt wird. Welchem Zwecke dient er? Er dient dem Zweck, die Arbeit zu erleichtern oder wenigstens die Arbeit schneller zu bewältigen, mehr herzustellen. Ja, wenn nun aber die technischen Hilfsmittel unserer Wirtschaft so groß geworden sind, wie es heute der Fall ist, warum soll das denn nun nicht auch zu einer Erleichterung der Arbeit der noch in Arbeit Stehenden führen. Als vor 17 Jahren der Gedanke des Achtstundentages ernstlich propagiert wurde, wurde er als Utopie, als eine nie zu verwirklichende Forderung hingestellt, und heute? Heute hat man sich zu der Erkenntnis durchgerungen, daß die achtstündige Arbeitszeit viel zu lang ist, wenn man sämtlichen Arbeitswilligen die Möglichkeit der Beschäftigung geben würde. Ich habe dieser Tage ein Buch von einem Senator Borchhard und einem Wirtschaftsberater Dr. Morath in Hamburg zugeschickt bekommen: „Arbeit für alle", worin die Forderung nach Verkürzung der Arbeitszeit ganz klar ausgesprochen und als das allein Heilbringende hingestellt ist, das uns vorwärtsbringen kann.

Dann hat Herr Sering ein Wort in bezug auf die Gewerkschaften gesagt, er meinte, er könne es nicht verstehen, daß sich die Gewerkschaften so gegen den Papen-Plan wenden. Herr Dr. Ludwig hat das wahre Wort gesprochen, daß die in Arbeit Stehenden heute schon an der Grenze des Existenzminimums stehen. Sie werden durch den Plan Papens lediglich als Objekt der Wirtschaft gewertet. Das Drängen und Streben der Arbeiter geht aber dahin, als Subjekt der Wirtschaft mitgewertet zu werden.

Ich will Ihre Zeit nicht länger in Anspruch nehmen. Ich meine, von dieser Seite aus sollte man diese Frage mit in den Bereich der Erörterungen ziehen. Das Abwarten, Herr Gothein, führt uns aus dem Elend der heutigen Zeit nicht heraus, nur das systematische, planmäßige Arbeiten in der Wirtschaft, das Planen in der Wirtschaft führt uns weiter[1].

(Lebhafter Beifall.)

Privatdozent Dr. **Marschak** (Heidelberg):

Meine Damen und Herren! Nach den Ausführungen meines Herrn Vorredners ist es vielleicht nicht überflüssig, auf eine Unklarheit hinzuweisen, die sich offenbar in unsere Diskussion eingeschlichen hat. Die Freisetzung der Arbeiter und die Verarmung der Volkswirtschaft sind nicht identisch. Wenn es sich nur darum handelte, daß Arbeiter freigesetzt worden sind bei konstant gebliebenem Volkseinkommen, daß wir also gezwungen sind, die Vorteile der Maschinisierung nicht in Form gesteigerten Wohlstandes, sondern in Form gesteigerter Muße zu genießen, so verbliebe uns nur die Aufgabe, diese Muße irgendwie gerecht zu verteilen, etwa durch Erhöhung des Schulalters, durch Verkürzung der Arbeitszeit usw. Das wäre ungefähr der Standpunkt meines Vorredners.

[1] Bemerkung des Vorredners für den Verhandlungsband: „Herr Kollege Wissel hat mir unterstellt, gegenüber der Krise lediglich ‚Abwarten' verlangt zu haben. Ich habe im Gegenteil positive Vorschläge — Senkung der Produktionskosten — verlangt. Meine weiteren Vorschläge zur Belebung des Absatzes konnte ich wegen Ablaufs meiner Redezeit nicht vorbringen." Gothein.

Aber ich glaube, daß das, was uns heute bedrückt, nicht die Tatsache ist, daß Arbeitslosigkeit an sich besteht, daß wir 6 Millionen Arbeitslose haben, sondern die Tatsache, daß zugleich unser reales Volkseinkommen trotz der Rationalisierung ungefähr um ein Fünftel zurückgegangen ist. Ich glaube also, daß neben dem Pessimismus von Professor Saitzew, nämlich neben der Vorstellung, daß unter Umständen Arbeiter aus dem Produktionsprozeß ausgestoßen und nicht wieder eingestellt werden, der viel schlimmere Pessimismus zur Diskussion steht, dem die Wirklichkeit entspricht: daß nämlich nicht nur die Arbeiter nicht wieder eingestellt werden, sondern zugleich das Sozialprodukt sich gemindert hat. Wenn wir das Sozialprodukt auf alter Höhe behalten hätten, würde man mit der Zeit auf normalem Weg der jährlichen Ersparnisse den sachlichen Apparat ausbauen können, um die Arbeitslosen wieder einzustellen und das Sozialprodukt allmählich weiter zu steigern. Was wir aber in Wirklichkeit zum Teil als Folge der politischen Verhältnisse, zum Teil aber sicherlich auch als Folge der Rationalisierung haben, ist neben der Freisetzung eine Senkung des Volkseinkommens, des Sozialprodukts. Deshalb möchte ich hier die Fälle unterscheiden, bei denen wir neben der dauernden Freisetzung der Arbeiter auch eine dauernde Produktionsminderung oder zum mindesten eine vorübergehende Produktionsminderung haben, und solche Fälle, wo wir keine Produktionsminderung haben.

Den Fall, daß Maschinen eingeführt und trotzdem nicht nur Arbeiter freigesetzt werden, sondern außerdem das Sozialprodukt auf ein bleibend niedriges Niveau sinkt, hat eigentlich schon Ricardo gekannt. In einem heute wenig diskutierten Kapitel über Maschinen hat Ricardo ausdrücklich die Möglichkeit festgestellt, daß der Unternehmer, der die maximale Profitsumme herauszuwirtschaften sucht, es für vorteilhaft hält, Arbeiter zu entlassen und mit neuen Maschinen weniger zu produzieren als vorher. Denn die Differenz zwischen Erlös und Lohnsumme — und das wäre der dem Unternehmer übrigbleibende Profit — ist, wenn er verschiedene technische Methoden zur Auswahl hat, keineswegs unter allen Umständen dann am größten, wenn auch die Produktmenge am größten ist.

Ob dieser Ricardosche Fall einer bleibenden Produktionsminderung heute eingetreten ist, scheint mir zweifelhaft. Empirische Gründe lassen vielmehr vermuten, daß die heutige Verarmung nicht ein endgültiges neues Gleichgewicht, sondern eine lang andauernde Störung des Gleichgewichts darstellt. Die Anpassung der wirtschaftlichen Größen an die neue Technik erweist sich als sehr langsam und unvollkommen. Ja, die theoretisch „vorübergehende" Störung erzeugt, statt zu verschwinden, neue Störungen. Es wurden hier bereits Kräfte erwähnt, die für eine solche Selbstverschärfung der Krise verantwortlich zu machen sind, und die der theoretisch erwarteten Selbstheilung der Krise entgegenwirken. Professor Colm hat insbesondere auf die degressive Kostenstruktur, also auf die nichtausgenutzten Kapazitäten hingewiesen, als auf denjenigen Faktor, der es bewirkt, daß, wenn einmal Produktionseinschränkungen eintreten, sie zu weiteren Produktionseinschränkungen führen, weil die Senkung der Produktion Steigerung der Kosten bewirkt, und steigende Kosten zur Senkung der Profite und also zu einer weiteren Einschränkung der Produktion führen. Daneben hat Professor Saitzew angedeutet, daß es noch einen zweiten Faktor für diese Verschärfung gibt, nämlich den Faktor der Hortung, die Tatsache, daß laufende Ersparnisse, darunter auch Rationalisierungsgewinne, nicht investiert werden: hauptsächlich unter dem Einfluß — so würde ich den Gedanken von Herrn Professor Saitzew weiterführen — der sogenannten „Baissestimmung". Ganz abgesehen von politischen Ursachen des Mißtrauens gibt es auch ökonomische Ursachen, die die kalkulierenden Unternehmer veranlassen, „pessimistisch" zu denken, d. h. mit sinkenden Preisen zu rechnen, die die Verzinsung, ja die Rückzahlung eines Kredits in Frage stellen. So führt die durch technischen Fortschritt ausgelöste Preissenkung zur Einschränkung der Produktion oder, was dasselbe ist, zur Hortung des Geldes, zur Flucht aus der Ware in des Geld in allen möglichen Formen.

Diese beiden Faktoren, einmal die degressiven Kosten, zweitens die Hortung, bringen es mit sich, daß sogar eine theoretisch vorübergehende Minderung des Produktionsvolumens unter Umständen sehr lange dauern kann. Dagegen kann ein Teil der Arbeitslosigkeit, bei gegebener Kapitalmenge, auch theoretisch dauernd sein. Denn es kann nicht bewiesen werden, daß die durch Maschinen ersetzten Arbeiter unter allen Umständen wieder in den Produktionsprozeß eingesaugt werden müssen. Genau so wenig wie man behaupten könnte, daß, wenn in der Bauwirtschaft Holz durch Eisen ersetzt ist, die Wälder doch in ihrem vollen Umfang wieder in den Produktionsprozeß eingestellt werden müssen! Sie können genau so gut brachliegen, und auch eine Senkung des Holzpreises auf Null wird nicht unter allen Umständen dazu führen, daß die alten Waldflächen voll ausgenutzt werden. (Das Gleichgewichtsschema sieht ja auch negative Preise vor, wenn die Mengen fest gegeben sind! Daran hat neuerdings Neisser mit Recht erinnert.)

Nun ist freilich diese Freisetzung nur eine relativ dauernde, d. h. sie ist es nur bei gegebener Menge von Arbeit und Kapital. Sie wird überwunden durch Kapitalakkumulation, die es ermöglicht, daß neue Werkzeuge hergestellt und neue Subsistenzmittel geschaffen werden, mit denen die Arbeiter beschäftigt werden können. Aber die Schwierigkeit besteht darin, daß die Kapitalakkumulation unmöglich ist, solange die Produktionsminderung, auch wenn sie nur vorübergehend ist, weitergeht. Solange das Einkommen sinkt, wird auch der Sparprozeß nicht normal vor sich gehen. So hat man heute in erster Linie neben dem Luxuskonsum auch das Sparen eingeschränkt oder ist gar zur Aufzehrung der Bestände, zur Nichterneuerung der Gebäude und Werkzeuge übergegangen. So ist hier ein circulus vitiosus vorhanden: man braucht auf der einen Seite Kapital, um die freigesetzten Arbeiter zu beschäftigen; auf der anderen Seite aber ist es nicht möglich, dieses Kapital in der Zeit schrumpfender Produktion zu beschaffen.

Die Arbeitslosenzahl setzt sich also aus zwei Teilen zusammen: der eine Teil würde wieder eingestellt werden, sobald die Gleichgewichtsstörungen und deren Verschärfungen (nicht ausgenutzte Kapazität, Hortung) überwunden sind; der andere Teil könnte erst später, mit Hilfe neu gebildeten Kapitals beschäftigt werden. (Diese Unterscheidung scheint mir wesentlicher als die rein formale Trennung von „langwelliger" und „mittelwelliger" Arbeitslosigkeit.) Daß nun die sich selbst verschärfende Schrumpfung der Produktion, die im Gefolge der Gleichgewichtsstörungen entstanden ist, durch einen bewußten Akt unterbrochen werden kann, scheint, wie auch Colm angedeutet hat, theoretisch unbestreitbar. Kaufkraftschöpfung — also, etwa in der Sprache des Papen-Programms: Lombardierung der Steuergutscheine —, und, bei vorerst mangelhaftem Unternehmervertrauen, Arbeitsbeschaffung, können den Tendenzen der Hortung und Kostenprogression entgegenwirken. Von den beiden Gefahren, die damit verbunden sind, einer Geldentwertungspanik und einer neuen Überinvestition, hat man die erste durch eine, vielleicht kostspielige *captatio* der Steuerzahlerseelen abgewehrt; die zweite kann man abwehren, wenn man nicht der Versuchung unterliegt, sich bei der Wahl der zu finanzierenden Objekte zu sehr um die „Produktivität" zu bemühen, statt auf die Ausstattung des letzten Käufers mit Kaufkraft zu achten. Daß die Gefahren in unserem um die Zahlungsbilanz besorgten Land stärker sind als in einem Gläubigerland, ist kein Grund für passive Haltung... Freilich kann durch Unterbrechung der Schrumpfung nur ein Teil der Arbeitslosen eingestellt werden; aber die dabei erfolgende Wiedererhöhung des Sozialprodukts macht Kapitalbildung wieder möglich und eröffnet den Weg auch zur Beschäftigung des anderen Teils der Arbeitslosen.

Professor Dr. **Lehmann** (Nürnberg):

Meine Damen und Herren! Der fortgeschrittenen Zeit wegen nehme ich nur zu einem einzigen Punkte, der sich auf die Gründe der heutigen Arbeitslosigkeit bezieht, Stellung und verweise im übrigen auf meine verschiedenen, den Gegenstand der heutigen Referate betreffenden Arbeiten[1]. Und zwar spreche ich zu diesem Punkte nur deshalb, weil er auch heute noch von praktischer Bedeutung ist, und weil er sich auch bei der Durchführung des Wirtschaftsprogramms des Reichskabinetts von Papen in der Zukunft weiter ungünstig auszuwirken vermag. Es handelt sich um folgendes:

Beide Referenten haben anerkannt, daß eine bestimmte Art der Rationalisierung bzw. deren Tempo zu den ökonomischen Gründen der heutigen Arbeitslosigkeit gehört. Herr Saitzew gebraucht dafür das Wort „Maschinisierung", während sie für Herrn Colm eine bestimmte Art der „intensiven Industrialisierung" darstellt. Es ist aber von beiden Referenten nicht erklärt worden, wie eine derartige, volkswirtschaftlich falsche Rationalisierung zustande kommt.

Wenn ich nun auch zugebe, daß das Beispiel Amerikas einen gewissen, irrationalen Einfluß ausgeübt hat, so darf darüber doch nicht vergessen werden, daß es im allgemeinen rational denkende und rechnende Menschen sind, welche die Rationalisierung einleiten und durchführen. Es müssen also betriebswirtschaftlich-rechnerische Gründe sein, die die falsche Art der Rationalisierung und demnach, zu ihrem Teil, die heutige Arbeitslosigkeit herbeiführen. Das ist auch tatsächlich ganz generell der Fall.

Was zur Maschinenarbeit, d. h. zur Entscheidung für die kapitalintensive Betriebsweise führt, das ist der Vergleich des Kalkulationspreises der menschlichen Arbeit einerseits und der Kapitalnutzung andererseits, bzw. die Tatsache, daß die menschliche Arbeit wegen der Höhe der lohnproportionalen Nebenkosten trotz der Höhe des Zinsfußes in Deutschland nicht mit der Kapitalnutzung zu konkurrieren vermag. Beträgt doch der Sozialaufwand (einschließlich des lohnproportionalen Anteils der preußischen Gewerbesteuer) im Mittel etwa 27 % des Nominallohnes bzw. 30 % des ausgezahlten Lohnes, und im Bergbau sind die entsprechenden Zahlen sogar 44 % bzw. 53 %.

Die volkswirtschaftlich falsche Rationalisierung ist also die Konsequenz eines falschen Systems der politischen Preise, wie ich zusammenfassend für Steuersätze, Zollsätze, Sozialversicherungsbeiträge usw. sage; denn die betriebswirtschaftliche Rationalisierung, die sich als verfehlt erweist, erfolgt nicht zum Spaß oder aus anderen irrationalen Gründen. Die in Wirklichkeit wirtschaftspolitischen Gründe der heutigen Arbeitslosigkeit, soweit sie überhaupt ökonomische sind, sind also alles andere

[1] Anmerkung 3 (S. 11) aus „Autarkie und Währung", sowie letztere selbst und die neue Arbeit bei Poeschel.

als mystischer Natur; sie sind eindeutig rechnerisch, d. h. rational erfaßbar.

Man könnte jedoch diese Dinge auf sich beruhen lassen, wenn die gekennzeichneten Gründe der Arbeitslosigkeit oder, was das gleiche ist, der volkswirtschaftlichen Kapitalfehlleitung nicht weiterwirkten. Das ist im besonderen angesichts der heutigen aktiven Ankurbelungspolitik der Reichsregierung zu beachten. Ohne eine grundsätzliche Reform des Systems der politischen Preise läßt sich auch in der Zukunft die Kapitalfehlleitung und damit das spätere Wiederanwachsen der Arbeitslosigkeit nicht verhindern. Als Dauerproblem gesehen, ist die Frage der Beseitigung der Arbeitslosigkeit gleichbedeutend mit dem Problem der radikalen Reform des Systems der politischen Preise, unter Berücksichtigung der gegebenen Wirtschaftsbedingungen Deutschlands.

Berichterstatter Professor Dr. **Colm** (Kiel), Schlußwort:

Meine Damen und Herren! Infolge der fortgeschrittenen Zeit muß mein Schlußwort sehr kurz ausfallen. Aber der Verlauf der Diskussion fordert auch nur einige wenige Bemerkungen. Eine kritische Auseinandersetzung mit den wertvollen Ausführungen von Hans-Joachim Rüstow und von Marschak, die auf die von mir behandelten Probleme im engeren Sinne eingingen, wäre selbst in etwas längerer Redezeit erschöpfend nicht möglich. Nur auf einige wenige Punkte, die in der Diskussion vorgebracht wurden, möchte ich kritisch antworten.

Ein Wort zu dem vom Herrn Hauptreferenten gebrauchten Ausdruck der „strukturellen Arbeitslosigkeit", der nicht ganz eindeutig ist und von Herrn Geheimrat Sering mit praktischen Schlußfolgerungen verwendet wurde. Meines Erachtens ist es gerade die mittelwellige, im eigentlichen Sinne konjunkturelle Arbeitslosigkeit, die durch den strukturellen Industrialisierungsprozeß mitbedingt ist. Daraus, daß die Entstehung, das Ausmaß und die Dauer unserer Arbeitslosigkeit zu einem Teil aus strukturellen Entwicklungstendenzen zu erklären sind, darf nicht gefolgert werden, daß ein großer Teil dieser Arbeitslosigkeit auch in einem konjunkturellen Aufschwung bestehen bleiben muß. Daneben gibt es „strukturelle" Arbeitslosigkeit in dem ganz anderen Sinn, daß die Arbeitslosigkeit zum strukturellen und damit dauernden Bestandteil einer Volkswirtschaft werden kann. Ob wir mit einer derartigen langfristigen Arbeitslosigkeit zu rechnen haben, ist eine Frage für sich — auf jeden Fall darf die Antwort nicht aus dem in unserem Sinne strukturbedingten Charakter der Arbeitslosigkeit erschlossen werden.

Hans-Joachim Rüstow ging kritisch auf meine Ausführungen über den Zusammenhang zwischen der Höhe des Zinsfußes und dem Ausmaß der

Rationalisierungsinvestitionen ein. Er meint, daß steigender Zinsfuß automatisch den technischen Fortschritt bremse und den Übergang zu arbeitsintensiverer Produktion fördere. Diese marktrationalen Wirkungen sind gegeben, können aber überkompensiert werden und wurden tatsächlich durch andere Entwicklungen überkompensiert. In der kapitalistischen Marktwirtschaft gibt es gewisse Punkte, an denen der „klassische" Preismechanismus nicht voll funktioniert. Er funktioniert nicht so wie bei anderen Waren gegenüber der Ware Arbeitskraft, worauf hier nicht einzugehen ist. Er funktioniert ferner nicht in der Lenkung der Produktionsumwege durch den Zinsfuß. Die Einführung eines technischen oder organisatorischen Fortschritts kann eine Kostenersparnis in Aussicht stellen, die größer ist als die Mehrbelastung durch einen selbst hohen Zinsfuß. Probleme der wirtschaftlichen Entwicklung entstehen gerade dadurch, daß mit dem technischen Fortschritt ein ‚marktirrationaler' Faktor in die Marktwirtschaft hineinragt.

Professor Schultze sagte, wenn ich ihn recht verstanden habe, daß wir bei der Erklärung der Arbeitslosigkeit ein Argument, nämlich den Rückgang des Welthandels vergessen hätten. Er führte aus, daß schon in der Aufschwungsperiode der Welthandel nicht mitgegangen sei. Demgegenüber möchte ich auf zwei Zahlen hinweisen. In der letzten Vorkriegsperiode betrug der jährliche Zuwachs des Außenhandelsvolumens der Welt 4,5 %, in der letzten Periode vor Ausbruch der Weltkrisis 4,9 %. Richtig ist, daß, wie Herr Schultze ausführte, die Kapitalinvestitionen, durch die Warenbewegungen ausgelöst werden, zurückgegangen sind. Dies beweist aber, wie ich glaube, nur, daß die Intensivierung der Welthandelsbeziehungen nicht lediglich eine Folge der Kapitalbewegungen gewesen ist. Die Schrumpfung des Welthandels, die wir erleben, ist nicht eine Ursache, sondern eine Auswirkung der Weltwirtschaftskrisis.

Eine andere Gruppe von Diskussionsbeiträgen gab keine Kritik der Referate, sondern brachte Ergänzungen, und zwar zum Teil notwendige Ergänzungen. Hier ist zunächst ein Problem angeschnitten, dessen Erörterung von mir bewußt provoziert worden ist. Ich habe die wirtschaftspolitischen Konsequenzen aus meinen Ausführungen lediglich angedeutet, aber nicht ausgeführt, was ich unter Interventionismus, und zwar unter planmäßigem Interventionismus verstehe. Es wäre mir einfach nicht möglich gewesen, in wissenschaftlich fundierter Weise Diagnose und Therapie unserer Situation zugleich zu entwickeln. Nur um Mißverständnissen vorzubeugen, möchte ich sagen, daß ich nicht mit allem einverstanden bin, was von einigen Diskussionsrednern als planmäßiger Interventionismus angeführt worden ist. Zwangskonsum halte ich nicht für planmäßigen Interventionismus, solange es wahrscheinlich ist, daß statt dessen der Kauf anderer Waren unterbleibt. Wenn ich sicher wäre, daß die Automobilbesitzer, die Herr Dr. Ludwig zum Kauf von Automobiluhren zwingen will, entsprechend weniger horten oder Kredite zurückzahlen, dann könnte ich hiervon in einer bestimmten Konjunktursituation eine belebende Wirkung erwarten. Aber wieso ist die Gewähr hierfür geboten?

Herr Geheimrat Sering wie auch andere Diskussionsredner haben in diesem Zusammenhang den Papenplan erwähnt. Ich habe bewußt auf eine Erörterung verzichtet, weil ich über diesen schwierigen Problemkreis nicht in wenigen Minuten, die dafür zur Verfügung gestanden hätten, sprechen wollte. Darum muß ich auch jetzt verzichten, darauf einzugehen, so gern ich es tun möchte. Ausdrücklich möchte ich aber sagen, daß ich jedenfalls nicht alle Maßnahmen des Papenplanes wie auch der sonstigen gegenwärtigen Wirtschaftspolitik zu dem rechnen würde, was mir als planmäßiger Interventionismus vorschwebt. Vor allen Dingen meinte ich hiermit ja nicht lediglich Maßnahmen, um aus der jetzigen Krisis herauszukommen, sondern daneben auch eine Umbildung unserer Wirtschaft, durch die für die Zukunft Krisenausschlägen dieses Ausmaßes und dieser Dauer vorgebeugt werden sollte. Selbstverständlich bin ich mir darüber klar, daß das Ideal der konjunkturlosen Wirtschaft nicht zu erreichen ist. Es fragt sich nur, ob die Hypertrophie der Krisis, die wir erleben, nicht zu bekämpfen ist. Auch Alexander Rüstow bekannte sich zu einer gewissen Form des Interventionismus, die allerdings im Gegensatz zu den bisherigen Eingriffen gemeint ist. Hierin stimmen wir überein. Er hat auch recht, daß nach theoretischer Deduktion die Arbeitslosigkeit mutmaßlich sehr viel geringer wäre, wenn wir in der abgelaufenen Zeit keinerlei Interventionen gehabt hätten. Ich will einmal unterstellen, es ließe sich plausibel machen, daß die Arbeitslosigkeit ohne Interventionen statt 6 nur 3 Millionen erreicht hätte. Dann ist aber zu fragen, ob ohne alle Interventionen das politische und soziale Gefüge nicht vielleicht schon bei der ersten Million auseinandergebrochen wäre!

Die Diskussion hat eine Reihe von Ergänzungen gebracht, die auf einer Tagung des Vereins für Sozialpolitik nicht fehlen durften, selbst wenn sie nicht im einzelnen erörtert werden konnten. Wir legen ja gerade entscheidenden Wert darauf — das ging schon aus den Eröffnungsausführungen unseres Vorsitzenden hervor —, daß wir das Ökonomische stets im Zusammenhang mit dem kulturellen und politischen Ganzen sehen. Wenn unsere Ausführungen sich in isolierender Betrachtung vor allem auf das Ökonomische beschränkten und das Politische als gegebenes „Datum" unterstellten, so doch in bewußter und ausdrücklich unterstrichener Abstraktion und gerade in der Hoffnung, daß hier die Ergänzung von anderer Seite gebracht wird. Ich begrüße es, daß z. B. Herr Minister Wissell auf die psychologischen und kulturellen Probleme der Arbeitslosigkeit hingewiesen hat; ja, ich sehe hier — das möchte ich jedenfalls für mich bekennen — überhaupt das treibende Element unserer Erörterung. Das Verhältnis von Mensch zu Maschine stellt eine der wesentlichsten Kulturaufgaben auch jenseits aller rein ökonomischen Probleme dar, mit denen sich unser Zeitalter auseinanderzusetzen hat. Sollen wir dieses technische Werkzeug, das Menschengeist geschaffen hat, verwerfen, oder sollen wir ihm verfallen, oder sollen wir es nutzen? Wenn wir den technischen Fortschritt nutzbar machen wollen, ohne ihm zu verfallen, dann ist allerdings neben den politischen und kulturellen Voraussetzungen, die Herr Rüstow und Herr Wissell behandelt haben, noch ein weiterer Faktor als Bedingung zu erwähnen. Planmäßige Wirtschaftspolitik ist abhängig nicht nur von der Erfüllung gewisser kultureller und politischer Voraussetzungen, sondern auch von der Erkenntnis der schwierigen Sachzusammenhänge, in die ein Eingriff erfolgen soll. Es ist, wie ich glaube, das historische Verdienst des Vereins für Sozialpolitik, daß er an dieser Erkenntnis, die Grundlage für eine solche Politik ist, mitgearbeitet hat. Ich für meine Person möchte nur wünschen, daß diese Tagung mit den Anstoß gibt, die großen Erkenntnislücken, die sich heute noch in den Referaten und in der Diskussion gezeigt haben, allmählich zu schließen.

(Lebhafter Beifall.)

Berichterstatter Professor Dr. **Saitzew** (Schlußwort):

Herr Präsident, meine sehr verehrten Damen und Herren! Ich habe wohl aus der Diskussion viel gelernt, ich habe aber trotzdem dem heute vormittag Gesagten nicht mehr viel hinzuzufügen bzw. zu erwidern, weil die meisten Äußerungen der Diskussionsredner an meinem Referat vorbeigegangen sind. Theoretisch gibt es dafür zwei Erklärungen: entweder war das Referat schlecht

(Versammlungsleiter Professor **Gehrig**: Dagegen erhebt sich Widerspruch!)

— Danke! — oder das Referat paßte nicht in die Zeit. In der Tat: das Referat war theoretisch-historischen Inhaltes, ich versuchte einen gewissen Zusammenhang, das Entstehen eines bestimmten Sachverhaltes zu erklären; demgegenüber bewegte sich die Diskussion auf dem Boden der aktuellsten Probleme, die wirtschaftspolitisch heute sehr viel wichtiger sein mögen, die aber mit meinem Referat nur lose zusammenhängen.

Nur die wenigsten Redner haben sich mit dem befaßt, was ich hier ausgeführt habe. Es wurden dabei einige Fragen aufgeworfen, auf die ich in den wenigen Minuten, die mir hier zur Verfügung stehen, leider nicht eingehen kann; so z. B. auf die sehr gediegene Kritik von Dr. Rüstow jun., Gedanken, mit denen man sich auseinandersetzen kann, die interessant sind, die ich aber heute hier vor Ihnen kaum mehr erörtern kann.

Was mir wichtiger erscheint und was ich deshalb kurz streifen will, ist das, was Geheimrat Sering über die Möglichkeit der Resorption der Arbeitslosgewordenen ausgeführt hat. Er meinte, die Kurve der Arbeitslosigkeit weise nach oben, und wenn wir selbst zwei bis drei Millionen einstellen würden, so blieben immer noch etwa ebenso viele arbeitslos. Ich möchte dem insoweit widersprechen, als von Geheimrat Sering eine Ursache der Arbeitslosigkeit überhaupt nicht in Betracht gezogen worden ist und auch von mir aus Zeitmangel nicht ihrer Bedeutung entsprechend unterstrichen werden konnte, das ist die Entstehung der Arbeitslosigkeit durch Infektion, durch Übertragung von einem Land auf die anderen. Die Arbeitslosigkeit ist eben infektiös, sie steckt an; Arbeitslosigkeit in Deutschland erzeugt Arbeitslosigkeit in der Schweiz, Arbeitslosigkeit in England erzeugt Arbeitslosigkeit in Deutschland und so fort. Und weiter: von anderen Ursachen abgesehen entsteht ja heute Arbeitslosigkeit schon daraus, daß der wirtschaftliche Verkehr zwischen den einzelnen Ländern, auf dessen Existenz der Wirtschaftskörper dieser Länder eingestellt war, lahmgelegt worden ist. Gewiß, wenn wir annehmen, daß die Außenhandelspolitik der Völker der Welt für alle Zeiten so orientiert bleibt, wie sie es heute ist, dann wird diese Ursache weiter in Kraft bleiben und wird wahrscheinlich die Zahl der Arbeitslosen weiter steigen. Aber wo ist der Beweis für die Richtigkeit dieser Annahme? Man wird doch annehmen dürfen, daß höchstens 50 % der Chancen dafür sprechen, daß diese Wirtschaftspolitik beibehalten wird, daß aber mindestens 50 % dafür sprechen, daß die Völker endlich vernünftiger werden. Das ist wahrhaftig keine Überschätzung der Vernunft!

(Heiterkeit.)

Vielleicht sind es auch nur 30 %. Und eben diesen Faktor — die wirtschaftliche Interdependenz der Völker und die Möglichkeit der Resorption eines großen Teils der Arbeitslosen in allen Ländern durch eine Neuorientierung der Wirtschaftspolitik — möchte ich doch in Rechnung gestellt haben.

Ganz kurz will ich ferner ein rein politisches Problem berühren: die von Geheimrat Sering in die Diskussion geworfene Forderung der Anerkennung der Gleichberechtigung der Deutschen und des Deutschen

Reiches. Das ist, wie gesagt, eine rein politische Forderung, die ich als solche sehr gut verstehe und für die sich jeder vernünftige Politiker einsetzen wird. Aber an sich genügt ihre Erfüllung ökonomisch nicht: denn man könnte Deutschland sehr wohl für gleichberechtigt erklären und trotzdem die gegenwärtige Handelspolitik beibehalten oder gar noch verschärfen. Eine unmittelbare Rückwirkung auf die Arbeitslosigkeit wäre dann nicht zu erwarten; das können wir sehr deutlich im intereuropäischen Verkehr zwischen Gleichberechtigten und in der Entwicklung der Arbeitslosigkeit in diesen Ländern beobachten.

Sodann einige wenige Worte zu den Ausführungen von Herrn Reichsminister Wissell. Er hat mir etwas vorgeworfen, was ich unmöglich auf mir sitzen lassen kann. Er hat mir vorgeworfen, daß ich aus einem Sachverhalt — ich mußte ihn deshalb durch einen Zwischenruf unterbrechen —, den ich selbst festgestellt habe und der mir also nicht gerade neu ist, einen wirtschaftspolitischen Schluß nicht gezogen habe; daß ich nicht gesagt habe, daß wir, weil eine Diskrepanz zwischen dem privatwirtschaftlichen und dem volkswirtschaftlichen Erfolg der Rationalisierung besteht, genauer: bestehen kann, die freie Wirtschaft aufgeben müssen. Nun, ich habe überhaupt nicht zu der Frage gesprochen, welches Wirtschaftssystem wir aufrechterhalten wollen, und zwar aus dem einfachen Grunde, weil diese Frage nicht zum Thema meiner Ausführungen gehörte. Ich hatte etwas ganz Bestimmtes zu erklären und habe versucht, es zu erklären. Ob nun aus dem Vorgebrachten folgt, daß sich die freie Wirtschaft nicht aufrechterhalten läßt, ob daraus folgt, daß das Deutsche Reich zur Planwirtschaft übergehen muß, ist eine Frage für sich, die hier nicht zur Diskussion stand. Im übrigen ist es eine Frage, über die man sich des längeren unterhalten kann und unterhalten muß, die aber niemals nur durch die Tatsache oder auch nur die Möglichkeit einer Diskrepanz zwischen den zwei Auswirkungen der Rationalisierung entschieden wird.

Schließlich noch eins. Man hat mir vorgeworfen, daß ich das Kulturelle, das Sittliche, den Menschen übersehen habe. Meine Damen und Herren, in dieser Richtung hätte man mir noch sehr viel mehr vorwerfen können. Man hätte fragen können, weshalb ich etwa das Problem des Kapitalismus nicht aufgeworfen habe, oder die Frage der gerechtesten, der schönsten, der ergiebigsten Wirtschaftsordnung usw. Aber ich habe mich ja schon ohnedies heute früh entschuldigen müssen, daß ich weit über das mir gestellte Thema hinausgegangen bin. Und wäre ich auf alle diese Fragen in meinem Referat eingegangen, so hätte ich ja riskiert, vom Herrn Vorsitzenden darauf aufmerksam gemacht zu werden, daß ich nicht zum Thema spreche. So konnte ich mich nicht zu allen diesen

Fragen äußern. Was ich aber darüber denke, das habe ich im einleitenden Beitrag zum Schriftenband ausdrücklich gesagt. Er wurde von den Diskussionsrednern offenbar nicht gelesen, wie ich es ja schon heute vormittag vorausgeahnt habe.

(Heiterkeit.)

Dort habe ich auch die Forderung der Verkürzung der Arbeitszeit vertreten, selbst auf die Gefahr hin, daß die Verkürzung der Arbeitszeit sich ökonomisch ungünstig auswirken würde; ich trat für diese Forderung aus denselben Gründen und mit denselben Worten ein, wie es Herr Reichsminister Wissell heute hier getan hat; weil ich es in politischer und sittlicher Hinsicht für gefährlich halte, daß sechs Millionen Menschen in Deutschland und etwa dreißig Millionen in der ganzen Welt durch Jahre hindurch arbeitslos sind. Dort habe ich zur Begründung die Worte geschrieben, mit denen ich heute schließe: Es ist nicht nur die Erwerbslosigkeit, die bekämpft werden muß, sondern auch die Arbeitslosigkeit; denn die Arbeit hat einen eigenen sittlichen Wert in sich.

(Stürmischer Beifall.)

Präsident Professor Dr. **Gehrig** (Dresden):

Wie ich zu meinem Bedauern gezwungen war, heute planmäßig in der Diskussion zu intervenieren, so muß ich auch auf das dem Versammlungsleiter zustehende Recht verzichten, seinerseits zu den hier aufgeworfenen Problemen Stellung zu nehmen. Es bleibt mir nur noch Zeit zu einem kurzen Worte des Dankes, und der Dank gilt außer den Diskussionsrednern insbesondere wiederum dem Herrn Referenten und dem Herrn Korreferenten. Der Dank gilt Ihnen für die außerordentlich vielseitigen Anregungen, die Sie uns heute am ersten Verhandlungstag gegeben haben. Zwei Drittel des 60. Geburtstags des Vereins sind vergangen und wir haben auf uns die Wucht der wissenschaftlichen Argumentation wirken lassen. Nun wollen wir, bitte, das letzte Drittel noch nutzen, uns zu einer künstlerischen Anschauung zu erheben, der „Macht des Schicksals". Damit möchte ich die heutige Verhandlung schließen und die Bitte aussprechen, morgen um 10 Uhr wieder so rechtzeitig zu erscheinen, daß wir mit dem zweiten Verhandlungstag pünktlich beginnen können.

(Schluß 7 Uhr.)

Zweiter Verhandlungstag

Zweiter Verhandlungstag

Donnerstag, den 29. September 1932, vormittags 10 Uhr

Präsident Oberbürgermeister Dr. **Külz** (Dresden):

Meine Damen und Herren! Ich eröffne die heutige Verhandlung mit einem herzlichen Willkommengruß an die Erschienenen in der Hoffnung, daß Sie die Eindrücke des gestrigen Tages entsprechend verarbeitet haben. Wir treten sofort in die Tagesordnung ein, und ich erteile Herrn Professor Dr. v. Dietze das Wort zu dem 2. Teilthema:

Prof. C. **v. Dietze** (Jena):

Die Autarkisierung.

Vorbemerkung:

Das nachstehend abgedruckte Manuskript wurde nicht in allen Teilen vollständig vorgetragen, zumal einige Punkte bereits am Vortage berührt worden waren.

I.

Die Zerreißung einer auf Güter- und Menschenaustausch beruhenden Arbeitsteilung zwischen zahlreichen Ländern, also eine Autarkisierung, hat sich vor mehr als anderthalb Jahrtausenden auf dem Gebiet des römischen Kaiserreichs vollzogen. Sie war gleichbedeutend mit dem Niedergang und dem Ende des römischen Kapitalismus. Dieser hatte nach der neuerdings von Rostovtzeff vorgetragenen Auffassung seine volle Blüte erst mit der Begründung des allgemeinen Friedens in den ersten zwei Jahrhunderten der Kaiserherrschaft erreicht[1]. Er wurde vom monarchischen Staat und dem durch ihn geschaffenen Friedenszustand nicht — wie Max Weber annahm — erdrückt, sondern erst auf die Höhe geführt, wobei freilich Verschiebungen des wirtschaftlichen Schwer-

---

[1] Vgl. G. Wollheim, Aufstieg und Niedergang des Kapitalismus im Römerreich, nach Max Weber und Michael Rostovtzeff (erscheint demnächst in Conrads Jahrbüchern).

gewichts stattfanden; nämlich zum Nachteil Italiens, zum Nutzen der Provinzen. Erst die politisch-militärischen Wirren des 3. Jahrhunderts unserer Zeitrechnung führten zum Niedergang. Das Ergebnis war seit Diocletian das, was Max Weber als „Leiturgiestaat" bezeichnet, wofür Rostovtzeff den Namen „orientalische Zwingherrschaft" wählt — sollte man heute dafür vielleicht Planwirtschaft sagen? Schließlich blieb nach dem völligen Zerfall des weströmischen Kaiserreichs die Wirtschaft jedes seiner Teile auf sich gestellt und nahm wieder primitivere Formen an. „Und wir sind keineswegs sicher — so sagt Rostovtzeff —, daß nicht eine heftige Katastrophe die moderne kapitalistische Welt in das primitive Stadium der Hauswirtschaft zurücksinken lassen könnte."

Vor anderthalb Jahrtausenden hat der Niedergang der damaligen Weltwirtschaft jahrhundertelang gewährt, bis die Auflösung vollendet war. So weit uns bekannt, hat man über die wirtschaftliche Seite dieses Vorgangs damals keine tiefgründigen Betrachtungen angestellt. Heute kann man dagegen kaum irgendwo unter Menschen verweilen, welche nur etwas an dem wirtschaftlichen und politischen Geschehen der Zeit teilnehmen und sich Gedanken über „Deutschland und die Weltkrise" machen, ohne daß die Rede auf Autarkie und Weltwirtschaft, ihre Vorzüge und Nachteile kommt. Dabei erwartet man vielfach die Auflösung der bisherigen weltwirtschaftlichen Verflechtung innerhalb einer recht kurzen Zeitspanne.

Der Ausdruck Autarkie und die mit ihm anklingenden Streitfragen sind freilich keine Erfindung der Nachkriegszeit oder gar erst der letzten Jahre. Namentlich um die Jahrhundertwende haben in den Auseinandersetzungen über die Handelspolitik die Grundgedanken der internationalen Arbeitsteilung und ihres Gegenpols, der nationalen Selbstversorgung aus eigenem Boden, bereits ausgedehnte und höchst lehrreiche Erörterung gefunden. Neu ist jedoch, daß jetzt weiteste Kreise, auch außerhalb der Landwirtschaft und ihrer Wortführer, von der Auseinandersetzung um die Autarkie erfaßt sind, ja vielfach eine wahre Begeisterung für die Verwirklichung der Autarkie bekunden. Neu ist auch die Tatsache, daß wir in der Wirtschafts- und Handelspolitik zahlreicher Staaten und großer Staatengruppen einen Umschwung in Richtung auf Autarkie — eine Autarkisierung — feststellen können, welche entweder einen Bruch mit der Vergangenheit bedeutet oder doch das Maß früherer Eingriffe in die internationalen Austauschbeziehungen in erheblichem, ja wesensänderndem Maße überschreitet. Vollends neu ist der Gesichtspunkt, daß Autarkisierung betrachtet wird auch als ein Mittel, um unser Land aus den gegenwärtigen Wirtschaftsnöten und der entsetzlichen Arbeitslosigkeit herauszuführen.

II.

Bei der Begeisterung weiter Kreise für die erhofften Segnungen der Autarkie klingen nicht selten Gedanken an, welche nicht gerade dafür sprechen, daß die seit mehr als anderthalb Jahrhunderten von der Nationalökonomie geleistete Arbeit sehr tiefe Wurzeln geschlagen hat. Recht häufig werden Erwägungen vorgetragen, welche zwar mit wirtschaftlichen und rein wirtschaftlichen Beweisgründen arbeiten, aber gerade dadurch ein völliges Fehlen der Schulung im wirtschaftlichen und volkswirtschaftlichen Denken bekunden. Vergleiche des Wirtschaftslebens und seiner Organisation mit militärischen Aufgaben sind ja heute an manchen Stellen recht beliebt. Auch der bestgeschulte Generalstab kann die Ergüsse von Bierbankstrategen nicht verhindern. Aber der Soldat ist gegenüber dem Wirtschaftspolitiker doch in einer anderen Stellung. Wenn in den Kreisen der Laien schiefe Vorstellungen und Urteile Platz greifen, so brauchen die Entschlüsse der militärischen Leitung dadurch nicht beeinflußt zu werden. Dagegen müssen die Wirtschaftspolitiker — und nicht nur in demokratisch geleiteten Gemeinwesen — mit den Auffassungen rechnen, welche in weitesten Kreisen Anklang und Zustimmung finden; denn diese sind für die Richtung und die Wirkungen der Wirtschaftspolitik bestimmend, zum mindesten mitbestimmend. Daher können wir auch nicht ohne Enttäuschung beobachten, wie wenig die Meinungsbildung von den Gesichtspunkten beeinflußt ist, welche als unbestreitbares Gut der Wirtschaftswissenschaft gelten dürfen.

Bei den landläufigen Erörterungen über Autarkie wird zumeist die einfache Tatsache völlig übersehen, daß im Austauschverkehr zwischen verschiedenen Volkswirtschaften Kauf und Verkauf miteinander verbunden zu sein pflegen, daß zwischen ihnen regelmäßig nur zeitliche Verschiebungen vorgenommen werden können, während im übrigen ein Verzicht auf Einfuhren auch eine Verkümmerung der Ausfuhrmöglichkeiten mit sich bringt und umgekehrt. Auch soweit diese Wahrheit eingesehen und anerkannt wird, meint man doch häufig, auf Absatz im Auslande unbedenklich verzichten zu können, weil mit der Aussperrung fremdländischer Erzeugnisse sich eine zum mindesten gleich starke Absatzerweiterung im Inlande eröffnen ließe. Aber man übersieht dabei, daß andere Länder und Erdteile auf mancherlei Gebieten günstigere Erzeugungsbedingungen aufzuweisen haben als das Inland, insbesondere als unser von der Natur nicht besonders reich bedachtes Vaterland. Wenn aber eine Beschränkung der Güterversorgung auf die eigenen Landesgrenzen höhere Kosten mit sich bringt, muß sie zu wirtschaftlichen Nachteilen, zu einer Beeinträchtigung der Lebenshaltung führen. Wer diesen Erwägungen zugänglich ist — und nur mit solchen Leuten lohnt sich eine

Auseinandersetzung —, verwahrt sich dagegen, etwa mit der Autarkie eine völlige Abschließung gegen das Ausland, einen glatten Verzicht auf jede Art internationaler Arbeitsteilung anstreben zu wollen. Man verfolgt vielmehr die Absicht, die internationale Arbeitsteilung erst sinnvoll zu gestalten: nur die entbehrlichen Güter der Fremde sollen von den Inlandsmärkten ferngehalten werden; der Austausch soll nicht den eigenwilligen Käufen und Verkäufen zahlloser Einzelwirtschaften, der „Zufallsverknüpfung“ [2] überlassen bleiben, vielmehr planmäßig durch Organe der Gesamtheit überwacht, ja ausgeübt werden. Damit gibt man allerdings den ursprünglichen Sinn des Wortes αὐτάρκεια = Selbstgenügsamkeit auf und befürwortet in Wirklichkeit eine αὐταρχία, eine Selbstherrlichkeit des Staates über die Verflechtung seiner Volkswirtschaft mit fremden Ländern [3]. Die Zweideutigkeit des Ausdruckes ist bereits mehrfach beklagt, aber auch inzwischen genügend klargestellt worden. Es ist ja auch gestern hier mit dem Begriff der Rationalisierung in einem Sinne gearbeitet worden, der zweifellos nicht der Herkunft des Wortes entspricht, der auch nicht überall Zustimmung findet. Zwar kommt es immer noch vor, daß diese Unzulänglichkeit in unbilliger Weise ausgenutzt wird, daß nämlich die Autarchiebestrebungen, weil sie unter einem unzutreffenden Namen verfochten werden, mit Gründen bekämpft werden, welche nur gegen die Forderung einer völligen Autarkie durchschlagen können. Aber mit Recht verwahren sich die Anhänger der Autarchieidee gegen derartige Angriffe, welche den Kern der Sache nicht treffen und vielleicht auch manchmal gar nicht treffen sollen [4].

Mit einer derartigen Teil- und Planautarkisierung — richtiger gesagt: Autarchie — werden aber immer noch nach der Auffassung eines Teiles ihrer Anhänger wirtschaftliche Vorteile erstrebt. Man glaubt eine reichlichere Versorgung der Volksgenossen mit wirtschaftlichen Gütern erreichen, zum mindesten Schäden abwehren, sich gegen Krisen, die in den Unsicherheiten der Weltwirtschaft begründet sind, abriegeln zu können. Aber woraus schöpft man die Zuversicht, daß bei einer Beschränkung auf engeren Raum, beim Verzicht auf die ausgleichenden Wirkungen internationalen Verkehrs eine größere Stetigkeit der Wirtschaftsvorgänge und Erwerbsgelegenheiten verbürgt sein soll? Worauf will man seinen Plan zum wirtschaftlichen Nutzen aufbauen, wenn den Kosten- und Rentabilitätsberechnungen der einzelnen Unternehmungen der Boden entzogen wird? Und nach welchen Merkmalen soll dann entschieden werden, welche

---

[2] W. Sombart, Die Zukunft des Kapitalismus. Berlin 1932. S. 41.

[3] W. Sombart, a. a. O. S. 41. — P. Hermberg, Autarkie und Sozialismus. In: Die Arbeit, Januarheft 1932, S. 2.

[4] G. Wirsing, in: Die Tat, Septemberheft 1932, S. 477, Fußnote 3.

Einfuhr als entbehrlich zu erachten ist? Wenn anerkannt wird, daß ein hundertprozentiger Verzicht auf die internationale Arbeitsteilung wirtschaftlich nachteilig, ja verheerend wirken muß, wie sollen dann aus einer Einschränkung auf 40 oder 60% Vorteile erwachsen? Möglichkeiten in dieser Richtung sind allerdings vorstellbar und auch in einzelnen Fällen der Vergangenheit erprobt. Ich brauche nur an die Gewinnung des Stickstoffs aus der Luft zu erinnern, die uns vom Chilesalpeter unabhängig machte und darüber hinaus eine beträchtliche Ausfuhr ermöglichte. Bei ihrer Ausgestaltung war die Kriegsblockade von größter Bedeutung. Bekannt ist ja auch, daß die Kontinentalsperre in der Napoleonischen Zeit den Anstoß zur Entfaltung mancher Gewerbezeige bot, die sich später auch in starker Zugluft behaupten konnten, deren Aufbau also unbestreitbar einen wirtschaftlichen Gewinn darstellte. Wollte man solche günstigen Wirkungen einer Autarkisierung leugnen, so müßte man auch dem Gedanken des Erziehungszolles abschwören. Aber wer will im voraus die Gewähr dafür bieten, daß eine bewußte, mit schroffen Mitteln — nicht nur mit bescheidenen Erziehungszöllen — arbeitende Autarkisierung immer wirtschaftlich so erfreuliche Folgen zeitigt, und wenn sie es tut, daß diese nicht durch Schädigungen auf anderen Gebieten überdeckt werden?

III.

Aber es ist ein vergebliches Bemühen, die mit der Autarkisierung verbundenen Streitfragen auf rein wirtschaftlicher Ebene zu erledigen, sich auf eine Erörterung über „Autarkie als wirtschaftliches Problem“ [5] zu beschränken. Schon die Tatsache, daß die Bejahung oder Verneinung der Autarkiebestrebungen sich stets auf ein politisch abgegrenztes Gebiet beziehen muß, gibt unserer Betrachtung die erforderliche Ausweitung: wir haben es in erster Linie mit einem politischen Problem zu tun. Und daß politische Erwägungen für jede Frage der Handelspolitik den Ausschlag geben, das hat in der knappsten und treffendsten Formulierung kein geringerer als Adam Smith ausgesprochen mit den Worten: „Verteidigung ist weit wichtiger als Reichtum — defence is of much more importance than opulence.“ [6]

Über die politischen Hintergründe aller Fragen der Wirtschaftspolitik ist gestern bereits ohne Widerspruch in der Ansprache unseres Vorsitzenden, in den Referaten und an mehreren Stellen der Aussprache das Wichtigste gesagt worden. Da dieser Zusammenhang bei unserem Thema besonders offenkundig ist, kann es wohl auch kaum bedauert werden, daß

---

[5] Autarkie? Fünf Vorträge von Brand, Eucken, Gerloff, Löb, Lange. Berlin 1932.

[6] Wealth of Nations, Book IV, Chapter II.

die heutige Verhandlung nicht — wie sonst meist üblich — durch einen besonderen Schriftenband des Vereins vorbereitet ist. Ist doch auch das von anderen Stellen erarbeitete Schrifttum schon recht umfangreich. Der Wert unserer heutigen Verhandlung scheint mir daher nicht in der Feststellung neuer Tatsachen zu liegen, sondern in einer angemessenen Einordnung des Stoffes unter die entscheidenden Gesichtspunkte. Vor allem muß dabei klargestellt werden, wo die Grenzen wirtschaftlicher und politischer Betrachtungsweise liegen. Deshalb dürfen wir aber nicht in den entgegengesetzten Fehler verfallen — Adam Smith wird man ihn sicher nicht vorwerfen können —: wir dürfen den Blick vor der Tatsache nicht verschließen, daß auch die Landesverteidigung sich wirtschaftlicher Güter bedient, und für die Würde des Menschen ist es nicht gleichgültig, ob „seine Blöße bedeckt" ist; das Maß der Lebenshaltung ist nicht ohne Einfluß auf das Wohlergehen der Nation. Auch der Freihandel kann sehr wohl unter gewissen Bedingungen am besten der Verwirklichung nationaler Ziele dienen. Aber die Zeit ist vorüber, in der Grundsätze liberaler Wirtschaftspolitik als notwendige Ergebnisse voraussetzungsloser Wissenschaft, als objektive Wahrheiten und gleichzeitig als allgemeingültige sittliche Forderungen verkündet werden durften. Auch der wirtschaftliche Liberalismus beruht auf einer ganz bestimmten Weltanschauung, genau so wie Konservatismus oder Sozialismus, und jede dieser Weltanschauungen muß letztlich irgendwie — manchmal bewußt, häufig unbewußt — eine Grundlage im Religiösen haben, sei es der Glaube an einen Gott oder der traurige Versuch, jede Gottheit zu leugnen. Wenn der Liberalismus heute weit über Gebühr geschmäht wird, so liegt die Erklärung nicht zuletzt darin, daß der früher, gelegentlich auch noch heute erhobene, ungerechtfertigte Anspruch auf Verkündung allgemeinverbindlicher Wahrheiten Ablehnung hervorrief, und daß diese über das Ziel hinausgeschossen ist. Nunmehr werden auch die von liberalen Denkern erarbeiteten, unumstößlichen Feststellungen auf rein wirtschaftlichem Gebiet als liberalistisches Gedankengut verpönt; daher die bedauerliche, vielfach gewollte Verschließung gegen Erkenntnis wirtschaftlicher Zusammenhänge.

Der politische Hintergrund für die Fragen der Autarkisierung ist gegenwärtig gekennzeichnet durch die Begriffe Nation und nationaler Staat. Gewiß, es ist Glaubenssache, wenn ich mich zu denen bekenne, welche von dem Willen zur Nation als der herrschenden höchsten Einheit menschlichen Zusammenlebens „nicht lassen können"[7]. Volk und Nation

---

[7] P. Hermberg, a. a. O. S. 7, sagt bezeichnenderweise: „. . . von der Vorstellung der Nation als der einzig möglichen höchsten Einheit menschlichen Zusammenlebens nicht lassen kann."

sind sicherlich auch ein Mythos, aber — wie eine richtige Einschätzung der gegenwärtig die Welt bewegenden und bestimmenden Kräfte ergibt, keineswegs nur ein Mythos des Mittelstandes. Wer heute noch Nation zur Angelegenheit des Mittelstandes herabsetzt und meint, daß dem Proletarier die Nation niemals höchster Wert sein könne, der gibt damit einen Beweis nicht nur für die innere Armut, sondern auch für die Wirklichkeitsferne einer pseudorealistischen Konstruktion. Glaube und Mythos sind weit realere Mächte als manche, vielleicht geistreiche Spekulation — ich sage absichtlich nicht Theorie; denn solche Äußerungen beruhen nicht auf Schau und Anschauung, sondern auf verzerrter Vorstellung vom lebendigen Dasein — zu ahnen vermag.

Aufs engste mit dem Gedanken der Landesverteidigung verwandt ist das, was man gewöhnlich als Forderung der Nahrungsfreiheit bezeichnet. Sie ist jetzt ein Programmpunkt des Nationalsozialismus: „Die Freiheit eines Volkes und seine außenpolitische Bewegungsmöglichkeit ist abhängig von der Sicherung seiner Ernährungsgrundlage.“ [8] Im wesentlichen die gleichen Gedanken wurden aber auch schon von den Gegnern des Freihandels in der Vorkriegszeit vertreten — ich nenne nur Oldenberg; sie sind auch heute keineswegs auf eine Partei beschränkt. Dabei steht zur Zeit in unserem Vaterlande weniger der Hinblick auf etwaige kriegerische Verwicklungen im Vordergrunde als vielmehr der Gesichtspunkt, daß unser Volk, wenn ihm jederzeit mit einer wirksamen Hungerblockade gedroht werden kann, nicht die seiner Lage und seinen Aufgaben entsprechenden Entschlüsse zu fassen und zu betätigen, sich nicht gegen seine Knechtung zu wehren vermag. In einer Zeit, welche durch internationale Abkommen den offenen Krieg als Mittel der Politik zu ächten unternommen hat, gewiß eine bedeutsame Erwägung. Hat doch auch der Reichsbankpräsident kürzlich anerkannt, daß gerade die politisch schwächsten Völker nach den Kriegen, die mit und ohne Waffen geführt werden, ihre Noternährung aus eigenem Boden sichern müssen.

Mit dem Gedanken der Landesverteidigung berührt sich weiter das Streben nach Erhaltung und, sofern die Verstädterung und Industrialisierung bereits als übermäßig angesehen wird, nach einer Stärkung der ländlichen Bevölkerungsschichten. Die Begründung hierfür finden wir bereits von einem bekannten, vor 100 Jahren verstorbenen, einstigen Kurator der Thüringischen Landesuniversität ausgesprochen, der am 12. März 1828 zu Eckermann äußerte: „Unser Landvolk hat sich freilich fortwährend in guter Kraft erhalten und wird hoffentlich noch lange

---

[8] R. Walther Darré, in: Deutsche Agrarpolitik, Monatsschrift für Deutsches Bauerntum, Juli 1932, S. 8.

imstande sein, uns nicht allein tüchtige Reiter zu liefern, sondern uns auch vor gänzlichem Verfall und Verderben zu sichern. Es ist als ein Depot zu betrachten, aus welchem sich die Kräfte der sinkenden Menschheit immer wieder ergänzen und anfrischen. Aber gehen Sie einmal in unsere großen Städte, und es wird ihnen anders zumute werden."

IV.

Die Aufgabe des heutigen Referates ist es, die Autarkisierung in ihrer Bedeutung für Deutschland zu behandeln. Aber wir müssen dabei selbstverständlich, um die Lage und die Aussichten unseres eigenen Landes richtig einschätzen zu können, uns darüber klar zu werden bemühen, auf welchen Gebieten, in welcher Richtung und mit welcher Stärke außerhalb unserer Grenzen Autarkisierungsbestrebungen am Werke sind. Alle aus wirtschaftlichen Erwägungen gegen Autarkisierung vorgebrachten Gründe setzen stillschweigend voraus, daß eine Teilnahme an ausgedehntem internationalen Austausch möglich ist, daß überall, wenn auch nicht Freihandel, so doch keine dauernd erfolgreiche Absperrung gegen solche Arbeitsteilung herrscht. Dagegen hat der gegenwärtige Reichsernährungsminister den Satz gebraucht, Autarkie sei für uns nicht Ziel, sondern Schicksal. Das soll doch heißen: wir hätten zwar von der Autarkie keine Verbesserung unserer wirtschaftlichen Lage zu erwarten im Vergleich zu den Zeiten, in welchen wir noch von den Vorteilen internationaler Arbeitsteilung weitgehenden Gebrauch machen konnten. Aber die Entwicklung in der Welt lasse uns keine Wahl, zwinge uns zum Verzicht auf einen großen Teil der ausländischen Absatzmärkte und Bezugsquellen und damit zur Verstärkung der Versorgung aus dem heimatlichen Boden. Gibt diese Auffassung ein zutreffendes Bild von den heute in der Welt entscheidenden Kräften? Zur Vorbereitung einer Antwort auf diese Frage sollen tunlichst erst die nackten Tatsachen geschildert werden, die erkennbar und unbestreitbar an die Oberfläche getreten sind.

Eine wirkungsvolle internationale Arbeitsteilung hat zur Voraussetzung die Freizügigkeit für Waren, Kapitalien und Menschen. Es ist offensichtlich, daß heute für die meisten Menschen die Möglichkeiten internationaler Wanderungen verschlossen sind. Eine unbeschränkte Einwanderungserlaubnis hat es zwar in den meisten Ländern auch vor 1914 nicht gegeben. Aber die Erschwerungen waren damals die Ausnahme und betrafen in der Hauptsache die Angehörigen farbiger Rassen. Heute wird auch der weiße Mann fast in der ganzen Welt als Einwanderer nicht geduldet. Wir selbst haben nunmehr namentlich unsere Ostgrenze gegen den Zuzug von Arbeitskräften gesperrt, verfahren dabei aber immer noch weit großzügiger und sanfter als etwa Großbritannien. Sogar Frankreich hat mit dem Fühlbarwerden der Wirtschaftskrise einen großen Teil seiner ausländischen Arbeitskräfte abgeschoben. Vor allem ist dem Deutschen die Möglichkeit der Auswanderung fast völlig verschlossen. Der einst mit großem Eindruck für die Teilnahme an der internationalen Arbeitsteilung in die Waagschale geworfene Satz, daß wir entweder Waren oder Menschen exportieren müssen, kann daher heute keine Geltung mehr beanspruchen.

Kapitalwanderungen, wie sie zur Verwirklichung der wirtschaftlichen Vorzüge internationaler Arbeitsteilung unerläßlich sind, werden nur dann in der hierfür geeigneten Weise stattfinden, wenn die Verwaltung der Kapitalien in Händen liegt, die genügend Geschick und Erfahrung besitzen, um die zweckmäßigen Anlagegelegenheiten aufzuspüren, und die nicht durch außerwirtschaftliche Kräfte abgelenkt werden. Wir wissen, daß in den Jahren nach Beendigung des Ruhreinbruchs, als mit dem Dawesplan die Grundlage für das Aufkommen eines neuen Vertrauens gerade auch gegenüber Europa und besonders Deutschland gelegt war, Anleihen auf kürzere, aber auch auf lange Fristen in einem Ausmaße über die Landesgrenzen hinweg begeben worden sind, welches auch den Vergleich mit den Vorkriegsverhältnissen aushält. Die bis 1928 herrschende Bereitwilligkeit zum Leihen und Borgen mutet uns heute trotz aller vorsichtigen, oft überklugen Sicherungsversuche fast als unbegreifliche Vertrauensseligkeit an. Wie brüchig die politische Grundlage war, auf der diese treffend als „Weltwirtschaft des Als-ob“ [9] gekennzeichnete Wiederbelebung internationaler Handels- und Kreditbeziehungen sich aufgebaut hat, das zeigte sich bei den Erschütterungen, die seit 1929 und vor allem seit dem Sommer 1931 hereinbrachen. England war nicht mehr, wie in der Vorkriegszeit, der kluge und einsichtsvolle Bankier der Welt. Seine Kapitalmacht war zu einem erheblichen Teile auf die Vereinigten Staaten und Frankreich übergegangen. Die junge Weltmacht bewies noch nicht die Erfahrenheit und den Weitblick, welcher für die Finanzierung einer dauerhaften Weltwirtschaft notwendig ist. Die alte westeuropäische Festlandsmacht ließ, was sie ja auch schon in den Vorkriegsjahren getan hatte, politische Gesichtspunkte bei der Verwaltung der ihr zugefallenen Wirtschaftsmacht entscheidend sein. Der seit 1914 neben den militärischen Maßnahmen einhergehende Wirtschaftskrieg hatte, wie nie zuvor, das bisher als unverletzlich behandelte Privateigentum angegriffen, und

---

[9]) E. Salin, Von den Wandlungen der Weltwirtschaft in der Nachkriegszeit, Weltwirtschaftliches Archiv, Bd. 35, S. 1 ff., und: Am Wendepunkt der deutschen Wirtschaftspolitik, in: Deutsche Agrarpolitik, herausgegeben im Auftrage des Vorstandes der Friedrich-List-Gesellschaft, Bd. II, S. 64 ff., Berlin 1932.

unter englischer Leitung war damit eine der wichtigsten Grundlagen für das Vertrauen in internationale Arbeitsteilung und Weltwirtschaft eingerissen worden. Als daher zu politischen Zwecken Kredite abgerufen wurden, mußte die Erschütterung besonders tief greifen, zumal ja auch eine erträgliche Regelung der bewußt in unerfüllbarer Höhe festgesetzten Tributlasten noch nicht abzusehen war.

Als Hemmnis der Kapitalbewegung haben sich auch die Währungsverhältnisse erwiesen. Die Veränderungen im allgemeinen Preisniveau der Goldwährungsländer mußten auch die Kreditgebarung stören. Noch weit einschneidender waren die Verschiebungen zwischen den Währungen verschiedener Länder, die hier als unvermeidlich hingenommene, dort bewußt erstrebte Abkehr zahlreicher Staaten von der Goldwährung und den bisherigen Austauschverhältnissen. Nachdem während des Krieges die ganze Welt eine bedeutende, erst seit 1920 rückläufiger Bewegung Platz machende Verringerung des Geldwertes erfahren hatte und mehrere wichtige Staaten sogar von stürmischer Inflation heimgesucht worden waren, mußte jedes Wanken der Währungsgrundlagen besonders bedenklich stimmen. Daher kam es auch seit 1931 zu den mannigfachen Maßnahmen der Devisenbewirtschaftung, die nun wiederum für den Kreditverkehr abschreckend wirkten.

Der Warenaustausch begegnet in der Nachkriegszeit und verstärkt in den letzten 3 Jahren Erschwerungen und Hemmnissen, welche nicht nur eine graduelle Verschärfung gegenüber dem Zustande vor 1914 darstellen. In Mittel- und Osteuropa sind die Zahl und die Ausdehnung der Landesgrenzen vervielfacht worden, die neu entstandenen oder neu erweiterten Staaten sind sichtlich bemüht, ihr Wirtschaftsleben nicht den Einflüssen des freien Wettbewerbs auszusetzen. Daneben haben sich die schon in der Vorkriegszeit bemerkbaren Bemühungen um Ausbildung großer imperialer Wirtschaftseinheiten verstärkt fortgesetzt. Am eindeutigsten ist diese Entwicklung auf dem Gebiete der Sowjetunion festzustellen. Hier hat nicht nur die neue Gesellschafts- und Wirtschaftsordnung zum Außenhandelsmonopol geführt. Die Sowjetpolitik ist, namentlich auch auf dem Wege des Fünfjahrplans, offenbar bemüht, die Industrieentwicklung so weit vorzutreiben, daß eine Selbstversorgung mit den wichtigsten gewerblichen Erzeugnissen gesichert wird, daß namentlich auch für den Fall internationaler Verwicklungen der Kriegsbedarf im eigenen Lande hergestellt werden kann. Freilich hat gerade die Durchführung dieses Planes zeitweilig starke Einfuhrsteigerungen für Maschinen und sonstige industriell hergestellte Produktionsmittel mit sich gebracht, aber diese Heranziehung fremdländischer Bezugsquellen soll doch unverkennbar nur vorübergehend sein.

In den übrigen großen Weltreichen, dem britischen Imperium, den Vereinigten Staaten und Frankreich mit seinen Kolonien liegen die Verhältnisse anders als in Rußland; sie sind auch unter sich nicht gleichartig. Die Vereinigten Staaten haben, obwohl der Krieg sie aus einem Schuldnerland zum Gläubigerlande gemacht hat, noch vor dem Ausbruch der Weltkrise eine wesentliche Verstärkung ihrer überkommenen Schutzzollpolitik vorgenommen. Frankreich ist den gleichen Weg gegangen, um die Auswirkungen der internationalen Krise von seinen Grenzen abzuwehren, und hat dabei neuartige Mittel der internationalen Handelspolitik zu Bedeutung gebracht, vor allem die Kontingentierung, die freilich auch schon vor 1914 gelegentlich angewandt wurde, aber jetzt doch erst eine ungeahnte Zugkraft entfaltet. Dazu hat Frankreich die immer schon enge Verbindung mit seinem Kolonialreich noch fester gestaltet. Das britische Weltreich befand sich bis vor kurzem in einer fortschreitenden wirtschaftlichen Auflösung, seine „disintegration" ist gerade von englischen Schriftstellern mehrfach beklagt worden. Sowohl das Mutterland wie die Dominien, weniger die Kolonien, traten in immer engere Wirtschafts- und Austauschverflechtung mit fremden Staaten, und die wichtigsten, von der weißen Rasse beherrschten Tochterstaaten suchten eigene Industrien aufzubauen. Aber der politische Wille sowohl in England selbst wie in den Überseegebieten lehnte sich hiergegen auf. Das Mutterland der Freihandelslehre vollzog den denkwürdigen Übergang zum allgemeinen Schutzzoll, und für diesen Schritt war die Rücksicht auf die Zukunft des Empire mitbestimmend. Eine einseitige Rückkehr zum Freihandel ist durch die jüngsten Abkommen mit den Dominien ausgeschlossen worden. Die Ergebnisse der Konferenz von Ottawa sind im einzelnen heute noch nicht zu übersehen. Das Erreichte wird von den amtlichen Stellen hoch gepriesen, von den unentwegten Anhängern internationalen Freihandels scharf verurteilt, von den begeisterten Verfechtern des Gedankens, das Empire zu einer völligen Wirtschaftseinheit auszugestalten, gering veranschlagt. Sicher ist nur, daß für die Länder außerhalb des britischen Weltreichs eine ganze Reihe von Absatzerschwerungen sich aus den vereinbarten Vorzugszöllen, Quoten und sonstigen Maßnahmen ergeben werden.

Auch außerhalb der jungen Staaten in Mittel- und Osteuropa und abgesehen von den großen Weltreichen sind die Beeinträchtigungen des internationalen Warenaustausches dauernd gewachsen. Italien hat schon vor Ausbruch der Krise den Gedanken der Nahrungsfreiheit energisch verfolgt. Zollerhöhungen — oft auf Sätze, welche man in der Vorkriegszeit für undenkbar gehalten hätte, — Kontingente, Abkehr von der Meistbegünstigung und von jeder nachhaltigen Tarifbindung, ja Außenhandelsmonopole sind kennzeichnend für den heutigen Zustand[10]. Wir selbst haben seit 1929 bei der Verschärfung bestehender Absperrungsmaßnahmen und der Einführung neuer, wirksamerer Methoden keineswegs zurückgestanden. Die seit 1931 vorgenommene Bewirtschaftung der Devisen hat auch den Warenverkehr nicht unberührt lassen können.

Bis 1928 hatte zwar die alte internationale Arbeitsteilung, wie sie sich zwischen Industriestaaten auf der einen, Agrar- und Rohstoffländern auf der anderen Seite herausgebildet hatte, den Umfang der Vorkriegszeit wieder erreicht und gerade in Verbindung mit dem Aufbau von Industrien in den Überseeländern sogar überschritten. Nur hatten sich einige wichtige Verschiebungen eingestellt, namentlich in der Richtung, daß die jungen Länder zufolge des Bemühens um Ausbildung eigener Industrien das Schwergewicht ihres Einfuhrbedarfs von einzelnen Fertigwaren auf Maschinen und Halbzeug verlegt hatten. Aber darunter hatte der gesamte Umfang des internationalen Austausches nicht gelitten[11]. Auch für die älteren Industriereviere bedeutete das Heranwachsen und die Heranzüchtung von Industriezweigen in den jungen Ländern regelmäßig noch eine Vermehrung der Absatz- und Verdienstmöglichkeiten, wie es bereits vor dem Kriege im Verhältnis zu Japan, noch früher in den Handelsbeziehungen zwischen England und Deutschland der Fall gewesen war. Als in der römischen Kaiserzeit der Öl- und Weinbau und verschiedene Gewerbezweige außerhalb Italiens auf dem Boden der Provinzen aufblühten, da konnte dies zum wirtschaftlichen Niedergange Italiens führen, da sich ihm keine Gelegenheit bot, durch Lieferung von Produktionsmitteln Ersatz für die verlorenen Absatzmärkte zu finden. In der Gegenwart hat gerade die Entwicklung neuer Fertigwarenherstellung in bisherigen Agrarländern neue Verdienste an der Ausrüstung mit Produktionsmitteln eröffnet; und wenn die Industrialisierung wirtschaftlich glückte, brachte die wachsende Kaufkraft auch gesteigerten Bedarf an neuen Fertigwaren mit sich.

Eine Schrumpfung des Welthandels ist erst seit 1928 zu verzeichnen, nicht nur in den Werten der ausgetauschten Güter, sondern auch in den Mengen. Freilich wird häufig nur mit den Wertziffern gearbeitet und dadurch die tatsächlich eingetretene Veränderung stark übertrieben[12]. Die Widerstandsfähigkeit, welche die Ausdehnung des Welthandels und zumal

---

[10] Vgl. im einzelnen die Zusammenstellung in den Wochenberichten des Instituts für Konjunkturforschung, 4. Jhrg., Nr. 36 vom 2. Dezember 1931, neuerdings fortgeführt im 5. Jhrg., Nr. 28 vom 12. Oktober 1932.

[11] Vgl. Art. „Agrar- und Industriestaat", Wörterbuch der Volkswirtschaft, 4. Auflage, Bd. I, Jena 1931. — Wirtschaft und Statistik, 1932, Heft 7. — Der deutsche Außenhandel unter der Einwirkung weltwirtschaftlicher Strukturwandlungen. Veröffentlichungen des Enquete-Ausschusses, I. Unterausschuß, 20. Bd., Berlin 1932.

[12] So bei F. Fried, Der Übergang zur Autarkie. In: Die Tat, Maiheft 1932.

unsere eigene Teilnahme am internationalen Austausch bewiesen hat, wird daher oft erheblich unterschätzt. Was tatsächlich an bedeutenden Rückgängen zu verzeichnen ist, fällt erst in die allerjüngste Zeit. Es ist wenigstens zu einem großen Teile eine Krisenerscheinung und kann daher vorübergehend sein. Aber was auch die etwaige Überwindung der Krise überdauern dürfte, erleben wir in der bekannten Forderung „Buy british", deren Grundgedanke sich mit anderen Vorzeichen ja auch in den Deutschen Wochen und in ähnlichen Werbungen anderer Länder wiederfindet. Außer den üblichen und neuen Mitteln staatlicher Handelspolitik, innerhalb deren auch der verschärfte Verwaltungsprotektionismus gesteigerte Bedeutung erfahren hat, wird also auch von den Verbrauchern unmittelbar verlangt, daß sie den heimischen Erzeugnissen bei der Deckung ihres Bedarfs den Vorzug geben. Das ist in gewissem Sinne auch schon dagewesen. Aber ob ein „Made in Germany" sich in absehbarer Zeit wohl wieder einmal als zugkräftiges Werbemittel entpuppen könnte? Selbst bei uns benutzt man einen Hinweis auf fremdländische Herkunft doch weit seltener zur Anpreisung einer Ware.

V.

Die Deutung dieser Erscheinungen führt uns letztlich zu der Frage, ob die Krise, vielleicht gar schon das Ende des Kapitalismus hereingebrochen ist, stellt uns also vor das Thema, welches der Verein für Sozialpolitik 1928 in Zürich behandelte. Der Zusammenbruch der bisherigen Wirtschaftsordnung wird heute von breiteren Kreisen bejaht und sogar als schon eingetreten bezeichnet, als es damals der Fall war. Dabei macht sich vielfach der Einfluß der Krise bemerkbar. Ein großer Teil derjenigen, die gegenwärtig geneigt sind, bereits die Todesstunde des Kapitalismus als gekommen anzusehen, gehört zu den Köpfchen, welche sich da, wo sie zur Zeit keinen Ausgang sehen, gleich das Ende vorstellen. Nicht wenige, gerade in der jüngeren Generation, erwecken auch den Eindruck, als ob ein gewisses ästhetisches Bedürfnis sie dazu veranlasse, eine säuberlich begriffene, in ihrem Aufgang, Höhepunkt und Niedergang festgelegte Entwicklung nun als abgeschlossen zu betrachten. Es fehlt auch nicht an der Sucht der Literaten, überall ganz Neues ausfindig zu machen und mit einer Überheblichkeit, die nicht immer den Eindruck innerer Sicherheit macht, das zu verkünden, wonach den Zeitgenossen „die Ohren jucken". Aber es sind doch auch die ernsten, auf umfassender Kenntnis und kluger Auslegung der Tatsachen beruhenden Stimmen, die schon damals in Zürich laut wurden, häufiger und entschiedener geworden. Wir werden hier, um den Rahmen des Themas nicht zu sprengen, nicht in die Tiefen dieser Auseinandersetzung eindringen können, sondern uns damit begnügen, die Erklärung der aufgeführten Tatsachen nur um einige Grade fortzuführen. Wir tun auch gut daran, uns diese Beschränkung aufzuerlegen; denn wir sollen ja nicht die Entwicklungsansätze einer fernen Zukunft erörtern, sondern wollen Wege sehen, welche aus der gegenwärtigen Wirtschaftskrise herausführen können.

Die gegenwärtige Verhinderung internationaler Wanderungen entspringt in der Hauptsache dem Wunsche jedes einzelnen und ganzer Gruppen, den innegehabten Platz und Verdienst nicht durch den Wettbewerb anderer gefährden zu lassen. Merkwürdigerweise haben diese Absperrungsbestrebungen auch bei gläubigen Freihändlern nicht annähernd so viel Verurteilung gefunden wie die der Wareneinfuhr bereiteten Hindernisse. Ja man trifft auch auf freihändlerischer Seite Rechtfertigungsversuche für die Abwehr eines sozialen Dumpings oder überhaupt eines von der Einwanderung befürchteten Lohndruckes. Ob solche Erwägungen volkswirtschaftlich das Richtige treffen, ist freilich zweifelhaft. Am Fuße der himmelansteigenden, prunkvollen Gebäude Neuyorks steht inmitten des brausenden Verkehrs noch heute eine unscheinbare, kleine Halle, durch die einst Millionen und aber Millionen von Einwanderern den amerikanischen Boden betreten haben. Wenn man sie unangetastet ließ, so kann der Schönheitssinn dafür nicht maßgebend gewesen sein. Man wollte vielmehr in einem Gefühle geschichtlicher Pietät auch äußerlich bekunden, daß der ganze Reichtum Neuyorks und des Landes auf das zähe Wirken der zugewanderten Pioniere zurückzuführen ist, daß auch der heutige Glanz ohne die frühere Einwanderungsfreiheit nicht entstanden wäre. Aber das Verständnis hierfür scheint verlorenzugehen. Man sperrt heute so gut wie jede Einwanderung aus, auch die, gegen welche nationale Bedenken nicht obwalten. Die Angst um die gute Brotstelle ist größer als das Verständnis für künftige Entwicklungsmöglichkeiten, auch stärker als Mitgefühl mit unglücklichen Volksgenossen, die aus der Fremde kommen. So konnten vor wenigen Jahren die in Sowjetrußland dem Untergange geweihten deutschen Kolonisten nur zu einem verschwindenden Bruchteile im alten Mutterlande das ersehnte Unterkommen finden. Daß unter solchen Bedingungen die Zuwanderung von Bevölkerungsteilen, die national oder sozial als unerwünscht oder gar als gefährlich anzusehen sind, auf verschärfte Ablehnung in allen Ländern stößt, ist nicht verwunderlich und auch innerlich gerechtfertigt, sofern den Sorgen um Erhaltung und Stärkung der Nation der Vorrang vor dem Mühen um bloße Mehrung des Reichtums zuerkannt wird.

Bei der Schilderung der Beeinträchtigungen, welchen die Kapitalwanderungen unterworfen sind, hat ja schon ein Zusammenhang mit den politischen Zuständen angeklungen. Auch wenn die Frage der politischen Verschuldung als bereinigt endgültig von der Tagesordnung abgesetzt werden kann, so bleibt doch noch als Kernstück die innere Unwahrhaftigkeit und Friedlosigkeit der Herrschaft von Versailles bestehen: die einseitige Entrechtung und Entwaffnung der Unterlegenen, der Beraubten. Daß sich eine Nation, welche sich ihres Daseins bewußt ist und Verantwortung vor der Zukunft empfindet, hiergegen auflehnen muß, bedarf keiner Begründung und keiner Rechtfertigung. Sie wird daraus auch schließlich zu dem alten Wahlspruch der Juno gedrängt werden: Flectere si nequeo superos, Acheronta movebo. Die Machthaber, die Nutznießer der gewaltsam herbeigeführten Besitzverteilung, werden aber in verständlicher Unruhe um die Behauptung des unrechten Gutes auf dem Wege des Unrechts immer weiter vorwärts getrieben. Trotz aller Abmachungen über Sicherung der Beute werden sie sich auch untereinander auf die Dauer nicht trauen und achten können. Das bedeutet Friedlosigkeit, und in dieser kann Vertrauen, Kredit, immer nur auf Abruf, auf Grund zeitweiliger Selbsttäuschung Bestand haben.

Eine Fortführung des Deutungsversuchs müßte uns vor die Frage stellen, ob und wieweit wirtschaftliche Begehrlichkeit, Handelseifersucht für diese politischen Zustände verantwortlich zu machen ist, ob gar die kapitalistische Wirtschaftsordnung die politischen Verhältnisse, welche jetzt als verderbliche Störungen des Wirtschaftens empfunden werden, erst durch die Verbreitung gemeiner Gesinnung selbst gezeugt hat. Aber für unsere heutige Aufgabe wichtiger ist die Frage: gibt es aus dieser Verfilzung von ungerechtem Besitz und formalen Rechtsansprüchen überhaupt noch eine Umkehr? Ist wenigstens im Hinblick auf die weltbedrängende Not ein Modus vivendi vorstellbar?

Ich bin mir durchaus bewußt, daß ich in der ganzen Anlage meines Referates und besonders in dem jetzt vorgetragenen Teile weit über die „bescheidene Aufgabe" hinausgreife, „der politischen Urteilsbildung die Tatsachen zu unterbreiten" — so soll es ja nach kürzlich noch vertretener, freilich auch von ihren Verkündern selbst keineswegs mit strenger Folgerichtigkeit betätigter Vorschrift allein der Wissenschaft gebühren[13]. Ich

---

[13] Die Welthandelsentwicklung und das Problem der deutschen Ausfuhrpolitik. Aus dem Institut für Weltwirtschaft und Seeverkehr. Weltwirtschaftliches Archiv, 36. Bd., Heft 1, Juli 1932, S. 26. Auch die Verfasser begeben sich aber auf das Gebiet der politischen Urteilsbildung — meines Erachtens erfreulicherweise und nicht zum Schaden der Wissenschaft —, wenn sie sagen, daß eine Wiederbelebung des Welthandels von der Beseitigung der allgemeinen politischen Unsicherheit abhängig ist (S. 42), und ihren Gedankengang in dem Schlußsatz (S. 58) gipfeln lassen: „Voraussetzung für den Erfolg einer solchen Handelspolitik ist allerdings, daß es gelingt, die international-politischen Störungen zu überwinden, auf welche die Erschütterung des weltwirtschaftlichen Gefüges nicht zuletzt zurückzuführen ist."

bin mittendrin in der eigenen politischen Urteilsbildung, und ich will auf sie nicht verzichten; denn sie ist für eine Auseinandersetzung mit unserem Thema schlechthin unentbehrlich. Nur gedenke ich mit aller Deutlichkeit und Ehrlichkeit der Verpflichtung nachzukommen, keinen Zweifel darüber zu lassen, wo ich politische Urteile vortrage.

Im Gegensatz zu meiner Einschätzung des politischen Geschehens möchte ich nicht annehmen, daß den Währungsveränderungen als solchen die Bedeutung einer wesentlichen Gefährdung der Weltwirtschaft beizumessen ist. Auch wo eine Abkehr vom Goldstandard vollzogen wurde, war man doch immer wieder bemüht, möglichst bald ein festes Austauschverhältnis zu den Währungen der maßgebenden anderen Länder herzustellen. Der Devisenbewirtschaftung vermag ich keine lange Lebensdauer vorauszusagen, sobald einmal die Notstände, welche sie veranlaßt haben, als überwunden gelten können. Die Einführung einer selbständigen Binnenwährung ist, soviel auch davon geredet und geschrieben wird, außerhalb Rußlands nirgends zur Tatsache geworden und wird nicht einmal mit ernstzunehmender Aussicht auf Verwirklichung angestrebt. Auch wo sie zum Parteiprogramm erhoben ist, würde man wohl auch in dieser Frage beim Umzug aus den Oppositionsbänken in die Ministersessel eine merkwürdige Verschiebung im Sehvermögen für praktische Möglichkeiten und Erfolgsaussichten erleben können.

Angesichts der gegenwärtigen Hemmnisse des internationalen Warenaustausches ist es nicht ohne Reiz, den Schlußsatz eines Artikels über das Merkantilsystem zu hören, der im Jahre 1910 veröffentlicht wurde[14]; er lautet: „So dürfen wir annehmen, daß mit der Ausbreitung der wissenschaftlichen Erkenntnisse in die Kreise der Praktiker es immer weniger möglich sein wird, Lehren und Vorschläge auf solche scheinbare, aber ungenaue wirtschaftliche Grundanschauungen zu stützen, wie sie das Wesen des Merkantilismus ausmachen." Unverändert hat die Tatsache Gültigkeit, daß nur bei ungehemmter internationaler Arbeitsteilung die größtmögliche Güterversorgung aller Menschen erzielt werden kann, sofern die Menschen selbst jeder für sich ihr Handeln nach wirtschaftlichen Gesichtspunkten richten. Aber der wirtschaftliche Gesichtspunkt ist nicht mehr vorherrschend. Er war es in der Vergangenheit wohl auch weniger, als die gläubigen Anhänger der englischen Freihandelslehre meinten. Jetzt gilt bei den entscheidenden politischen Mächten, trotz gegenteiliger Beteuerung, nicht die Auffassung, daß jede von ihnen aus dem größtmöglichen Wohlergehen aller anderen den besten Vorteil zieht, mit anderen Worten: daß Freihandel — im weitesten

[14] Leser, Art. Merkantilsystem, Handwörterbuch der Staatswissenschaften, 3. Aufl.

Sinne — den Interessen der nationalen und imperialen Politik entspricht. Viel eher drückt der von Verri hinterlassene Satz wieder die maßgebende Meinung aus, daß jeder Vorteil eines Volkes im Handel einem anderen Volke Schaden bringt. Die handelspolitischen Maßnahmen der Gegenwart tragen ausgesprochen merkantilistischen Charakter. Wieder stoßen wir auf die merkwürdige Mischung des von den Scholastikern befürworteten Strebens nach wirklicher Selbstgenügsamkeit mit dem Wunsch, durch möglichst vorteilhafte Teilnahme am internationalen Verkehr, durch einen hohen Ausfuhrüberschuß Reichtum zu schaffen[15]. Die merkantilistische Natur des Geschehens der letzten Jahre zeigt sich bereits, wenn man ein äußeres Merkmal als Prüfstein ansieht, die Rücksicht auf die Handelsbilanz. Die Vereinigten Staaten lassen trotz ihrer Gläubigerstellung die Hochachtung vor einem eindrucksvollen Ausfuhrüberschuß entscheidend für ihre Handelspolitik sein. Die Maßnahmen der Schuldnerländer, darunter die besonders empfindlichen, in den Devisenordnungen dem internationalen Verkehr bereiteten Erschwerungen, entspringen durchweg der Sorge um die Handelsbilanz, deren Aktivierung auf dem Wege der Einfuhrdrosselung das wichtigste und oft einzige Mittel zum Ausgleich der Zahlungsbilanz darstellt. Die Bezeichnung „Merkantilismus" rechtfertigt sich aber auch, wenn wir sein Wesen tiefer erfassen und uns bewußt sind, daß nach Schmollers Ausspruch das Ziel merkantilistischer Wirtschaftspolitik war, der siegreich aufsteigenden absoluten Staatsgewalt die Wege zu bahnen, daß sie aus einer Summe kleiner, bisher wirtschaftlich getrennter Gebiete eine geographisch-wirtschaftliche Einheit durch Abschluß nach außen, freien Verkehr nach innen herstellen wollte. Im britischen Weltreich und in den neuen europäischen Staaten tritt am klarsten das Bestreben zutage, vermittels der Wirtschafts- und Handelspolitik eine politische Einheit zu festigen. Dabei berühren sich ja auch die grundlegenden Triebkräfte des Merkantilismus mit den Gedanken von Friedrich List über die Notwendigkeit der Konföderation der Nationalproduktivkräfte.

In der gegenwärtigen britischen Handelspolitik streiten verschiedene Rücksichten miteinander: Festigung des Zusammenhalts im Empire — Streben der Tochterstaaten, das Wachstum ihres „zweiten Armes" zu fördern, also von der englischen Industrie möglichst unabhängig zu werden, — Schutz und Wiederbelebung der Industrie und auch der Landwirtschaft im verkrämerten Mutterlande. Selbst auf dessen Boden ist das Interesse der Fabrikanten an billigen Nahrungsmitteln für ihre Arbeiter mit der ersehnten Kräftigung der heimischen Landwirtschaft und be-

---

[15] M. J. Bonn, Die Idee der Selbstgenügsamkeit. In: Festschrift für Lujo Brentano zum 70. Geburtstag. München und Leipzig 1916.

sonders der Viehwirtschaft nur schwer in Einklang zu bringen. Schließlich gibt es wichtige Waren, die bei der bisherigen Ausdehnung der Erzeugung innerhalb des Empire nicht untergebracht werden können. Bei anderen reichen die Erzeugungsmöglichkeiten nicht aus. Es müssen also Außenseiter als Lieferanten (z. B. beim Mais) und als Abnehmer (z. B. beim Weizen) bedacht und berücksichtigt werden, zumal die in fremden Staaten (etwa in Argentinien) angelegten Kapitalien ja nicht plötzlich abgeschrieben werden können.

Die an den bisher erwähnten imperialen Zusammenschlüssen nicht unmittelbar beteiligten Länder haben in verschiedener Weise zu diesen Vorgängen Stellung genommen. Es liegt nahe, die gegenwärtigen Ereignisse in Ostasien als den Versuch zur Aufrichtung eines großen, von Japan beherrschten Imperiums der gelben Rasse aufzufassen. Näher liegen uns die Bestrebungen, im Donauraum unter den dortigen Staaten einen wirtschaftlichen Zusammenschluß herbeizuführen. Diese Bemühungen sind immer wieder daran gescheitert, daß die stärkste Militärmacht, Frankreich, deren man zur Verweigerung des Selbstbestimmungsrechts an Deutsche, Madjaren und Bulgaren nicht entraten kann[16], ihren Vasallen keine ausreichenden wirtschaftlichen Vorteile in Gestalt von Absatzgelegenheiten zu eröffnen vermag; ein Zusammengehen der Donauländer mit ihren wichtigsten Kunden, Italien und Deutschland, wird aber aus politischen Gründen verhindert. Auch unter den Balkanstaaten, einschließlich der Türkei, sind Verhandlungen und Konferenzen im Gange, welche ein politisches und wirtschaftliches Einvernehmen zum Ziele haben, ohne jedoch bisher größere Aussichten auf Verwirklichung zu zeigen als die verschiedenen Donaupläne, mit denen sich die Balkanbestrebungen zum Teil überschneiden. Die baltischen Randstaaten bemühen sich in ähnlicher Weise um einen Zusammenschluß. Belgien und Holland haben durch das im Sommer 1932 vereinbarte Abkommen von Ouchy einen allmählichen Abbau der zwischen ihnen bestehenden Zollschranken ins Auge gefaßt und scheinen gewillt zu sein, auf eine Verringerung der Handelshemmnisse in der ganzen Welt hinzuarbeiten. Das ursprünglich geplante Zusammengehen mit den skandinavischen Ländern hat bisher allerdings keine Fortschritte gemacht. Diese sind vielmehr, ähnlich wie die südamerikanischen Staaten, darauf bedacht, in möglichst günstigen Formen ihren Absatz nach den großen Einheiten des britischen Imperiums und der Vereinigten Staaten, auch nach Deutschland zu behaupten.

Hinsichtlich der Räume, auf welche sich die geschilderten Autarkisierungsbestrebungen erstrecken, sind die merkwürdigsten Abstufungen

---

[16] M. Sering, Die Weltkrise und die Neuordnung Europas. Berlin 1932. S. 21ff.

von weltumspannenden Plänen bis zur kleinlichsten Kirchturmspolitik zu verzeichnen. Gerade im Hinblick auf nationale Ziele bedeutet dabei jede Engherzigkeit und Bevorzugung von Teilgebieten eine Verirrung. Je mehr die Bedeutung erdteilumspannender Macht- und Wirtschaftsreiche fühlbar ist, um so weniger ist übersteigerter Lokalpatriotismus für ein Land wie das unsere zu verantworten; wir müssen sogar davon ablassen, nur innerhalb der gegenwärtigen Grenzen zu denken.

Die grundsätzliche und nachhaltige Bedeutung der imperialen Zusammenschlußbestrebungen kann man, meine ich, nicht dadurch herabsetzen, daß man auf Grund der bisherigen Außenhandelsziffern den Nachweis zu erbringen sucht, außer Rußland sei keine der in Frage stehenden Großraumwirtschaften in der Lage, selbstgenügsam zu bestehen[17]. Das berührt sich sehr eng mit der sprachlich richtigen, aber sachlich irreführenden Gleichsetzung von Autarkie und völligem Verzicht auf internationalen Austausch. Eine solche Betrachtung unterschätzt auch den politischen Willen, der hinter den geschilderten Vorgängen steht, der leicht mächtiger werden kann als wirtschaftliche Zweckmäßigkeiten.

Die sachlich zutreffende Feststellung, daß der internationale Güteraustausch entgegen weitverbreiteten, von manchen Autarkieanhängern oft mit schiefen Argumenten genährten Vorstellungen sich trotz aller Hindernisse ein sehr beachtenswertes, ja erstaunliches Ausmaß bewahrt hat, ist für die künftige Entwicklung gleichfalls nicht beweiskräftig. Wichtiger als das verhältnismäßig starke Beharrungsvermögen der Außenhandelsziffern ist, ob die Voraussetzungen für ein andauerndes Weiterbestehen friedlichen Güteraustausches eingerissen werden. Den Anlaß zu den zahlreichen und mannigfaltigen Absperrungsmaßnahmen der verschiedensten Länder haben zwar Rücksichten auf Gefahr der Zahlungsbilanz gegeben. Aber steht dahinter nicht auch politisches Geschehen? Wenn ein von genügend starken Kräften getragenes politisches Wollen auf den Rückgang der internationalen Verflechtung hinarbeitet, wird man eben noch schroffere, schließlich unüberwindliche Hindernisse ersinnen. Ein Hinweis auf das Verhältnis der Eigenerzeugung zu den Ziffern der Einfuhr und Ausfuhr kann, zumal Verschiebungen hierin ja mit den Konjunkturschwankungen eintreten müssen, auch nicht mehr besagen. Dagegen ist es für die Beurteilung der allernächsten Zukunft schon wichtiger, daß in jüngster Zeit an einigen Stellen eine gewisse Lockerung der dem internationalen Handel bereiteten Erschwerungen zu beobachten ist. Konnte doch das Institut für Konjunkturforschung Ende August 1932 vermerken, daß in dem verhältnismäßig günstigen Welthandelsergebnis

---

17 F. Eulenburg, Großraumwirtschaft und Autarkie. Kieler Vorträge, Heft 37. Jena 1932.

des zweiten Vierteljahres 1932 auch bereits gewisse Milderungen der Kontingentierungsbestimmungen verschiedener Länder zum Ausdruck kommen.

VI.

Mit der Forderung, daß Deutschland gerade zufolge der imperialen Zusammenschlüsse nicht nur innerhalb seiner jetzigen Grenzen denken dürfe, habe ich vorhin bereits eine Schlußfolgerung ausgesprochen, welche sich aus den geschilderten Verhältnissen nach meiner Überzeugung aufdrängt. Aber ich bin eigentlich etwas vorausgeeilt. Ehe wir nämlich solche Schlußfolgerungen versuchen können, müssen wir uns zunächst darüber klar werden, was wir erstreben. Wollen wir die grundsätzliche Richtung unserer Handelspolitik für lange Zeiträume festlegen? Oder wollen wir nur diejenigen Maßnahmen erörtern, welche zur Überwindung der gegenwärtigen Krise und zur Verringerung der Arbeitslosigkeit Erfolg versprechen? Das Gesamtthema unserer Tagung gebietet uns, den letztgenannten Gesichtspunkt in den Vordergrund treten zu lassen, ohne daß dabei freilich das Grundsätzliche unbeachtet bleiben dürfte. Wir müssen also, um zur Bekämpfung der heutigen Nöte geeignete Maßnahmen ergreifen zu können, eine Vorstellung haben, wie es in Deutschland und in der Welt binnen 3 Monaten oder 12 Monaten aussehen wird und können uns nicht — wie in Zürich — darauf beschränken, Aussagen über die Zeit in 30 Jahren zu machen[18].

Eines ist sicher: wir können nicht unentwegt auf die Vorzüge einer Weltwirtschaft mit nur wenig beschränktem internationalen Güteraustausch starren, wenn deren von uns unabhängige Voraussetzungen nicht mehr gegeben sind. Und es ist nicht zu sehen, wie unsere Einflußmöglichkeiten ausreichen sollten, um — etwa im Bunde nur mit Holland und Belgien? — die großen Weltreiche wieder auf den früheren Stand ihrer Handelspolitik zurückzuführen. Dagegen ist es durchaus nicht von der Hand zu weisen, wenn die jetzige Reichsregierung in ihren Wirtschaftsplänen zur Überwindung der Krise bestrebt ist, an diejenigen Kräfte anzuknüpfen, welche auf eine zeitweilige Wiederbelebung der Weltwirtschaft deuten. Sie handelt dabei folgerichtig im Sinne ihrer ersten Regierungserklärung, in der sie ankündigte: sie werde an allen Bestrebungen mitzuwirken bereit sein, welche dem Ziele dienen, die wirtschaftlichen Störungen auf dem Gebiete des Geld- und Kapitalverkehrs und des Warenaustausches, die gegenwärtig die Welt in Unruhe versetzen, zu beseitigen. Daraus ergibt sich auch, daß sie ihre Pläne zur Behebung der Wirtschaftserstarrung darauf gründet, die Initiative der Unternehmer

---

[18] Schriften des Vereins für Sozialpolitik, Bd. 175, S. 126.

anzuregen und zu ermöglichen. Noch sind ja die Autarkisierungsbestrebungen nicht überall zum Durchbruch und noch weniger zum Abschluß gelangt, und die Anzeichen für einen Verfall des Kapitalismus lassen jedenfalls nicht den Schluß zu, daß schon für die nächsten Monate die kapitalistischen Unternehmer zu keiner wirtschaftlichen Tat und Leistung mehr fähig seien. Der oft gebrachte Hinweis auf den Rückgang der Geburtenziffern, die Auffassung, daß stagnierende Völker zur Autarkie neigen, verfängt noch nicht für eine ganze Reihe von Jahren; denn noch befinden wir uns ja in einer ständigen, wenn auch abgeschwächten und später wahrscheinlich aufhörenden Bevölkerungsvermehrung. Es spricht viel dafür, daß sich zum mindesten vorübergehend wieder eine Belebung des internationalen Güteraustausches und der daraus sich ergebenden Gewinnmöglichkeiten vollziehen kann. Eine solche Erwartung setzt voraus, daß die Welt wenigstens auf einige Jahre hinaus bereit ist, die Entfaltung wirtschaftlicher Möglichkeiten nicht durch politische Rücksichten allzusehr einzuengen. Eine solche Entwicklung würde die wirtschaftliche Lage unseres Vaterlandes, die Aussichten zur Überwindung seiner gegenwärtigen Not zweifellos verbessern. Dies würde einen Vorteil selbst dann bedeuten, wenn man für die Zukunft die Autarkisierung auch für uns als Schicksalsgebot ansieht; denn die auf jeden Fall schmerzlichen Umstellungen könnten dann von einer weniger gefährdeten Grundlage aus erfolgen. Dabei würde zwar offenbleiben, ob Autarkisierung — immer im Sinne eines nicht vollständigen Verzichtes auf internationalen Güteraustausch, nicht im Sinne einer Selbstblockade — für weitere Zukunft als unabweislich anzusehen ist, die Überwindung der augenblicklichen Nöte würde aber gerade von einer vorübergehenden Abschwächung der Autarkisierungsbestrebungen erwartet werden.

Es ist allerdings auch der umgekehrte Gedenkengang vorgetragen worden, ausgedrückt in dem Wahlspruch Wagemanns: durch Autarkie zur Weltwirtschaft[19]. Ihm ist die Pflege des Binnenmarktes, die nötigenfalls sogar auf Kosten der Exportinteressen geübt werden soll, konjunkturpolitisches Ziel. Er faßt die aus dem Zwange der Kreditlage erwachsenden Bestrebungen zur Autarkie als ein Abriegelungsmanöver auf, wodurch man die weltwirtschaftliche Verstrickung vorübergehend löst, um sich den unheilvollen Kräften der Krise zu entziehen. Seine Ausführungen sind freilich niedergeschrieben, ehe das Anziehen wichtiger Rohstoffpreise und das Steigen der Aktienkurse in Neuyork und anderwärts als Anzeichen eines beginnenden Abklingens der Weltkrise gedeutet werden konnten. Nur wenn die hieran geknüpften Hoffnungen keine Erfüllung finden,

[19] E. Wagemann, Durch Autarkie zur Weltwirtschaft. Berliner Börsenkurier Nr. 145 vom 27. März 1932.

würde der Gedanke, durch Autarkie zur Überwindung der internationalen Krise zu gelangen, wieder unmittelbare praktische Bedeutung beanspruchen können.

Dem Sinne nach wird auch die Losung „Durch Autarkie zur Weltwirtschaft" befolgt, wenn autarkische Maßnahmen, Einfuhrerschwerungen, lediglich als Druckmittel empfohlen werden, um andere Länder zu einer freieren Handhabung ihrer Handelspolitik zu veranlassen. Ein solches Verhalten ist dann grundsätzlich das gleiche, wie wenn hohe Zölle als Verhandlungsgrundlage oder als Kampfmaßnahmen mit der Absicht festgesetzt werden, sie fallen zu lassen, sobald der Gegner zu gleichartigen Zugeständnissen bereit ist. Freilich wird man gerade bei scharfen Eingriffen darauf gefaßt sein müssen, daß die erhoffte Wirkung, wenn überhaupt, erst in geraumer Zeit eintritt. Die Erreichung des Ziels wird noch weiter in die Zukunft hinaus verlegt, wenn es heißt, daß im Falle der Andauer nordamerikanischer Prohibitionspolitik und des Übergangs England zum Schutzzoll der Weg zu einer freieren Verkehrspolitik über den mittel- und südeuropäischen Zusammenschluß führt[20]. Man kann diese Gedankengänge etwa mit den Worten ausdrücken: „Si vis Weltwirtschaft, para autarkiam." Auf solche Weise kann aber den Beklemmungen der Gegenwart noch nicht Abbruch getan werden.

Aber auch wenn man eine Anknüpfung an die erwarteten Aufstiegstendenzen der internationalen Konjunktur als das aussichtsreichste Mittel zur Überwindung der jetzigen Nöte ansieht, so bleiben das Ziel der Nahrungsfreiheit und der Erhaltung und Kräftigung der Landbevölkerung davon unberührt; denn sie finden ihre Begründung in der Hauptsache auf außerwirtschaftlichem Gebiet. Wir können für absehbare Zukunft uns freilich nur für eine recht karge, notdürftige Ernährung von ausländischen Zufuhren unabhängig fühlen. Es bestehen nicht einmal die technischen, geschweige denn die wirtschaftlichen Voraussetzungen, um eiweißhaltige Futtermittel, pflanzliche und selbst tierische Fette auch nur im Umfange des gegenwärtigen, herabgedrückten Bedarfes ganz auf deutschem Boden ohne Beeinträchtigung anderer wichtiger Ernährungszweige zu erzeugen. Aber zur Erreichung des politischen Zieles der Nahrungsfreiheit genügt es ja auch, wenn im Falle erzwungener Abschnürung die Eigenerzeugung uns für geraume Zeit vor dem Ausbruch einer Hungersnot bewahrt.

Die Betätigung dieses Willens braucht aber, wenn wir der Beweisführung Serings folgen, wie sie in dem großen Werke „Die Deutsche Landwirtschaft" niedergelegt ist, nicht in Widerspruch zu dem Bestreben

---

[20] M. Sering, a. a. O., und: Die deutsche Landwirtschaft, Berlin 1932, S. 927.

zu geraten, an einer neuen Belebung der Weltwirtschaft teilzuhaben. Wenn die internationale Verkrampfung erst einmal aufgelockert ist, wenn die Voraussetzungen hierfür in einer Einschränkung übermäßig ausgeweiteter Erzeugung und im Verzehr der aufgehäuften Vorräte geschaffen sind, ließe sich der erstrebte Schutz der deutschen Landwirtschaft mit handelspolitischen Mitteln erreichen, welche ihrem Wesen und ihrem Ausmaße nach beim Getreide und bei Kartoffeln etwa den Zuständen der Vorkriegszeit entsprechen. Das würde mäßige Zölle bedeuten, und diese würden nach Beseitigung der Tribute, Senkung der öffentlichen Lasten, der Zinsen und der Fabrikatenpreise sogar noch niedriger als 1906 bemessen werden können, sich jedenfalls in einem Rahmen halten, welcher den Aufgaben der Exportindustrie in keiner Weise widerstreitet. Für die Veredlungswirtschaft, den Obst- und Gemüsebau, kämen nur echte Erziehungszölle in Frage.

Dies Zukunftsbild wird aber nur dann Aussicht auf Verwirklichung haben, wenn in der Welt die Vorbedingungen für eine dauerhafte Wiederingangsetzung der internationalen Wirtschaftsbeziehungen, namentlich die entscheidenden sittlichen Voraussetzungen wieder Anerkennung finden. Tritt dies nicht ein — und nach Lage der Dinge muß man meines Erachtens eher auf einen negativen Ausgang gefaßt sein —, dann kann zwar die Wiederanknüpfung an die Weltwirtschaft als vorübergehende Erleichterung ins Auge gefaßt werden. Es muß aber zugleich auch Vorsorge für die fernere Zukunft getroffen werden, das heißt: wir müssen den Weg der Autarkisierung bewußt beschreiten, dabei die auf unserem eigenen Staatsgebiet vorhandenen Produktivkräfte in denkbar ausgedehnter Weise entwickeln und auf ein geregeltes Zusammenwirken mit den hierfür noch in Betracht kommenden Ländern hinarbeiten. Das wäre nicht die gedankenlose oder leichtfertige Verhängung einer Selbstblockade, sondern die verantwortungsbewußte Anpassung an ein Versagen der Verkehrsmöglichkeiten, das durch andauernde, aus dem Innersten kommende Beunruhigung hervorgerufen wird. Wenn überhaupt, kann dann erst nach Zurücklegung dieses Weges wieder an eine wirkliche Weltwirtschaft in ferner Zukunft gedacht werden.

VII.

Nun schließlich noch einige Worte über Autarkie und Arbeitslosigkeit, die den Zusammenhang mit dem Teilthema des gestrigen Tages unterstreichen sollen. Wenn man nur daran denkt, den heute aus dem Produktionsprozeß geworfenen, erwerbslos gewordenen Menschen wieder Arbeitsplätze zu verschaffen, auf welchen sie zu bisherigen Tarifsätzen entlohnt werden, so wird man den Autarkiebestrebungen keine Aussicht auf

Verwirklichung eines solchen Zieles einräumen können. Eine andere Frage ist es, ob durch Autarkisierung einige Quellen der Arbeitslosigkeit verstopft werden können, wie sie besonders in übermäßiger Industrialisierung und Mechanisierung, fälschlich Rationalisierung genannt, zu erblicken sind. Aber damit haben wir noch nicht die notwendige Fragestellung erreicht. Sie muß doch nicht lauten: warum sind soundso viele Millionen aus ihren bisherigen Beschäftigungen herausgeworfen? sondern: warum finden sie nicht wieder, wie das in früheren Jahrzehnten üblich war, an anderer Stelle Verwendung?

Dafür, daß in diesen Jahren die Millionenziffern der Arbeitslosen anwuchsen und kein Abfluß zu neuen Erwerbsmöglichkeiten eintrat, sind zahlreiche Einzelursachen verantwortlich, nicht zuletzt auch unzweckmäßige Eingriffe der öffentlichen Hand sowie der Verbände von Arbeitnehmern und Unternehmern. Die entscheidende Ursache lag jedoch im Mangel an wahrem Frieden und nötigem Vertrauen. Ist es nicht vorstellbar, daß dies auf enger begrenztem Raum auf Grund neuer politischer Voraussetzungen wieder einzieht, auch wenn es in der großen Welt keine Stätte mehr findet?

Die Wirkungsmöglichkeiten einer Autarkisierung reichen aber, wenn man ihre politische Grundlage durchdenkt, erheblich weiter als die eben in Frageform gekleidete, etwas unbestimmte Erwartung besagt. Um dies zu ermessen, muß man aber genau unterscheiden, was unter Arbeitslosigkeit verstanden werden soll. Meint man damit die Unmöglichkeit, zu bestimmten Sätzen eine Anstellung zu finden, so vermag die Autarkie, wie nochmals ausgesprochen sei, daran nichts zu ändern, wird vielleicht gar die Lage verschlimmern. Aus solcher Erwerbslosigkeit braucht nicht immer Arbeitslosigkeit im wirklichen Sinne des Wortes zu folgen. Arbeiten kann jeder Mensch an sich selbst oder an einer selbstgestellten Aufgabe, auch wenn er von kargen Unterstützungssätzen leben muß. Die Bereitschaft und Fähigkeit zu solcher selbstgewählten Arbeit wird man aber nicht in den breiten Massen erwarten können. Da kann nun ein hierfür geeigneter Staat mit Aussicht auf Erfolg eingreifen. Er kann bewirken, daß die Menschen von der Straße verschwinden, daß sie aus der Untätigkeit herausgerissen werden. Schon heute dient der freiwillige Arbeitsdienst in beschränktem Umfange diesem Ziel. Noch stärker würde ein allgemein ausgeübter und bereitwillig hingenommener Zwang zur Betätigung wirken, die zu sinnvoller Arbeit gestaltet werden kann. Dazu bedarf es aber ganz bestimmter politischer Voraussetzungen, der Einordnung des Einzelnen in eine große Gemeinschaft. Solche Gemeinschaft ist die Nation. Werden allen erkennbar nationale Ziele verfolgt, so kann auch vom Einzelnen eine derartige Einordnung verlangt und erwartet werden. Hier liegen die großen Möglichkeiten, daß auch ohne vorausgegangene wirtschaftliche Besserstellung die quälende und zermürbende Sinnlosigkeit untätigen Dahinlebens beseitigt wird. —

Ich habe eingangs und auch noch im Verlauf meiner Ausführungen auf längst vergangene Zeiten, auf die Auflösung des Römerreiches und seiner wirtschaftlichen Ordnung hingewiesen. Ich weiß sehr wohl, daß sich daraus keine unmittelbaren Lehren für Gegenwart und Zukunft ableiten lassen. Es geschah aber auch nicht um des Reizes einer geschichtlichen Verbrämung willen. Ich glaube vielmehr, daß dieser Blick über Jahrtausende geeignet ist, uns zwar für die Vergänglichkeit jeder menschlichen Ordnung — also auch des modernen Kapitalismus — aufzuschließen, daß er uns aber gleichzeitig davor bewahren kann, nun gar zu kurzfristig einen Umbruch, die Geburt einer Epoche, den Anbruch einer neuen Ordnung anzusetzen. Es ist allzu gewagt und bedenklich, jedes bemerkbare oder vermeintliche Abweichen von der gewohnten Richtung gleich als dauernde Kursänderung aufzufassen und auf solcher Grundlage eine alsbaldige Neuorientierung der gesamten Wirtschaftspolitik zu fordern. Die großen Wandlungen, welche sich ankündigen, sich aber erst nach langwierigem Ringen durchsetzen können, habe ich mich bemüht, zu begreifen und zu schildern. Sicherlich müssen wir ihnen nicht zu spät auch in unserer Wirtschaftspolitik Rechnung tragen. Aber ich kann mir nicht vorstellen, daß die kapitalistischen Kräfte, welche die nahe Vergangenheit beherrscht haben, nun plötzlich völlig unbedeutend und wirkungslos geworden sein sollen. An sie tunlichst anzuknüpfen, scheint mir der am meisten erfolgversprechende Weg zu sein, wenn wir die Nöte des Tages zu beheben uns bemühen.

(Lebhafter Beifall!)

Präsident Oberbürgermeister Dr. **Külz** (Dresden):

Ich danke Herrn Professor v. Dietze im Namen der Versammlung für seinen inhaltsreichen Vortrag.

Wir lassen zunächst eine Pause von 5 Minuten eintreten.

(Pause.)

Präsident Oberbürgermeister Dr. **Külz** (Dresden):

Ich gebe nunmehr dem zweiten Referenten des heutigen Tages Herrn Professor Lederer das Wort.

Prof. Dr. E. **Lederer** (Berlin)[1]:

Meine Damen und Herren!

Mein Referat wird, nachdem ich die Ausführungen von Kollegen von Dietze angehört habe, kein Korreferat im Sinne eines kontradiktorischen Gegensatzes sein können, denn Herr von Dietze ist — leider — kein Autarkist. Herr von Dietze hat aus Grundanschauungen heraus gesprochen, denen niemand widersprechen wird. Es gibt natürlich politische Grundlagen und Grundfragen, deren Lösung für das Leben des ganzen Volkes entscheidend ist. Die Antworten werden nur danach verschieden sein, was man für möglich hält.

Herr von Dietze hat einen törichten Satz zitiert, über den kein Wort zu verlieren ist. Das möchte ich um so deutlicher sagen, als ich eben die Eindrücke aus einer Rußlandreise noch frisch in mir habe, wo — allerdings mit ganz anderen Mitteln — durch die Erweckung aller Nationen dieses weiten Reiches zu ihrem eigenen Kulturleben und durch die Befeuerung aller Energien zum Zwecke des Aufbaus eines Wirtschaftskörpers, welcher der Gesamtheit gehört und ihr dienen soll — ein Gemeinschaftsgefühl, d. h. also ein Nationalgefühl im Entstehen begriffen ist, das an Intensität kaum überboten werden kann. In Deutschland hingegen hat das Wort „national" immer einen aggressiven Nebensinn. Ich muß sagen, daß mir die englische Bedeutung des Wortes national viel sympathischer ist. Heißt doch dort national nichts anderes als: im allgemeinen Interesse, das ganze Volk angehend. Jedenfalls bin ich überzeugt, daß es auch Herrn von Dietze fernliegt, die Nation als Domäne bestimmter Gruppen zu betrachten, und daß ihm der Gedanke der Nation viel zu gut dafür ist, um für jedes Interesse mobilisiert zu werden. Alles Banalitäten, oder besser gesagt, Selbstverständlichkeiten, für die man nur leider in Deutschland immer wieder eintreten muß. Weiterhin wird auch Herr von Dietze anerkennen, und hat es ja in seinem Referat berücksichtigt, daß jede Politik, also auch eine nationale Politik nur im Rahmen des Möglichen erfolgen kann und darf. Auch er hat als verantwortungsbewußte Persönlichkeit geprüft, welche Ziele denn möglich sind. Er hat von der Ernährungsfreiheit gesprochen, und jeder wird ihm darin zu-

[1] Infolge eines Mißverständnisses zwischen dem Herrn Vereinsschriftführer und mir wurde mein Referat, wie ich erst nachträglich erfuhr, nicht stenographisch aufgenommen. Da ich meinen Vortrag auf Grund eines großen Notizenmaterials, unter Berücksichtigung des vorangegangenen, mir zuvor nicht bekannten Referats gehalten habe, konnte es mir natürlich jetzt nicht gelingen, den Text in der Stimmungslage und mit den Akzenten des Moments zu rekonstruieren.

stimmen, daß die Möglichkeit, die wichtigsten Nahrungsmittelmengen auf der eigenen Scholle zu gewinnen, eine Bedingung politischer Stärke ist. Die politische Bewegungsfreiheit wird stark eingeengt, wenn keine Nahrungsfreiheit besteht. Ebenso ist es aber in der Lage Deutschlands sicher, daß die Ernährungsfreiheit allein diesen politischen Bewegungsspielraum noch nicht gibt. Deutschland ist als verarbeitendes Land auf die Zufuhr von Rohstoffen, und zwar auf die dauernde Zufuhr von Rohstoffen angewiesen. Es kann durch eine bloße Blockade für Rohstoffe politisch in eine Zwangslage gebracht werden, die sich auch sehr schnell auswirken müßte, selbst dann, wenn keine kriegerischen Verwicklungen eintreten, wie es ja Herr von Dietze ins Auge gefaßt hat. Ich glaube gewiß nicht, daß die Geopolitik dem politischen Streben eines Staates hundertprozentig exakt den Weg vorschreiben kann, aber soviel ist doch aus der geographischen Lage Deutschlands abzulesen, daß wir ein Land der Mitte sind und bleiben werden, daß wir mit unseren etwa 12 politischen Landesgrenzen auf eine ständige Kommunikation mit unseren Nachbarn und der ganzen Welt angewiesen sind, wenn unser Wirtschaftskörper nicht einschrumpfen und hoffnungslos verkümmern soll. Der Kampf um die Ernährungsfreiheit macht, auch erfolgreich durchgeführt, Deutschland nicht politisch unabhängig. Denn wer ist kühn genug anzunehmen, daß wir darüber hinaus auf Zufuhr von Rohstoffen verzichten könnten? Ist das aber so, dann ist der Kampf für Autarkie ein Kampf für einen Ausbau des Agrarschutzes, dessen Wirkungen im Zusammenhang mit der Entwicklung der deutschen wie der Weltwirtschaft betrachtet werden müssen.

Gestatten Sie noch die Bemerkung, daß ich nur von den Autarkieproblemen innerhalb der kapitalistischen Welt spreche. Aber auch innerhalb einer sozialistischen Produktionsordnung würde Deutschland auf die arbeitsteilige Kooperation mit der ganzen Welt angewiesen bleiben, und ein sozialistisches Deutschland würde sicherlich die Tendenz zur Ausgestaltung eines möglichst freien Handelsverkehrs haben, da es sein Interesse wäre, die eigenen Produktivkräfte so zweckmäßig als möglich auf- und auszubauen. Ganz anders steht es in Rußland, in dessen ungeheurer Landfläche, die über alle Zonen reicht, eine heute noch undifferenzierte Produktion einen natürlichen Zug zur Autarkie zeigt, stärker noch vielleicht als in den Vereinigten Staaten von Nordamerika und jedenfalls stärker als im Britischen Weltreich, das mit so vielen Fäden in die Weltwirtschaft verflochten ist. Die Bedingungen der einzelnen Wirtschaftsgebiete sind eben nach geographischer und ökonomischer Lage grundverschieden, und es ist mir unverständlich, daß gerade aus Ideen heraus, welche sonst der Wahrung historischer Tradition und der schicksalsgegebenen Eigenart der Länder und Völker so viel Verständnis entgegenbringen, eine der deutschen Geschichte gegenüber vollkommen doktrinäre und weltfremde Haltung angenommen werden kann.

Lassen Sie mich aber nun zum Thema übergehen. Die Bewegung zur Autarkie ist heute in einem gewissen Sinne eine Massenbewegung, die weiter ausgreift als die handelspolitischen Parolen besagen, auf die sie letzten Endes hinausläuft. Da heute in der Welt so wenig gebaut wird, so ist man offenbar sehr empfänglich für Ideen des Umbaus des gesamten Wirtschaftskörpers. Dabei steht noch völlig dahin, ob dieser Umbau eine Aufstockung ist, die den Wohnraum im Hause vermehren wird, oder aber nur ein Umbau, der die vorhandenen Räume mit viel Getöse abändert, neue Korridore und ähnliche Dinge erfindet, ohne den Lebensraum zu vergrößern.

Die Frage der Autarkie hat, wie schon angedeutet, auch ihren irrationalen Bereich. Wiewohl wir das wissen und wiewohl es auch ideale Autarkisten gibt, die nicht wissen, daß ihr Feuer die Suppe von Interessenten mitkocht, die glauben, daß ihre Bestrebungen auf einen totalen Umbruch und auf einen totalen ideellen Neubau abzielen, so ist es gerade unsere Pflicht zu betonen, daß es sich hierbei auch um erfaßbare Dinge handelt, um wäg- und meßbare Dinge, um rationale Zusammenhänge, deren Klärung uns obliegt. Erst wenn wir, soweit als dies überhaupt möglich ist, diese Klärung vollzogen haben, ist es uns gestattet, uns dem irrationalen Bereich, von dem aus das Denken seine Energien gewinnen mag, zuzuwenden. Wie immer man persönlich stehen mag, jeder Verantwortungsbewußte wird diese Sphäre des Rationalen als Grundlage der Urteilsbildung anerkennen müssen. Diese ist daher zuerst zu durchleuchten, und niemand, auch die Autarkisten nicht, wird sich dieser Verpflichtung entziehen dürfen.

Ich werde also im Rahmen meines Referats über folgende Fragen sprechen:

I. Ist es richtig, daß der Außenhandel einschrumpft, d. h. zeigt die Weltwirtschaft eine Tendenz zur Autarkie?

II. Die Autarkiebewegung in Deutschland in ihren zwei Formen

1. Reagrarisierung,
2. Großraumwirtschaft.

III. Die Handelsbilanz im Rahmen der Wirtschafts- und Weltwirtschaftsentwicklung und die Bedeutung des innern Marktes.

IV. Die geistige Seite des Autarkieproblems.

I. Niemand wird mir darin widersprechen, daß die Entfaltung des Außenhandels seit der Mitte des 19. Jahrhunderts ein rasch steigendes Welthandelsvolumen zeigt. Hier waren wahrhaft spontane Kräfte am Werk. Der Außenhandel ist „organisch" geworden, und es zeugt von einer sehr mechanistischen Auffassung, wenn man glaubt, ihn ohne weiteres abstellen zu können. Man kann sogar behaupten, daß die weltwirtschaftliche Verflechtung im Vergleich zu früheren Epochen relativ gestiegen ist. Das muß schon deshalb so sein, weil die europäischen Völker vor etwa 100 Jahren noch sehr arm waren, als arme Völker eine größere Quote ihres Einkommens für Nahrungsmittel aufwenden mußten, und weil diese Nahrungsmittel wiederum vor der Schaffung des Eisenbahnsystems höchstens zur See transportiert werden konnten. Die Produktionsdifferenzierung und die Senkung der Frachtkosten (zwei Momente, die sich gegenseitig bedingen und steigern) haben erst den modernen Außenhandel ermöglicht und so rasch wachsen lassen. Trotzdem wir aber über Produktionsstatistiken, die sehr lange zurückreichen, nicht verfügen, so kann man schon aus den erwähnten Gründen behaupten, daß die Quote des Außenhandels im aufsteigenden Kapitalismus gewachsen ist. Aber auch für die Zukunft spricht alles gegen die These Sombarts, daß die Quote des Außenhandels abnehmen wird.

Erst die Produktionssteigerung des 19. Jahrhunderts zwingt die europäischen Staaten dazu, die überseeischen Rohstoffquellen, späterhin die überseeischen Nahrungsmittel zu Hilfe zu nehmen. Der Außenhandel ist also sichtbar die Funktion wachsender Produktionsmassen. Weit davon entfernt, die inländische Produktion einzuschränken, ermöglicht er ihre Erweiterung und die Erhöhung ihres Ertrags. Erst der Außenhandel ermöglicht die Pflege des Binnenmarktes. Zwar ist der ausländische Produzent, der einführt, auch ein Konkurrent, aber nicht mehr und nicht weniger als binnenländische Produzenten, und es gehört die ganze Verblendung von Interessenten dazu, um der optischen Täuschung zu unterliegen, daß durch den Außenhandel das Volumen der inländischen Produktion verringert wird. Ist das aber nicht der Fall, dann kann man die Arbeitslosigkeit nicht durch Drosselung der Importe verringern. Ein solcher Gedankengang ist überhaupt nur vom beschränkten Gesichtskreis des Produzenten aus faßbar, der sich der Konkurrenz des ausländischen Produzenten gegenübersieht. Dieser denkt natürlich nicht daran, daß die Drosselung des Imports auch den Export treffen muß. Das folgt aus der spezifischen Struktur des deutschen Außenhandels, worüber noch zu sprechen sein wird. Aber der Interessent sieht natürlich nur die Hemmung der Einfuhren, die ihm angenehm ist, und er kümmert sich nicht um die Fernwirkungen, die ebenso unvermeidlich sind. Es muß aber zu denken geben, daß sich parallel mit der Einfuhr die Arbeitslosigkeit in entgegengesetzter Richtung bewegt. Die Gesamteinfuhren betrugen

1927	14,2	Milliarden	RM
1928	14,0	„	„
1929	13,4	„	„
1930	10,4	„	„
1931	6,7	„	„

Während die Einfuhren also fast auf die Hälfte sanken, hat sich die Zahl der Arbeitslosen auf 6 Millionen gehoben. Was liegt also näher als der Gedanke, diese 7 Milliarden Einfuhr, die wir noch haben, auch noch zu vernichten, um derart die Arbeitslosigkeit ganz zu beseitigen?! Im Gegensatz zu dieser merkwürdigen Logik möchte ich an den Anfang die These stellen, die wir schon aus den rohen Ziffern des Außenhandels ablesen können: nicht die Entfaltung des Außenhandels hat die Arbeitslosigkeit gesteigert, sondern das Wachstum der Arbeitslosigkeit ist die Konsequenz eines größern umfassendern Prozesses, der auch die Störung des Außenhandels in sich schließt. Je größer die Einfuhren, um so geringer war in den letzten Jahren die deutsche Arbeitslosigkeit.

II. Die Autarkiebewegung freilich sieht die Zusammenhänge ganz anders an. Sie hat das Ziel der völligen Unabhängigkeit des deutschen Wirtschaftskörpers vom Ausland. Wenigstens wird dieses Ziel den Laien vorgegaukelt, die sich nicht der tausendfältigen Verflechtung Deutschlands mit dem Weltmarkt und vor allem nicht unsrer unentrinnbaren Abhängigkeit in der Rohstoffversorgung bewußt sind. Deshalb sprechen die Autarkieschwärmer sehr wenig von dieser Frage. In der Tat habe ich meines Erinnerns nirgends eine ernsthafte Auseinandersetzung darüber in den Schriften der Anhänger einer Autarkie gefunden. Um so stärker rückt in den Vordergrund die Frage der Landwirtschaft, der durch die Autarkie ein Monopol auf dem inneren Markt gegeben werden soll. Das sei der einzige Weg zu ihrer Rettung. Darüber hinaus soll die Autarkie das Volk zu edler Einfachheit erziehen, Körper und Seele stählen und die verderblichen kulturellen Einflüsse des Auslandes (sowohl die Einflüsse aus dem Westen wie die vom „Kulturbolschewismus" her drohende Gefahr) fernhalten. Endlich soll sie noch das Arbeitslosenproblem lösen, weil die Fernhaltung der Milliardeneinfuhr die übermächtige fremde Konkurrenz beseitigen und jedem Deutschen seinen Lebensspielraum wiedergeben würde.

Aber alle diese Ziele schrumpfen in der Konkretisierung allerdings etwas zusammen, und wir landen schließlich in der Wirtschaftspolitik, wie schon angedeutet, bei immer höher geschraubten Forderungen nach

Zöllen, Einfuhrerschwerungen aller Art, neuerdings nach Kontingenten, die gewissermaßen den Königsgedanken der neuen Wirtschaftspolitik darstellen.

Die Autarkiebewegung mit der Agrarpolitik als Zentrum hat zwei Ziele: 1. das der Reagrarisierung, 2. die Schaffung eines Großwirtschaftsraumes, der sich nach dem Südosten hin erstrecken soll. Diese beiden Ziele werden vielfach nebeneinander, als ob sie einander nicht störten, vertreten. Sie seien nunmehr näher ins Auge gefaßt.

1. Die Reagrarisierung.

Diese Richtung der Wirtschaftspolitik sieht wie hypnotisiert von der Einfuhr nur die Quote der Lebensmittel-, insbesondere der Getreide- und Futtermitteleinfuhr. Von den Rohstoffen ist wenig die Rede. Genau genommen bedeutet die Forderung der Reagrarisierung die Wiederherstellung des Verhältnisses von städtischer und ländlicher Bevölkerung, wie es vor der Industrialisierung bestand. Allerdings dürfte heute niemand so toll sein, diesen Gedanken ernsthaft zu vertreten. Denn wenn man in Deutschland wieder denselben Teil der Bevölkerung in der Landwirtschaft beschäftigen wollte wie etwa Ende der 70er Jahre, vor Beginn der Schutzzollpolitik, die ja bekanntlich den Industrialisierungsprozeß von der Basisindustrie her sehr beschleunigte, so müßte die landwirtschaftliche Bevölkerung, gering gerechnet, um 40 % ihres heutigen Bestandes vermehrt werden. Wo und wie diese Millionen in landwirtschaftlicher Beschäftigung untergebracht werden und wie dann ihre Produkte auf dem städtischen Markte zu lohnenden Preisen verkauft werden sollen, ist ein bisher ungelöstes Rätsel. Eine solche Anschauung ist aber auch vollkommen unhistorisch und schlägt der deutschen Tradition direkt ins Gesicht. Denn die deutsche Wirtschaftspolitik hat sich ja vor dem Kriege in der einmal für Deutschland gegebenen geographischen und wirtschaftlichen Lage aus guten Gründen für die Industrialisierung entschlossen. Ja, man kann eher sagen, sie wurde bei der raschen Steigerung der Bevölkerung und bei den günstigen Vorbedingungen für die Schaffung einer Industrie auf die Bahn der städtisch-industriellen Entwicklung getrieben. Die deutsche Wirtschaftspolitik hat auch vor dem Kriege niemals einer Autarkie nachgestrebt, sondern sie hat im Gegenteil durch ihr Schutzzollsystem und durch künstliche Mittel, wie die Einfuhrscheine, die Zölle nicht als Erziehungszölle, sondern als Erhaltungszölle aufgebaut, um das Preisniveau im Innern dauernd über dem des Auslandes zu halten. Man war sich wohl auch im Vorkriegsdeutschland darüber klar, daß die Steigerung der Produktion bis zu Produktionsmengen, die für den eigenen Bedarf ausreichen, auf die Dauer eine Senkung der Preise auf das Weltmarktniveau notwendig mit sich bringen müßte.

Wir haben nun zu prüfen, inwieweit die Tendenz der Entwicklung selbst wenigstens zu einer Annäherung an das Ziel der Autarkie führt. Es könnte sein, daß Strukturwandlungen dieser Art im Gange sind.

In der Tat hat sich die Einfuhr von Agrarprodukten dem Volumen und vor allem dem Werte nach in den letzten Jahren wesentlich verringert. Aber der Anteil der Einfuhr an Nahrungs- und Genußmitteln betrug auch im Januar 1931 noch, wie vor dem Kriege, etwa 40 % der Gesamteinfuhr, die eben im ganzen und ziemlich parallel mit der Senkung der Inlandserzeugung geschrumpft ist.

Alle Einfuhren sind in ihrer Wertmasse heute verringert, und zwar infolge 1. der Preissenkungen, 2. der Verschiebungen im Verbrauch, 3. der Verringerung des Verbrauches. In der Agrareinfuhr spielen auch Steigerungen der inländischen Produktion eine gewisse Rolle, wenngleich nicht sie allein die Schrumpfung der Einfuhr zu erklären vermögen.

Wenn wir die Agrarbilanz betrachten, so ergeben sich folgende wichtige Verschiebungen[2]: Das in Mark bzw. in Reichsmark ausgedrückte Defizit in der Nahrungs- und Genußmittelbilanz hat sich 1913—1931: von zirka 3 Milliarden 1913 auf 5,15 Milliarden 1927 erhöht, dann wieder auf 2,3 Milliarden 1931 gesenkt. Es hat sich also wertmäßig gegenüber 1913 um 23 % verringert.

Die Schwankungen im Volumen gehen von 100 (1913) über zirka 105 (1925) auf zirka 65 (1931) zurück. Es ist also gegenüber der Vorkriegszeit eine Verringerung um 35 % eingetreten.

Der Anteil der Einfuhrüberschüsse am Verbrauch betrug vor dem Kriege zirka 10—15 %, stieg im Jahre 1925 auf 22 % und senkte sich dann mit Rückschlägen bis auf 10 % im Jahre 1931. Damit also war etwa das Vorkriegsniveau wieder erreicht bei gleichzeitiger Umschichtung des Verbrauchs, d. h. deutlicher Verschiebung zu den hochwertigen Einfuhren, wie Butter, Käse, Frischfleisch, Obst, Gemüse usw.

Wenn man die Zusammensetzung der Einfuhrposten betrachtet, so zeigt sich am drastischsten die Senkung der Einfuhr im Getreide bei gleichzeitiger Umleitung des Anbaus auf Weizen. Es ist durchaus mög-

---

[2] Diese und die meisten anderen Daten sind entnommen der ausgezeichneten Erhebung über den deutschen Außenhandel (Veröffentlichungen des Enqueteausschusses, 1. Unterausschuß, 5. Arbeitsgruppe, 20. Band). Vor allem den Leitern der Bearbeitung Prof. Colm und Privatdozent Neißer, Kiel, sowie ihren Mitarbeitern verdanken wir eine nunmehr nach jeder Richtung hin durchleuchtete Situation des Außenhandels. Diese Darstellung beseitigt in Verbindung mit einigen anderen Erscheinungen der Literatur, auf die ich gelegentlich noch hinweisen darf, alle Zweifel über die Konsequenzen einer etwaigen grundsätzlich neuen Wendung in der deutschen Außenhandelspolitik.

lich, daß die Ausdehnung der Getreideproduktion bzw. die Steigerung der Ernten und die Umstellung auf den Weizenbau eine größere Elastizität der Landwirtschaft erweist, als sie der Enqueteberieht annimmt. Es ist sogar möglich, daß in günstigen Jahren die Ernte den heimischen Bedarf übertrifft, zumal wenn wir in einer Krisensituation mit einer Minderung der Kaufkraft rechnen müssen. Die These eines starren Konsums von Brotgetreide wird sich bei scharfen Eingriffen in die Löhne und Unterstützungssätze nicht aufrechterhalten lassen. Das bedeutet aber dann die Entstehung eines schwierigen Marktproblems für den Getreidebau.

Auch die Einfuhr von Futtermitteln ist stark zurückgegangen. Diese Einfuhr ist von einer Vielzahl von Faktoren abhängig, deren sorgfältige Abwägung gegeneinander den Enquetebericht zum Schluß führt, daß sich der in den Jahren 1930/31 erreichte Stand der Selbstversorgung eher zurückbilden wird. Es wird wohl auch in Hinkunft das Defizit der Fett- und Kraftfutterversorgung der wichtigste Posten im deutschen Einfuhrbedarf von Agrarprodukten bleiben, wobei vielleicht die Margarineindustrie mit ihrer Ausfuhr ein gewisses Gegengewicht bieten mag. Jedenfalls sehen wir hier noch nicht die Zukunft klar vor uns. Wir können durchaus mit steigenden Produktionsmöglichkeiten (allerdings vermutlich bei steigenden Kosten) rechnen.

Es kommt nun alles darauf an, wie diese Produktionssteigerungen herbeigeführt werden. Alle Tendenzen zur Verbesserung und Vermehrung der Agrarerzeugung, soweit sie durch Erziehung des landwirtschaftlichen Nachwuchses und durch Verfeinerung der Produktionsmethoden erzielt werden, sind zu begrüßen und, wie die Entfaltung der heimischen Produktivkräfte überhaupt, die wichtigste Aufgabe der inneren Wirtschaftspolitik. Man muß nur wissen, daß diese Steigerung der heimischen Produktion bald an die Grenzen der Kaufkraft des inneren Marktes stoßen muß und daher nur aufrechterhalten werden kann, wenn sie im Rahmen des Preisniveaus und womöglich bei sinkenden Kosten erfolgt. Ich bin auch der Meinung, und ich habe diese Auffassung immer vertreten, daß gewisse Anlaufsschwierigkeiten der inneren Produktion in geeigneten Fällen durch Subventionen überwunden werden können. Diese spielen dann die Rolle der Erziehungszölle, wenn sie ausdrücklich als vorübergehende Subventionen gewährt und dort angesetzt werden, wo sie wirklich Erfolg versprechen. Sie müssen aber gerade deshalb begrenzt und streng befristet sein. Hingegen halte ich es für volkswirtschaftlich schädlich, die Entfaltung der Produktion durch mechanische Erhöhung der Zölle zu bewirken, welche die Tendenz haben, das Preisniveau des Inlandes immer mehr von dem des Auslandes zu entfernen. So betrug doch vor dem Kriege der Getreidezoll etwa 20 % des Weltmarktpreises, während er heute auf mindestens 300 % dieses Preises hinaufgeschnellt ist. Noch schlechter aber sind Einzelangriffe auf besondere Einfuhren, welche das ganze System der Verflechtung der deutschen Wirtschaft mit dem Ausland in Frage stellen. Es ist also falsch, zu behaupten, daß die Gegner der Autarkie einer Entwicklung der deutschen Landwirtschaft ablehnend gegenüberstehen; sie fordern nur, daß diese auf dem normalen Wege nicht aber durch Zertrümmerung der Märkte angestrebt wird.

Erst ein Vergleich zwischen der Verringerung der Agrareinfuhr und der Senkung der übrigen Einfuhrposten kann aber zeigen, ob die Minderung der Lebensmitteleinfuhren eine Annäherung an die Autarkie ist.

Es ist nun wichtig, daß die Senkung der Einfuhren im Jahre 1931 keineswegs bloß bei den „entbehrlichen" Einfuhren eintrat, sondern alle Posten sind ziemlich gleichmäßig geschrumpft. Dafür einige bezeichnende Ziffern:

Im Mai 1931 betrug die Arbeitslosenzahl 4 Millionen bei einem Produktionsindex von 74 % (gegenüber 1928 = 100), im Mai 1932 haben wir 5½ Millionen Arbeitslose bei einem Produktionsindex von 58 %.

Das heißt der Produktionsindex ist um 21 %, der Beschäftigungsgrad um 28 % gesunken. Gleichzeitig sank das Volumen der Einfuhr auch um 21 %, das der Ausfuhr dem Volumen nach um 33 %. Wir haben also einen Schrumpfungsprozeß vor uns, der in Einfuhr, Ausfuhr und Produktion gleichmäßig vor sich geht, hingegen keinen Fortschritt zur Autarkie. Die Schrumpfung der Einfuhr erfolgte nicht planmäßig, etwa durch ein systematisches Einfuhrmonopol wie in Rußland, sondern im Zuge der kapitalistischen Marktwirtschaft. Daraus ergibt sich auch, daß keineswegs nur oder überwiegend Luxusgüter und Genußmittel von dem Einfuhrrückgang betroffen werden. Vielmehr entfallen von dem Einfuhrrückgang in diesem Zeitraum 1400 Millionen auf die Einfuhr notwendiger Produkte gegenüber 315 Millionen auf Luxus- und Genußmittel. Keineswegs wurde also der Konsum „moralischer" gestaltet, sondern die Senkung der Luxuseinfuhr ist nur die Folge eines allgemeinen Verarmungsprozesses[3]. Wenn man heute befriedigt auf die Verringerung der Luxuseinfuhr hinweist, so wäre das dasselbe, wie wenn man über eine Feuersbrunst frohlocken würde, weil sie auch das Ungeziefer mit vernichtet. Jedenfalls kann von einer Schrumpfung der Weltwirtschaft (Salin in den Schriften der List-Gesellschaft „Zur deutschen Agrarpolitik") keine Rede sein. So lag zwar der Welthandel im Jahre 1931 dem Werte nach

[3] Vgl. hierzu die wertvolle Schrift von Graevell „Einfuhr tut not", Berlin 1932.

um 40 %, dem Volumen nach um 20 % unter dem Niveau von 1929. Die Produktion der wichtigsten Länder sank aber in dem gleichen Tempo. Eine „strukturelle Ablösung von der Weltwirtschaft" hat daher bis in die Gegenwart hinein nicht stattgefunden. Die Autarkie-Ideologie ist daher nur die Begleitmusik eines Prozesses der Weltwirtschaftskrise; die Schrumpfung des Außenhandels ist keine primäre Entwicklungslinie, sondern eine abhängige Größe.

Wir haben aber noch besonders zu prüfen, welche Konsequenzen der Gedanke der Autarkie in der spezifischen Gliederung des deutschen Außenhandels hat. Konkret gewendet, bedeutet das, welche Folgen die Berücksichtigung der Agrarinteressen neuerdings insbesondere der Kontingentierungspolitik in radikaler Form für die gesamte Volkswirtschaft hat. Auch hier ist wieder die besondere geographische und wirtschaftliche Lage Deutschlands, der Aufbau seines Produktivkörpers von entscheidender Wichtigkeit. Ich möchte zwei Thesen vertreten:

1. Der deutsche Außenhandel ist im Export besonders empfindlich,
2. die Struktur des deutschen Außenhandels bedingt, daß die angestrebten und möglichen Einschränkungen der Einfuhr erheblich größere Opfer in der Ausfuhr hervorrufen, d. h. die Bilanz per Saldo passivieren.

ad 1. Der deutsche Außenhandel ist im Export im allgemeinen sehr empfindlich. Beträgt doch der Anteil der Luxusproduktion im Export noch im Jahre 1931 zirka 1 Milliarde. An Fertigwaren überhaupt wurden noch im Jahre 1931 6,2 Milliarden, das sind zwei Drittel der Gesamtausfuhr, exportiert. Dazu kommen noch fast 2 Milliarden gewerbliche Zwischenprodukte. Es ist also, von der geringfügigen Agrarausfuhr abgesehen, nur die Urproduktion und die Industrie, welche die Ausfuhr bestreitet, zumal die unsichtbaren Posten nunmehr eine geringfügige Rolle spielen. Da nun die Rohstoffausfuhr mit den Halbfabrikaten nur ein Drittel ausmacht, so ist die deutsche Ausfuhr sehr empfindlich, jedenfalls empfindlicher geworden als sie war, da sie in jedem Zweige der Konkurrenz des Auslandes begegnet. Die Entstehung der Industriestaaten hat die Ausfuhr nicht gehemmt, sondern im Gegenteil gefördert, aber zugleich empfindlicher gemacht, weil jeder Lieferant durch einen andern ersetzt werden kann. Es ist zwar richtig, daß die deutsche Ausfuhr bei weitestgehender Spezialisierung der Produktion und hervorragender Anpassung an die Wünsche der Abnehmer sehr geschickt vor dem Winde lavierte und sogar um so besser vorankam, je höher die Wellen der Krise gingen. Das verdankt sie aber wieder besonderen historisch gegebenen Umständen, und sicherlich sind die Einfuhren eine unentbehrliche Voraussetzung für die

Ausfuhren gerade in Beziehung zu einigen Ländern, die heute im Mittelpunkt der Diskussion stehen.

Bevor ich darauf eingehe, muß ich noch darauf hinweisen, daß uns die Geschichte die Möglichkeit der Veränderung von Einfuhren in längeren Zeiträumen deutlich zeigt. So kann melancholisch stimmen die Gestaltung der englischen Maschinenausfuhr, die noch im Jahre 1880 65% der Maschinenausfuhr der Welt betrug. Im Jahre 1913 waren es nunmehr 28% und im Jahre 1930 18%. Dabei ist freilich das Volumen der Gesamtausfuhr an Maschinen wesentlich gestiegen (von 2½ auf 5½ Milliarden Mark in den Jahren 1913—1929). Aber die englische Maschinenausfuhr ist dem Werte nach von 1913—1929 nur von 721 auf 925 Millionen gestiegen. In der gleichen Zeit stieg die deutsche Maschinenausfuhr von 700 auf 1400 Millionen. Schon diese Ziffern lassen vermuten, daß sich Deutschland den Wandlungen des Weltmarktes geschickt anpaßte. Die deutsche Ausfuhr ist durch ein außerordentlich reiches Sortiment ausgezeichnet und verfügt über zahllose Kräfte, die den Markt gewonnen haben und ihn auch unter ungünstigen Bedingungen festzuhalten wissen. Wenn aber die Stützen dieses Marktes wegfallen, dann wird er auf der ganzen Breite brüchig, weil, wie schon erwähnt, fast kein Ausfuhrposten konkurrenzlos dasteht. Die Hauptgründe für die deutsche Überlegenheit bestehen nun neben der Anpassungsfähigkeit des deutschen Ingenieurs und Kaufmanns in den qualifizierten und relativ billigen Arbeitskräften. In den Vereinigten Staaten und in Großbritannien, in der Schweiz und in Schweden sind die Löhne erheblich höher als in Deutschland. Die Mechanisierung der Produktion, welche das ausgleichen könnte, hat ihre Grenzen. Aber dieses deutsche Lohnniveau ist bei Aufrechterhaltung der Leistungsfähigkeit der Arbeiterschaft auf die Dauer nicht haltbar, wenn das Preisniveau der Agrarprodukte sich mehr und mehr von dem des Weltmarktes entfernt, d. h. wir sehen mindestens in großen Konkurrenzländern auf der Grundlage sinkender Nahrungsmittelpreise ein Abbröckeln und sogar ein starkes Zurückgehen des Lohnniveaus, das diesen Vorsprung der deutschen Produktion trotz aller Lohnsenkungen in Deutschland gefährdet. Dieses Zurückbleiben des Lohnes in der deutschen Produktion war sehr beträchtlich, zumal die deutsche Industrie in den letzten Jahren mit einem höhern Zinsfuß und im Durchschnitt wohl auch mit einer höhern Steuer- und Sozialbelastung als der ausländische Produzent zu rechnen hatte. Trotzdem war der deutsche Export wenigstens relativ im Vordringen. Insbesondere wurde die englische Verfeinerungsindustrie in der Krise zurückgedrängt, weil der englische Produzent überwiegend auf die Erzeugung hochwertiger Produkte entsprechend den Konsumgewohnheiten des englischen Publikums eingestellt ist und weil diese in der Krise keinen Absatz finden konnten. Auch das ist aber eine historische Eigentümlichkeit der englischen Produktion, die sich unter dem Druck der Wirtschaftsnot ändern mag, woraus wieder eine Erschwerung der deutschen Konkurrenz resultieren würde. Zusammengefaßt: Der deutsche Export ist in seiner Mannigfaltigkeit und in seinem Umfang nur zu danken dem außerordentlich differenzierten, in Jahrzehnten aufgebauten Apparat der Produktion und der Exportfirmen. Der Verkauf von Fertigprodukten, besonders aber von Produktionsmitteln, erfordert eine ganz andere Rührigkeit und Findigkeit, Studium des Marktes, Wettlauf mit den produktiven Ideen der Konkurrenten, als etwa der Export von Rohstoffen und Halbzeug. Dieser Strom von Exportwaren entsteht aus kleinen Einzelposten. Es ist aber bisher noch nie eine Antwort darauf gegeben worden, wie denn Deutschland aussehen würde, wenn ihm dieser Export durch die Vernichtung aller Importe unmöglich gemacht würde, und was dann von dem feingegliederten Bau der deutschen Wirtschaft übrigbliebe.

2. Der Aufbau des deutschen Außenhandels ist, soweit die Handelsrichtungen in Frage kommen, dem Englands genau entgegengesetzt. Die Bilanz Englands gegenüber Europa, insbesondere zu den europäischen Agrarstaaten, ist nämlich passiv. Hingegen die Bilanz gegen die Überseeländer aktiv.

Auf der deutschen Seite steht es genau umgekehrt. Unsere Bilanz zu den europäischen Märkten ist hochaktiv, d. h. wir führen mehr nach Europa aus als wir von Europa einführen, besonders aber aus den europäischen Ländern, aus denen wir unsere Agrarprodukte beziehen. Hingegen ist unsere Bilanz zu den überseeischen Märkten passiv. Auch diese Verkehrsbeziehungen sind historisch geworden. Der Welthandel eines Landes ist ein Ganzes, und es hängt von sehr vielen Umständen ab, wo ein Land die Bezahlung für seine Importe verdient. Wenn wir also die Einfuhr aus den europäischen Staaten durch Kontingentierung verringern wollen, so gefährden wir weitaus größere Exportwerte. Hingegen könnte z. B. England diese Politik mit Aussicht auf Erfolg gegenüber Europa führen, und wir könnten, theoretisch gesprochen, gegenüber unseren Rohstoffproduzenten eher mit Kontingentierungswünschen durchdringen, wobei nur das Fatale der Situation darin liegt, daß wir selbst ja keinerlei, nicht einmal irgendein Interessenteninteresse an der Senkung der Rohstoffwareneinfuhr haben.

Wenige Daten seien nach dem Wochenbericht des Instituts für Konjunkturforschung vom 21. September dieses Jahres angeführt: Im Januar 1931 betrug das Aktivum der deutschen Handelsbilanz im ganzen 2872 Millionen. Dieses entstand aus einem Aktivum gegenüber Europa im Betrage von 4014 Millionen und einem Passivum von mehr als 1100 Millionen gegenüber den übrigen Erdteilen, insbesondere gegenüber Amerika.

Im 1. Halbjahr 1932 betrug das Aktivum nur mehr 600 Millionen, wobei wir gegenüber Europa mit fast 1200 Millionen aktiv waren, ein Aktivum, das durch das Passivum gegenüber den übrigen Erdteilen auf die Hälfte sank. Wenn wir die Posten im einzelnen durchsehen, so finden wir, daß im Januar 1931 z. B. Holland 571 Millionen unseres Handelsaktivums brachte. Das sind etwa 20%. Im 1. Halbjahr 1932 betrug unser Aktivum gegenüber Holland 181 Millionen, das sind also 30% unseres Gesamtaktivums. Ich will nicht weitere Daten häufen, sondern nur hinzufügen, daß z. B. auch Schweden, dessen Handelsvertrag ja jetzt gekündigt werden soll, im 1. Halbjahr 1932 noch etwa 11% unseres Außenhandelsaktivums brachte (68 Millionen Überschuß). Es steht also so, daß wir die Rohstoffe und Nahrungsmittel aus Übersee zum guten Teil mit Industrieausfuhren in die europäischen Staaten bezahlen. Diese Struktur des Außenhandels hat zur Folge, daß eine Kontingentierungspolitik zunächst das Aktivum der deutschen Handelsbilanz in Europa verringern müßte. Dadurch würde aber die Einfuhr von Rohstoffen aus Übersee gleichfalls zurückgehen müssen, was seine Rückwirkungen auf die Inlandsproduktion und die Exporte von Industrieprodukten nicht verfehlen könnte. Jede Verringerung der Ausfuhr wirkt also nicht nur einfach, sondern doppelt, und wie noch zu zeigen sein wird, ohne Kompensationsmöglichkeit für den inneren Markt.

Dieser Aufbau der deutschen Bilanz zeigt übrigens auch, daß die These, welche gestern erörtert wurde, wonach die Industrialisierung für Deutschland eine gefährliche Konkurrenz schafft, falsch ist. Die größten Posten des deutschen Ausfuhrüberschusses entstehen im Verkehr mit Industrieländern:

Für 1931 mit	England	+ 680	Millionen RM
,,	Holland	+ 570	,, ,,
,,	Frankreich	+ 500	,, ,,
,,	Schweiz	+ 370	,, ,,
	ergibt	2310	Millionen RM

das sind ungefähr 73% des Aktivums des deutschen Außenhandels.

Die Vorstellung, daß die Industrialisierung eines Landes seine Aufnahmefähigkeit für Industrieprodukte verringert, verfliegt in nichts bei einer realistischen Betrachtung des Industrialisierungsprozesses. In den heutigen Agrarländern, wie z. B. Rußland, späterhin China, entsteht doch, wie ich selbst gesehen habe, zunächst die Basisindustrie und die mechanisierte Großindustrie. Hingegen fehlen noch die Zwischenformen, die zahllosen Spezialitäten, die eine entwickelte Industrie für die Aufrechterhaltung ihres Produktionsapparates braucht, und insbesondere ist noch ein sehr weiter Weg bis zur Erzeugung des reichen und beständig wachsenden Sortiments, das der Verbrauch eines entwickelten Landes nachfragt. Wenn man den Aufbauprozeß einer Industrie aus der Nähe sieht, dann versteht man erst, was an Importmöglichkeiten gerade der Industrialisierungsprozeß in sich schließt. Es ist überhaupt wahrscheinlich, daß die neuen Länder, wie das Eulenburg ausgeführt hat[4], Monoindustrien schaffen werden, für welche sie die Voraussetzungen in sich haben. Gerade das bedeutet aber Differenzierung der Produktion und Steigerung des Außenhandels.

Die Fragen der relativen Bedeutung der Industrie- oder Agrarwirtschaft als marktbildende Produktionszweige, die z. B. von Karl Ritter im Sinne des Autarkiegedankens beantwortet wurden (vgl. Agrarpolitik, Bd. II, S. 641 ff.), kann man aber jetzt auch prinzipiell sehr exakt auf Grund der interessanten und in der Fragestellung wie Durchführung originellen Arbeit von Bramstädt: „Die Tauschbeziehung von Landwirtschaft und Industrie — Probleme des Binnenmarktes“ feststellen (Deutsche Agrarpolitik II, S. 413 ff.), in der er auf Grund der Verkehrsstatistik errechnet, daß die Industriegebiete die vorwiegenden Absatzgebiete der Landwirtschaft sind. Aus denselben Ermittlungen ergibt sich, daß die Quote der Auslandszufuhr an Nahrungsmitteln in den Agrargebieten sogar höher ist als in den Industriegebieten, weil natürlich die Agrargebiete an inländischen Agrarprodukten weniger Zufuhr haben, und daß umgekehrt die Industriegebiete die Hauptexportquote zeigen, aber auch von den inländischen Industrieprodukten einen größern Teil aufnehmen als die Agrargebiete (vgl. hierzu auch die Abhandlung von Karl Lange in „Deutsche Agrarpolitik“, Bd. II). Die industriellen Gebiete konsumieren also einen größern Teil auch der inländischen industriellen Produktion als die Agrargebiete, weil ja die Industriegebiete die höheren Wertsummen erzeugen und daher auch über mehr Kaufkraft verfügen. Genau das gleiche zeigt sich aber im internationalen Maßstabe, d. h. die Industrieländer können mehr an Industrieprodukten aufnehmen als die Agrargebiete. Die Vorstellung, daß der Austausch zwischen Stadt und Land die Hauptmasse der Austauschakte in sich schließt, traf vielleicht vor 100 Jahren zu. Heute sind die Industriegebiete bzw. die Stadtgebiete die Hauptabnehmer der industriellen Produktion: Der „innere Markt“ für industrielle Produkte liegt daher vorwiegend in der Stadt und nicht auf dem Lande. Diese Verschiebung des innern Marktes ist die notwendige Konsequenz der Tatsache, daß sich die Welt überhaupt industrialisiert. Je stärker

[4] Vgl. Eulenburg, Großraumwirtschaft und Autarkie (S. 56), 1932.

die Weltproduktion steigt, und je erfolgreicher die neue Technik in der Landwirtschaft wird, eine um so geringere Quote wird die Lebensmittel- und Rohstofferzeugung in der Gesamtproduktion der Welt beanspruchen können, und um so geringer ist daher die Kaufkraft dieser Produzentenschichten. Das ist ja nur derselbe Tatbestand, der, von der anderen Seite her gesehen, zeigt, daß die Menschen mit fortschreitender Industrialisierung eine geringere Quote ihres Einkommens für die Ernährung ausgeben. Wobei auch noch ein erheblicher Teil dieser Ausgaben in die Industrie (Nahrungsmittelgewerbe) strömt. Macht man sich einmal diese Zusammenhänge klar, so sieht man deutlich, daß die Besorgnis, durch die Industrialisierung der Welt könnten die Märkte für die Industrieprodukte zusammenschrumpfen, ein Phantom ist. Umgekehrt aber ergibt sich daraus, daß die Landwirtschaft nach einer Autarkisierung der inländischen Industrie keinen Ersatz für den Verlust des Weltmarktes bieten kann.

Die landwirtschaftliche Produktion befindet sich tatsächlich, wenn wir ihre Entwicklung in diesem Zusammenhange betrachten, in einer Zwickmühle: Sie ist bedroht von den Einfuhren zu billigen Preisen, die mindestens einen Teil ihrer Produktion, der sich nicht anzupassen vermag, mattsetzen kann. Schaltet sie aber die ausländische Konkurrenz in Verfolgung des Autarkiegedankens aus, so versperrt sie die Ausfuhrwege, verringert den Umfang der inländischen Erzeugung, steigert die Arbeitslosigkeit und schwächt damit den eigenen Markt. Sie schießt also, wenn man das sagen kann, den Markt, den sie erobern will, bei der Eroberung in Brand.

Daß diese Senkung der inneren Kaufkraft, mit der wir rechnen müssen, keine Einbildung ist, zeigt die Entwicklung der Verkaufserlöse in der Landwirtschaft. Die Verkaufserlöse der gesamten Landwirtschaft werden für das Jahr 1924/25 auf 7½ Milliarden geschätzt. Sie stiegen auf 10,3 Milliarden im Jahre 1927, während die Einfuhr gleichzeitig auf 5 Milliarden emporschnellte. Bis zum Jahre 1931 verringerte sich nun die Einfuhr bis auf 2,3 Milliarden, also fast um 3 Milliarden, aber gleichzeitig sank der Erlös der deutschen landwirtschaftlichen Erzeugung auf 9 Milliarden und im Jahre 1931/32 sogar auf 7,3 Milliarden, also auch um den Betrag von 3 Milliarden[5]. Diese Senkung war die Folge schrumpfender Kaufkraft, denn die Erntemengen gingen ja nicht zurück, im Gegenteil, sie steigerten sich sogar. Wenn wir z. B. die Milch herausgreifen, so stieg die Verkaufsmenge im Jahre 1931/32 gegenüber dem Jahre 1928/29 um 7 %. Der Gesamterlös aber sank um 26 %, woraus

[5] Wochenbericht des Instituts für Konjunkturforschung vom 14. September 1932.

folgt, daß der Preis um etwa 33 % gesunken sein muß[6]. Eine ähnliche Entwicklung zeigt sich in der Fleischproduktion und -verarbeitung. Bei etwa gleichbleibendem Verbrauch sank der Verkaufserlös des Fleisches von 7¾ auf 5¾ Milliarden, also um mehr als 25 % (vgl. Heft 28 der Vierteljahrsschrift des Instituts für Konjunkturforschung, Spezialuntersuchung Bauer, S. 31). Dieses Versagen des inneren Marktes wird besonders schnell durch den Ausschluß der fremden Konkurrenz herbeigeführt, da diese immer zunächst mit Preissteigerungen Hand in Hand geht. Da aber gleichzeitig der Export zurückgeht und die Arbeitslosigkeit steigt, auf der anderen Seite ein steigendes Preisniveau die Produktion anfeuert, brennt die Kerze an beiden Enden, und die Überfüllung des Marktes macht die Wirkung dieser Art von Agrarpolitik hinfällig. Vielleicht werden sich Erscheinungen dieser Art schon in diesem Jahr, besonders auf dem Weizenmarkt, zeigen. Es gehört nicht allzuviel Phantasie dazu, sich vorzustellen, daß viele der Landwirte sogar wieder Freihändler werden, wie sie es vor 100 Jahren waren — wenn nämlich die Mittel der Preisstützung versagen und die Agrarprodukte von einem schrumpfenden Inlandsmarkt um jeden Preis nach dem Ausland geschleudert werden müssen.

2. Großraumwirtschaft.

Neben dem Schutz der inländischen Landwirtschaft wird etwas widerspruchsvoll zugleich im selben Atem eine Großraumwirtschaft vertreten, welche die mittel- und südosteuropäischen Staaten mit Deutschland zu einem großen einheitlichen Wirtschaftsgebiet zusammenschließen soll. Wenn wir die Tendenz der Entwicklung in den letzten Jahren betrachten, so weist sie jedenfalls nicht auf eine Großraumwirtschaft dieser Art hin. Manche Import- und Exportbeziehungen sind zwar sehr erheblich, aber es ist ja die Mittlerstelle Österreichs, das einen guten Teil dieser Länder früher mit deutschen Waren versorgt hat, inzwischen weggefallen. Nur scheinbar dringt also deutsche Ware auf einigen dieser Märkte vor. Wenn man sich einmal die Bedeutung dieser Gebiete für die deutsche Handelsbilanz zusammenstellt, kommt man zu überraschenden Resultaten.

Ich habe — sehr weitherzig — die Importe und Exporte fast aller deutschen Nachbargebiete im Osten und Südosten zusammengefaßt und fand folgendes: Es betrug die Einfuhr aus der Tschechoslowakei, Rumänien, Polen, Österreich, Ungarn, Jugoslawien, der Türkei, Litauen, Lettland, Bulgarien und Estland zusammen 14,2 % der Gesamteinfuhr nach Deutschland. Die Ausfuhr dahin beträgt 14,9 %. Wer weiß, was es bedeutet, die Einfuhr nach einem Gebiet um ein Drittel oder gar um die Hälfte

[6] Ebendort.

zu erhöhen, welche Arbeit es erfordert, um für industrielle Produkte den Markt in diesem Ausmaße zu erweitern, der wird den Gedanken ganz phantastisch finden, daß der Schwerpunkt der deutschen Handelsbilanz in diese Länder verlegt werden soll. Wenn heute gesagt wird, und auch Geheimrat Sering hat das gestern verkündet, daß Mitteleuropa kommt, so kann ich nicht sehen, worin diese Zuversicht begründet ist. Ebensowenig aber sehe ich politische Kräfte in diesen Gebieten, die auf einen Zusammenschluß in so weitem Rahmen und vor allem auf einen Zusammenschluß unter deutscher Führung hinarbeiten würden. Die Autarkieschwärmer dieser Art haben sich wahrscheinlich noch nicht klargemacht, daß die Schaffung eines solchen Gebildes die Einbeziehung von jungen national und politisch außerordentlich empfindlichen Völkern bedeutet, die jede Art von Hegemonie von vornherein mißtrauisch ablehnen, sich vor allem sehr deutlich auf ihren Interessenstandpunkt stellen und eine Verbindung zu einem großen Reich unter deutscher Führung nie mitmachen würden. Man geht nicht zu weit, zu sagen, daß die ideologischen und politischen Voraussetzungen einer solchen Gruppierung, in der die Tschechoslowakei, Polen und einige der Randstaaten nicht übersehen werden dürfen, heute ganz andere sind, als sie manche phantasievolle Vertreter der südöstlichen Orientierung sich selbst und anderen vormachen. Aber wenn wir diese politische Frage ganz ausschalten, so sind doch die Voraussetzungen der Großraumwirtschaft, wie neuerdings Eulenburg in der bereits genannten Schrift gezeigt hat: parallele Politik in Währung, Bankwesen, Finanzgebarung, Verkehrsgestaltung und Außenhandel. Wer traut sich heute zu, von Deutschland aus und mit der Ausrichtung auf den deutschen Wirtschaftskörper diese Gemeinsamkeit nach dem Südosten hin zu schaffen. Was diese Länder von einer Kombination mit Deutschland erwarten, haben ja die Verhandlungen in Stresa nur zu deutlich gezeigt: Sie erwarten und müssen erwarten eine Verbesserung ihres Getreideabsatzes, weil einige dieser Staaten mit dem Weizenpreis stehen und fallen. Deshalb ist offenbar der Zeitpunkt gerade günstig gewählt, um Deutschland in diese Kombination einzubeziehen, da es jetzt im Begriff ist, die Weizeneinfuhr bis auf ganz geringe Reste vom Markte auszuschalten bzw. durch eigene Produktion zu ersetzen. Und ebenso hat man offenbar aus denselben Gründen eben den Handelsvertrag mit Jugoslawien gekündigt und dadurch der Bildung einer Großraumwirtschaft nach dem Südosten sehr zweckmäßig präludiert. Ich halte also diese ganzen Vorstellungen für Phantasie, die noch phantastischer sind als die der Ernährungsfreiheit, ein Postulat, dem sie ins Gesicht schlagen, was man nicht überall zu sehen scheint. Ich glaube also nicht, daß diese Großraumwirtschaft uns die Handelswege nach dem Westen verlegen wird, zumal vorerst das Schutzinteresse der deutschen Landwirtschaft wirksamer vertreten wird als die Tendenzen nach dem Südosten, die eine Zeitlang viele gewandte Federn in Bewegung setzten.

III. Nach diesen Erörterungen muß ich mich nochmals der Gestaltung des Außenhandels im ganzen zuwenden. Ich kann nur zusammenfassend sagen, daß wir niemals die Handelsbilanz als eine unabhängige, primär gegebene Größe betrachten dürfen. Sie resultiert aus dem Wachstum und der Differenzierung der Produktionen in den einzelnen Ländern und aus der Kapitalverflechtung. Alle Veränderungen in der deutschen Einfuhr z. B. sind Funktionen dieser Wirtschaftsentwicklung und der Kommunikation bzw. der Absperrung der nationalen Kreditmärkte. So ist das Handelsvolumen eine Funktion der Gesamtkonjunktur, die Handelsbilanz ist eine abhängige Variable, und die Autarkiebestrebungen sind die Ideologien zu einer Schrumpfungstendenz, die sämtliche Wirtschaftsgebiete erfaßt hat. Aber leider werden diese Autarkiebestrebungen auch zu Wirkungen, denn sie verringern den Beschäftigungsgrad, verschärfen die Krise und steigern in einem falschen Zirkel, indem sie ähnliche Tendenzen im Ausland hervorrufen, überall das Bestreben nach gegenseitiger Absperrung. Es geht damit so, wie es gestern Herr Schlesinger mit Beziehung auf die innere wirtschaftliche Krisensituation gesagt hat: Die Wirtschaftspolitik der einzelnen Staaten sieht sich heute schon in einer Zwangslage, in der sie falsche Maßnahmen ergreifen muß, die in ihrer weiteren Wirkung die Lage verschärfen. Dabei sind wir schon in die letzte Phase der Absperrungstendenzen eingetreten. Zeigt sich doch schon international das Bestreben, die außenwirtschaftlichen Beziehungen immer stärker aus dem Marktzusammenhang herauszureißen und zwangswirtschaftlicher Regelung zu unterwerfen (Enqueteberieht, Bd. II, S. 457). Dies System muß aber, wie oben gezeigt, gegen Deutschland wirken, da wir mit dieser aggressiven und schließlich zwangswirtschaftlichen Handelspolitik auch sie immer tiefer in das Defizit hineintreiben müssen. Selbst oder gerade in dieser verzweifelten Situation könnte ein entschlossener und offiziell erklärter Wille zu einer Wendung der Politik noch Wunder wirken.

Nun glauben viele, daß der Binnenmarkt an die Stelle des Außenmarktes treten könnte. Auch das ist eine ganz substanzlose Phantasie. Es soll also durch die Sperrung der Lebensmitteleinfuhr die Kaufkraft der Landwirtschaft steigen und sich so das Realeinkommen des Landwirts auf Kosten des Arbeiters erhöhen. Diese Rechnung sieht den Tatbestand zu einfach. Sie läßt außer acht, daß die Rohstoffeinfuhr an den Export geknüpft ist, daß der Export über Europa geht, daß viele Länder unsere Produkte nicht aufnehmen werden, wenn wir ihren Agrarprodukten den Markt verlegen. Dann können wir aber unsere passive Handelsbilanz zu den Rohstoffländern nicht balancieren, d. h. wir müssen also auf die Rohstoffeinfuhr weitgehend verzichten. Wie dann die Exportindustrie, mehr noch die Produktion für den inneren Markt, soweit sie ausländischer Rohstoffe bedarf, aufrechterhalten werden sollte, ist unerfindlich. Die Theorie der Autarkie macht sich also die Aufgabe zu leicht.

Aber selbst wenn der Gedankengang richtig wäre, würde er zu anderen Konsequenzen führen: Nehmen wir einmal an, daß die Einfuhr an Lebensmitteln um 2 Milliarden verringert werden und daß dementsprechend das Gesamteinkommen der deutschen Landwirtschaft um 2 Milliarden steigen könnte. In diesem ganz unmöglichen Fall würde also der Landwirtschaft neue Kaufkraft zuströmen. In demselben Maßstabe aber würde sich die Kaufkraft der städtischen Bevölkerung verringern, d. h. sie müßte für die inländischen Nahrungsmittel, welche sie heute kauft, einen höheren Preis zahlen, und sie würde infolge einer Verschlechterung ihrer Ernährung vermutlich mit einer Senkung ihrer Leistungsfähigkeit antworten. Selbst wenn das nicht der Fall wäre, würde die Landwirtschaft nicht in der Lage sein, gerade diejenigen Produkte zu konsumieren, die für den Export hergestellt werden, ganz abgesehen vom Problem der Rohstoffbeschaffung. Es müßte also in hohem Umfange die Produktion umgeschichtet werden. Woher die notwendigen Kapitalien für diese Umformung der Produktion fließen sollen, bleibt gleichfalls im Dunkeln. Aber selbst wenn sich der ganze Prozeß so „ideal" abspielen würde, so wäre nur folgendes damit erreicht. Die Kaufkraft der Landwirtschaft wäre auf Kosten der städtischen Bevölkerung erhöht, die Ernährung der städtischen Bevölkerung verschlechtert, die Versorgung der Landwirtschaft mit Industrieprodukten verbessert, aber das Produktionsvolumen selbst nicht erhöht, denn im günstigsten Fall würden ja die Industrieprodukte aufgenommen werden, deren Export jetzt infolge der Drosselung der Einfuhr wegfällt. Auch diese für den Autarkiegedanken so günstige Überlegung zeigt die Sinnlosigkeit der Vorstellung, die Arbeitslosigkeit könne durch Bekämpfung der Einfuhren verringert werden.

Wenn ich also im Anfang meiner Ausführungen die Frage aufgeworfen habe, ob bei diesem Umbau der Binnenwirtschaft eine Erweiterung oder Schmälerung des Lebensspielraumes zu erwarten sei, so können wir jetzt wohl sagen, daß dieser Umbau nicht eine Aufstockung bedeutet. Er würde eine Neuregelung der Produktivkräfte in sich schließen, welche im Endresultat eine Verringerung der Gesamtproduktion bedeuten müßte.

Die Autarkiefreunde werden uns aber nach noch so langen und noch so detaillierten Überlegungen immer wieder sagen, daß diese Frage nicht ein rein ökonomisches Problem sei. Sie betrachten melancholisch die

Gesamtentwicklung der deutschen Wirtschaft und behaupten: diese war ein Irrweg. Wenn dem aber so ist, dann hat diesen Irrweg niemand anders als Bismarck eingeschlagen, der gerade durch seine Wirtschaftspolitik, vor allem aber auch durch seine Außenpolitik die Industrialisierung in ganz großem Maßstabe eingeleitet hat. In der Vorkriegszeit ist in den Jahren von 1880—1913 die Einfuhr von 3 auf 11 Milliarden, die Ausfuhr von 3 auf 10 Milliarden parallel mit der inländischen Produktion gestiegen. Parallel aber nicht nur mit der inländischen Produktion, sondern mit der Bevölkerungsvermehrung, die erst auf der Grundlage dieser Entwicklung möglich wurde. Diese Entwicklung heute für falsch erklären, heißt, dem größten Teil des Bevölkerungszuwachses die Lebensberechtigung absprechen. Das ist der wahre Sinn einer Reagrarisierung, wie sie heute mitunter vertreten wird.

IV. Aber alle diese Argumente sind, wird man sagen, aus dem Gebiet des Rationalen geholt und daher dem Glauben gegenüber nicht beweiskräftig. In der Tat kann man die Strömungen für Autarkie nicht bloß mit Argumenten bekämpfen. Man muß, da sie aus Gefühlen stammen, und wofern sie aus Gefühlen stammen und nicht bloß Verbrämung von Interessen sind, auch Gefühle dagegensetzen. Ich bin mir also vollkommen bewußt, daß auch das Denken gegen die Autarkie letzten Endes nicht aus einer ganz voraussetzungslosen Grundhaltung stammt, die sich darauf beschränkt, ausschließlich die ökonomischen Tatbestände zu prüfen, den Wirtschaftskörper zu sezieren und die Wirkung von Maßnahmen ohne inneren Anteil nur mit einem Interesse an der reinen Erkenntnis abzuleiten. Trotzdem ist die Haltung gegen die Autarkie, auch wenn sie letztlich von einem irrationalen Kraftfeld her ihre Sicherheit und Schlagkraft erhält, nicht unwissenschaftlich, braucht nicht der Objektivität zu ermangeln. Die Objektivität, auch im Sinne Max Webers verstanden, ist ja nicht eine vollkommene innere Leere und Kälte, sie erfordert nur eine ständige Prüfung der Richtigkeit des Denkens, der Zuverlässigkeit der Beobachtung. Wären wir doch ohne eine innere Einstellung überhaupt nicht imstande, etwas zu sehen, bekommen doch die Tatsachen ihre Akzente und Gewichte, ihre richtigen Verhältnisse zueinander erst auf der Grundlage einer inneren Position. In diesem Sinne ist also jedes Denken seinsgebunden. Aber es ist doch wieder in der Bestimmung des Denkens durch die innere Position begründet, daß nicht jeder Standpunkt dieselbe Chance der Erkenntnis bietet. Der Standpunkt der Autarkiegegner gestattet eine Fülle von Zusammenhängen zu sehen, aus denen ich einige darzubieten versuchte, und er gestattet, viele Zusammenhänge richtig zu sehen, die sich vom Gesichtspunkt der Autarkie aus gar nicht darbieten, weil die Autarkiegegner, wenn ich so sagen darf, hinter der Säule sitzen. Wenn ich also, die rein objektive Deduktion transzendierend, mich den geistigen Hintergründen des Problems zuwende, so kann das meines Erachtens das Gewicht meiner Argumente nicht verringern, die natürlich genau so geprüft werden müssen, als wenn sie scheinbar losgelöst von diesem Hintergrunde auftreten würden — die aber Argumente bleiben, auch wenn sie einen allgemeinen geistigen Hintergrund haben.

Die Tradition Deutschlands und in größerem Rahmen die Tradition Europas, auch aus unserem Unbewußten und aus unseren tiefsten Notwendigkeiten geworden, weist deutlich gegen jede Abschließung hin. Nie hat es in Europa eine Autarkie gegeben. Zwar hat sich jedes Land vor der Industrialisierung des Kontinents, von kleinen Gebieten dichter Besiedlung abgesehen, aus der eigenen Scholle erhalten. Aber immer zeigte Europa, wie schon aus seiner geographischen Struktur, aus der Vielzahl seiner Völker und Staaten, aus der engen Nachbarschaft, aus all den Gegensätzen, die zugleich zu Berührungen führten, hervorgeht, einen Kontinent, in welchem nach dem schönen Wort Mannigfaltigkeit in der Einheit und Einheit in der Mannigfaltigkeit herrschte. Immer war Europa ein Kontinent der Völkerindividualitäten, die sich gegenseitig brauchen, die miteinander geistig und wirtschaftlich, nie ließ sich das trennen, kommunizierten. Genau so wenig, wie ein Robinson ein Original sein kann, hätten sich die europäischen Völker und hätte sich insbesondere das deutsche Volk zu seiner Eigenart entfalten können, wenn es die Berührung mit den Nachbarnationen gescheut hätte. Schon die Antike zeigt diesen regen Verkehr noch vor der Erschließung des größeren Teils unseres Kontinents, und nur die Germanenstaaten, die sich nach dem Zusammenbruch des römischen Reiches aufbauten, sanken, worauf auch Herr von Dietze heute hinwies, in jenen beinahe geschichtslosen Zustand rein agrarischer und unbeholfen gewerblicher Produktion zurück, aus dem sie erst allmählich nach der Rezeption der römischen Kultur wieder erwachten. So ist die ganze abendländische Kultur nur als Kultur Gesamteuropas entstanden und denkbar, bereichert um die Anregungen aus dem Orient, die erst vor kurzem Hampe in einer bemerkenswerten Abhandlung in ihrer ganzen Fülle und Bedeutung auch für das deutsche spätere Mittelalter herausgearbeitet hat.

So bietet Europa in der Vergangenheit in einem gewissen Sinne kulturell eher eine Einheit dar als in der Gegenwart. Wir brauchen nur einmal zu fragen, was denn aus der deutschen Architektur geworden wäre, wenn wir uns ängstlich gegen den Süden abgesperrt hätten. Wer würde heute wagen, französische oder italienische Architekten heranzuziehen, während im benachbarten Prag, aber auch hier in Dresden, die entscheidende Prägung des Stadtbildes italienischen Architekten zu verdanken ist. Noch weniger könnte man es heute in Italien wagen, einen Deutschen zu rufen. Dieser geistigen Kommunikation entsprach trotz aller Zollschranken ein reger Wechselverkehr in feingewerblichen Produkten, so daß ganz Europa nicht nur ein einheitliches Kulturgebiet, sondern zugleich ein Gebiet regster wirtschaftlicher Kommunikation bildete. Als man am Tage höchstens 150 km zurücklegen konnte, war der Geist jeder Nation in ganz Europa beheimatet, zuerst bildete die lateinische Sprache, späterhin die französische die Brücke. Jedenfalls dachte niemand an grundsätzliche Absperrung, und weder Luther noch Goethe brauchten eine Devisenzentrale zu bemühen, bevor sie nach Rom gingen. Der Deutsche zumal war international. Deutsch war die Hansa, die im Stahlhof in London, im Fondaco tedesco in Venedig ihre wirtschaftlichen Fühler tief in das Ausland ausgestreckt hatte. Selbstverständlich war jener fernen Zeit das jahrelange Wandern der jungen Kaufleute und Handwerker. Drei bis fünf Jahre sind sie auf der Reise, um sich zu bilden und sich zu formen, um die heimische Engigkeit seelisch zu überwinden und an der Kenntnis fremder Nationen sich selbst sehend zu machen. Es folgt die Entdeckung des Seeweges nach Ostindien, die Entdeckung Amerikas, die Flut der neuen Sensationen, die Überschwemmung Europas mit den Bildern und Gesichten der Tropen, mit all den Vorstellungen ungeahnter Länder in ihrer bunten, aufregenden Pracht, mit all den Einflüssen der neuen Religionen. So strömte nach der geistigen Flut der Renaissance eine Fülle neuer Einflüsse über diesen Kontinent dahin, erst jetzt wurde die Welt wirklich in Besitz genommen und der orbis pictus erschlossen. Die Gegenwelle des Merkantilismus war nur die Wendung gegen die rasche Steigerung eines internationalen Verkehrs aus dem Standpunkt bequemer Interessenten, und sie war nicht stark genug, um die Entwicklung der Völkerbeziehungen auch nur zu verlangsamen. Je lauter das Geschrei wurde, um so stärker stieg der Handel, der sich mit den Verkehrsmitteln, mit der Technik, mit der Sicherheit, mit der Formung der Großstädte und mit den Ideen des 18. Jahrhunderts von Freiheit und Humanität immer rascher entfaltete.

So wird der ganze Erdball übersehbar, das Geheimnis verkriecht sich bis nach Tibet und in die arktischen Zonen. Ganze Völkerwanderungen bauen neue Reiche auf, und die Gütermassen, welche über die Grenzen geworfen werden, übersteigen die Gesamtproduktion vergangener Zeiten. Die Rationalisierung der Industrie steigert den Außenhandel, der Großhandel wiederum organisiert sich und steigert die Rationalisierung. Die alten Märkte gestalten sich um, alle Börsen der Welt sind in dauerndem Kontakt, die Blitzschnelligkeit der Nachrichtenübermittlung durch Radio bis zum letzten Produzenten hin macht aus der Welt einen einzigen großen Wirtschaftsraum, trotz der Zölle, der Präferenzen und der Kontingente.

Das alles soll ein Irrtum gewesen sein? Diesen Weg sollen wir zurückgehen? Und gerade in Deutschland, dessen Produktion in ihrem wundervoll gewobenen Flechtwerk auf die Weltverbundenheit hinweist? Besonders Sachsen hat in seiner Industrie, aber z. B. auch in seiner einzigartigen Organisation des deutschen Buchhandels in Leipzig bewiesen, daß gerade diese Weltverbundenheit der Erzeugung nicht einem schachernden Krämergeist entspringt, sondern das wichtigste Mittel ist, durch das Deutschland sich nicht nur seine Existenz in der Welt geschaffen und erweitert, sondern diese Welt zugleich wirksam beeinflußt hat.

Und was sind denn die Werte, die wir eintauschen sollen? Dieser Gedanke der Autarkie ist kein deutscher, sondern ein chinesischer Gedanke. China hat sich, genau so wie Japan, dieses allerdings unter ganz anderen Bedingungen, von Europa hermetisch abgeschlossen. China ist wirklich autark mit allen notwendigen Produktionen in seinen Grenzen. Es hat fremde Einflüsse bewußt abgelehnt, weil diese seine eigen gewordene Welt nur gefährden konnten. Als die Engländer den Abschluß eines Handelsvertrages mit China erzwingen wollten, da ließ der chinesische Kaiser dem englischen König antworten, daß das chinesische Volk zwar alles in seinen Grenzen habe, was es brauche, und daß es glücklich in der Isolierung wie bisher weiterleben würde. Er wisse aber sehr wohl, daß die westlichen Barbaren das Verlangen haben müßten, die chinesischen Produkte zu erwerben, die bei ihnen nicht erzeugt würden, das Porzellan, die Seide und besonders den Tee. Deshalb habe China sich aus Mitleid und um die Barbaren dieser Kulturgüter teilhaftig werden zu lassen, zum Abschluß des Handelsvertrages entschlossen.

Nie aber war eine solche Haltung europäisch. Schon weil kein europäisches Gebiet die Weite und Mannigfaltigkeit der asiatischen Reiche besitzt. Wie bald würden wir überdrüssig werden einer romantischen, kleinbürgerlichen Gemütlichkeit, die man uns schmackhaft machen will durch eine imperiale Geste nach dem Südosten hin, der keine innere Kraft und keine spontane Tendenz in der Entwicklung entspricht. Durch eine Literatenidee, die nicht nur der Politik Bismarcks widerspricht, sondern allen tatsächlichen Tendenzen, die in der deutschen Wirtschaft wohnen. Diese deutsche Wirtschaft ist auch ein Lebensprozeß, hat auch ihre innere Linie, erhält ihre Kräfte auch aus unbewußten Hintergründen der Existenz, aus dem Lebenswillen der vielen Millionen, die in ihrer Arbeit mit der Welt verbunden sind.

Wer heute für Autarkie eintritt, muß wissen, was er tut. Er tritt ein ökonomisch für die Ausblutung der Wirtschaft, für die Schrumpfung der

Erzeugung, für Verelendung und politische Schwäche. Er tritt ein für eine geistige Selbstgenügsamkeit — denn darüber dürfen wir uns keiner Täuschung hingeben, daß die Abschnürung des Verkehrs zugleich ein Ende setzt der geistigen Kommunikation, besonders aber dem Wandern über die Grenze. Kein deutscher Mann, der sich einen weltoffenen Blick und eine Weltkenntnis im eigentlichen Sinne des Wortes erwerben könnte! Verrammeln wir den Fremden den Eintritt in unser Land, so nehmen wir uns selbst die Mittel, ins Ausland zu ziehen. Dieses eine möchte ich noch hinzufügen, für diejenigen, welche glauben, daß wir uns auf uns selbst zurückziehen und nicht nur alle Energien, sondern auch alle Liebe unserem Lande zuwenden müssen. Nichts — und dabei spreche ich auch aus eigener Erfahrung — nichts führt so sehr in die eigene Heimat zurück als langjähriges Leben und besonders: Arbeiten in fremden Zonen, als intime Versenkung in fremde Kulturen, vor deren Hintergründen die Farben des eigenen Landes erst ihre wahre Leuchtkraft erhalten. So bekämpfen wir also den Autarkiegedanken, nicht nur weil er wäre eine Schrumpfung der Erzeugung, sondern auch unseres Herzens und unserer Seele. Weil wir uns nicht bannen lassen wollen in den engen Umkreis eines Kirchturms, weil wir nicht darauf verzichten wollen, die Welt umzugestalten mit unseren Gedanken, mit den Erzeugnissen unserer Hand, den Kulturformen, die wir ihr aufprägen, weil wir erhalten wollen unsere Weltverbundenheit, von der abhängen das Gewicht und der Rang Deutschlands in der Welt!

(Stürmischer, langanhaltender Beifall!)

Präsident Oberbürgermeister Dr. **Külz** (Dresden):

Ich danke dem Herrn Referenten für seine ausgezeichneten Ausführungen. Ich bin überzeugt, daß die beiden Referate eine gute Grundlage für eine wertvolle Aussprache sein werden. Ich bitte dann, um 3 Uhr pünktlich wieder hier zu sein.

(Pause von 1½—3 Uhr.)

Nachmittagssitzung

Das Präsidium führt Professor Dr. **Gehrig** (Dresden).

Präsident Professor Dr. **Gehrig** (Dresden):

Meine Damen und Herren! Wir beginnen mit dem vierten Viertel des Arbeitspensums der öffentlichen Tagung. Das Wort als erster Diskussionsredner hat Herr Dr. Schindler.

Dr. Axel **Schindler** (Berlin):

Meine sehr verehrten Damen und Herren! Führt man sich einmal das Verhältnis vor Augen, wie es zur Zeit in allen Teilen der Welt zwischen der Wirtschaftswissenschaft und der praktischen Wirtschaftspolitik besteht, dann läßt sich für fast alle Länder, namentlich aber auch für Deutschland feststellen, daß Entwicklung und Gang der praktischen Wirtschaftspolitik durchaus von dem abweicht, was die Wissenschaft als ihr Ergebnis veröffentlicht hat, oder sogar diesen wissenschaftlichen Erkenntnissen direkt entgegensteht. Das ist eine Tatsache, die durchaus wert ist, ernsthaft in ihren Gründen geprüft zu werden.

Von welcher Bedeutung eine derartige Homogenität der wissenschaftlichen Erkenntnis und der praktischen Wirtschaftspolitik sein kann, haben wir in der Nachkriegszeit an einem Beispiel auf dem Gebiete der Agrarpolitik besonders deutlich ersehen können. Mit unübertrefflicher Überzeugungskraft hat Sering vor etwa 10 Jahren dargetan, daß die Ursache des Zusammenbruchs des Weltagrarmarktes im Jahre 1920 der durch die politische Entwicklung bewirkte Ausfall der Kaufkraft Mitteleuropas gewesen ist. Diese Erkenntnis hat sich zwar nicht wie ein Lauffeuer über die Erde verbreitet, aber sie schwelte unter der Decke weiter und fraß sich durch bis in Gebiete und Länder, bei denen man die nationalökonomischen Voraussetzungen und Grundlagen, die uns in Deutschland zur Verfügung stehen, überhaupt nicht mehr voraussetzen kann. Man findet heute — das ergeben praktische Reisen in diese Gebiete — diese Auffassung als allgemeines Gemeingut sowohl bei den nordamerikanischen Farmern wie auf den brasilianischen Kaffee-Fazenden, wie auf den argentinischen Estanzien. Ich bin überzeugt, daß erst eine spätere Zeit überhaupt in der Lage sein wird, die Zusammenhänge, die zwischen dieser wissenschaftlichen Erkenntnis und der Haltung maßgebender Teile der Welt bezüglich der Reparationspolitik in den letzten Jahren bestanden haben, richtig aufzuzeigen und zu würdigen. Gerade dieses Beispiel — das leider so überaus vereinzelt geblieben ist — eines Zusammenklingens zwischen Wirtschaftswissenschaft und praktischer Wirtschaftspolitik zeigt, wie unendlich wichtig es ist, daß beide Tätigkeitsbereiche sich möglichst auf derselben Plattform finden und möglichst in derselben Richtung arbeiten.

Deshalb ist es wichtig, den Gründen nachzugehen, die bei der Behandlung handelspolitischer Fragen zu dieser Disparität, zu einem weitgehenden Auseinanderfallen dieser beiden Bereiche geführt haben. Der entscheidende Grund dafür scheint mir darin zu liegen, daß der Mensch, mit dem sich die Wirtschaftspolitik heute zu befassen hat, ein ganz anderes

Wesen ist als das „Wirtschaftssubjekt", mit dem die Nationalökonomie seit langem zu rechnen und zu hantieren gewohnt ist. Konnte man in den ruhigen Zeiten gesicherter und ausgeglichener Wirtschaftsführung, wie sie etwa vor dem Kriege bestanden, davon ausgehen, daß der Mensch, zwar nicht in vollem Umfang, jedoch zu einem erheblichen Teil tatsächlich der homo oeconomicus war, den — jedenfalls in seiner wirtschaftlichen Betätigung — dieselben wirtschaftlichen Erwägungen leiteten, die die nationalökonomischen und die betriebswissenschaftlichen Lehrbücher von ihm verlangten, so muß man feststellen, daß heute in fast allen Teilen der Welt Millionen von Individuen und vor allen Dingen ganze Völkergruppen von diesen Gesichtspunkten sich weit entfernt haben. Bei diesen großen Gruppen herrschen heute andere als rein ökonomische Erwägungen, und diese nichtwirtschaftlichen Gesichtspunkte stehen sehr oft so stark im Vordergrund ihrer Lebensgestaltung, daß dadurch das Gesetz der Wirtschaftlichkeit, das Fundament jeder wirtschaftlichen Betätigung, weitgehend außer Kraft gesetzt ist. Daß dies für den Einzelnen zutrifft, wissen wir alle. Eine Familie, die sich im Schrebergarten unter Darangabe ihrer freien Zeit Tomaten beispielsweise für 10 bis 12 Pfennig je Pfund herstellt, während sie dieselben Früchte im Kleinhandel für 5 Pfennig kaufen könnte, verfährt nicht nach den Gesichtspunkten der Wirtschaftlichkeit. Dennoch handeln Millionen von einzelnen Familien und Individuen so. Genau so sehen wir im Leben der Völker heute derartige Handlungen, die wir vor dem Krieg und in den ruhigeren Zeiten gesicherter Wirtschaftspolitik überhaupt nicht hätten verstehen können. In Sowjetrußland wird zur Zeit der sowohl nach Ausmaß wie nach der Tiefenwirkung wohl gewaltigste Versuch der Wirtschaftsgeschichte gemacht, ein Volk sich großhungern zu lassen, genau wie dies etwa Jahrhunderte zuvor in Preußen der Fall war. Dort ist das Gesetz der Wirtschaftlichkeit weitgehend außer acht gelassen. Zweifellos wäre Sowjetrußland billiger und auch sicherer mit wirtschaftlichen Gütern zu versorgen, wenn es seine Grenzen für die Produktionsüberschüsse der übrigen Welt öffnete. Diese Gesichtspunkte scheiden aber für das Riesengebiet zur Zeit völlig aus, weil andere nicht wirtschaftlicher Art im Vordergrunde stehen. Gleichgültig, ob das russische Experiment ganz oder teilweise glücken wird oder nicht, gleichgültig, welche Opfer an Menschen und Kapitalien es erfordert, solange es im Gange ist und sich so nach außen hin auswirkt, wie dies tatsächlich bereits seit Jahren der Fall ist, so lange wird die Wirtschaftspolitik aller Länder, auch Deutschlands mit ihm und seinen Auswirkungen rechnen müssen.

Die Wirtschaftswissenschaft hingegen nimmt — und das schien mir gerade aus den Darlegungen des zweiten Herrn Referenten heute wieder sehr deutlich hervorzugehen — diesen Fragen gegenüber fast durchweg die Stellung ein, daß sie die außerwirtschaftlichen Triebkräfte, die sich zur Zeit so stark im Zusammenleben der Menschen bemerkbar machen, fast überhaupt nicht zur Kenntnis nimmt oder, wenn dies der Fall ist, sie doch nur am Rande und nebenher berücksichtigt.

Die Gründe, aus denen heraus sie so verfährt, sind verschiedener Art: Einmal wird das Interesse der „Sauberkeit der wirtschaftswissenschaftlichen Argumentation" dafür geltend gemacht. Dieser Grund läßt sich zweifellos durchaus hören. Man muß sich nur darüber klar sein, daß, wenn man um seinetwillen auf die Berücksichtigung all der anderen Faktoren verzichtet, die nun außer den wirtschaftlichen Gesichtspunkten noch eine Rolle im Leben der Menschen und innerhalb der Volkswirtschaften spielen, man dann die Beweisführung aus der tatsächlichen Welt heraus gewissermaßen in einen luftleeren Raum verlegt, und daß das, was für diesen als beweiskräftig gilt, nicht oder nur unter Abwandlungen für die allgemeine wirtschaftspolitische Praxis maßgebend sein kann.

Zum anderen wird als Grund angeführt, daß man gerade, um die Notwendigkeit zu betonen, wieder ökonomisch denken und rechnen zu lernen, die Grundsätze der Wirtschaftlichkeit so entscheidend in den Vordergrund rücken müsse, daß dahinter alle außerwirtschaftlichen Gesichtspunkte zu verschwinden hätten. Mag diese Auffassung auch vom Gesichtspunkt der Propaganda für ökonomische Gedankengänge aus durchaus Bedeutung besitzen, so kann sie die praktische Wirtschaftspolitik doch so lange nicht beeinflussen, als sie nicht ihr Ziel, die ökonomische Denkweise vorherrschend zu machen, in vollem Umfange und allenthalben erreicht hat.

Man sieht also, beide Betrachtungsweisen vermögen den vorhandenen Gegensatz nicht zu überbrücken. Dieser Gegensatz kann wohl nicht schärfer zum Ausdruck gebracht werden als durch die Gegenüberstellung des Ausspruches von Gerloff anläßlich eines Vortrages auf der ersten Kundgebung des „Bundes für freie Wirtschaftspolitik": „Um es einmal paradox auszudrücken: Ist Arbeitslosigkeit denn überhaupt ein Übel? Ist Arbeitslosigkeit nicht das Ziel der Wirtschaft und der Technik zugleich? Warum träumen die Menschen vom Schlaraffenland, und warum gilt die Verweisung aus dem Paradies und die Belastung mit Arbeit als ein Fluch?" und dem Grundsatze, den Mussolini in seinem Aufsatz „Faschismus" im 14. Band der Italienischen Enzyklopädie als Ideal der faschistischen Denkweise auch in wirtschaftlicher Beziehung ausgesprochen hat und praktisch zu verwirklichen im Begriff ist: „Der Faschismus verachtet das bequeme Leben." An einer derartigen Lebens- und Wirtschaftsauffassung müssen die scharfsinnigsten Entdeckungen der theoretischen Nationalökonomie, muß z. B. auch das Gesetz der komparativen Kosten, wirkungslos abprallen.

Dieser Gegensatz zwischen einer rein ökonomischen und einer durch außerwirtschaftliche, insbesondere politische Gesichtspunkte bedingten Betrachtungsweise ist heute fast in allen Teilen der Welt dahin entschieden, daß die nichtwirtschaftlichen Faktoren eine überragende, mindestens aber eine gleichwertige Rolle spielen, auch wenn dies nicht in der Deutlichkeit zum Ausdruck gebracht wird, wie es aus dem zitierten Satze Mussolinis hervorgeht. Die überwiegende Zahl von europäischen Staaten nimmt aus nichtwirtschaftlichen Gründen die Unwirtschaftlichkeit riesiger Armeen und Flotten auf sich. Genau so nimmt eine große Anzahl von Ländern unter dem Gesichtspunkt der politischen Selbstbehauptung die Unwirtschaftlichkeit höherer Produktionskosten in Kauf, als sie bei der Verfolgung rein ökonomischer Ziele notwendig wären.

Das ist die tatsächliche Lage. Sie und die sie herbeiführenden im Gebiete der Vernunft oder des Gefühls liegenden Beweggründe kann eine Wirtschaftswissenschaft zwar verhältnismäßig leicht als „verschwommene Romantik" oder in ähnlich liebenswürdiger Weise abtun. Die praktische Wirtschaftspolitik jedoch darf diese Momente weder ignorieren, noch ähnlich behandeln. Sie wird zu berücksichtigen haben, daß, wenn in einem Dorf von 100 Menschen sich diese 100 aus religiösen oder gesundheitlichen oder anderen noch so verschwommenen „romantischen" Gründen heraus entschließen, dem Tabakgenuß zu entsagen, dann ein Zigarrenhändler, der sich dort niederlassen möchte oder schon ansässig ist, notwendigerweise bankrott gehen muß.

Hierin liegt der entscheidende Gegensatz, der sich in den gesamten letzten Jahren zwischen der deutschen Wissenschaft und der deutschen Wirtschaftspolitik herausgebildet hat. Da dieser Gegensatz dem deutschen Volke abträglich ist und die Schlagkraft der deutschen Wirtschaft entscheidend schwächt, ist es zu begrüßen, daß der Verein für Sozialpolitik, also eine Körperschaft, die sich mit der Politik des gesamten gesellschaftlichen Zusammenlebens der Menschen auch über die wirtschaftlichen Gesichtspunkte hinaus zu befassen hat, von neuem auch die Frage der Handelspolitik in den Kreis seiner Arbeiten einbezieht.

Das Überwiegen der außerwirtschaftlichen über die ökonomischen Gesichtspunkte bringt die Tatsache mit sich, daß auch die deutsche Wirtschafts- und Handelspolitik sich darauf einstellen muß. Genau so, wie es im angeführten Beispiel dem Tabakhändler unmöglich ist, seine Waren in dem Dorf von 100 Nichtrauchern zu verkaufen, genau so ist es der deutschen Exportwirtschaft unmöglich, Ländern, die aus außerökonomischen Gründen heraus die deutschen Erzeugnisse nicht abnehmen wollen, diese aufzuzwingen. Wenn irgendein fremdes Land — Namen braucht man nicht zu nennen, da sie sich von selbst aufdrängen — beispielsweise aus politischen Gründen Wert darauf legt, sich eine eigene Industrie aufzubauen und zu erhalten, und deshalb die vielleicht viel billigeren, vielleicht viel besseren und vielleicht viel zweckmäßiger zu handhabenden deutschen Erzeugnisse unter allen Umständen von seinem Gebiete fernhält, dann vermag man diesem Bestreben von seiten der deutschen Wirtschaft her nicht beizukommen. Denn je tiefer man die Preise senkt, je mehr man die Qualität verbessert, um die bestehenden Handelshindernisse zu überspringen, um so mehr veranlaßt man das in Frage kommende fremde Land, für das ja der wirtschaftliche Gesichtspunkt der erheblich größeren Preiswürdigkeit hinter dem außerwirtschaftlich begründeten Wunsche, seine Industrien unter allen Umständen zu schützen, zurücksteht, dazu, seine Handelshindernisse weiter zu erhöhen. Nicht trotz, sondern gerade wegen der größeren Preiswürdigkeit der deutschen Erzeugnisse greift man in einer ganzen Reihe von ausländischen Gebieten zu immer schärferen Abwehrmaßnahmen.

Ein Kampf, der in dieser Weise mit wirtschaftlichen Mitteln gegen nicht im Ökonomischen wurzelnde Bestrebungen und Maßnahmen geführt wird, ist ein ungleicher Kampf auf zwei verschiedenen Plattformen, bei dem die Wirtschaftswissenschaft mit ihren Erkenntnissen zu kurz kommen muß, solange auf der anderen Seite die außerwirtschaftlichen Gesichtspunkte überwiegen. Daß dies möglichst bald aufhören möge, darauf kann zwar die Wirtschaftswissenschaft auch im Auslande nach Kräften hinweisen, die Wirtschaftspolitik aber kann mit ihren Maßnahmen nicht bis zu dem Zeitpunkt warten, an dem diese Hinweise sich in die Praxis umgewandelt haben.

Dabei drängt sich aus den Erfahrungen der ganzen letzten Jahre eine Tatsache immer deutlicher in den Vordergrund: Je mehr die wirtschaftliche Entwicklung sich so gestaltet, daß das Auf und Ab des Konjunkturverlaufs sich nicht mehr nur in größeren oder geringeren Verdiensten ausdrückt, sondern daß es an die Fundamente der Volkswirtschaft selbst herangeht, um so stärker müssen notwendigerweise die nichtwirtschaftlichen Gesichtspunkte in den Vordergrund treten. Das sehen wir ganz deutlich z. B. an der Entwicklung, die die handelspolitischen Fragen in den Balkanländern genommen haben: Solange, wie es sich nur darum handelte, ob der einzelne Landwirt etwas mehr oder etwas weniger verdiente, wie es beispielsweise vor dem Kriege der Fall war, reichte eine rein wirtschaftliche Betrachtungsweise für die Handels- wie für die gesamte Wirtschaftspolitik vollkommen aus. Heute hingegen, wo die landwirtschaftliche Produktionskraft ganzer Gebiete vor dem Erliegen steht, wo das Bauerntum in seiner Gesamtheit um seine Existenz zu kommen droht, ist diese Frage ein politisches Kernproblem ersten Ranges geworden, das allein nach den Gesichtspunkten der Wirtschaftlichkeit nicht mehr zu lösen ist. Genau so liegen die Dinge in allen Teilen der Welt, namentlich auch in Deutschland. Das Problem unserer Arbeitslosigkeit, die Verelendung der Landwirtschaft sind bereits um ein Vielfaches mehr als bloße Fragen der Rentabilität, sie rühren an die Fundamente unseres staatlichen Aufbaues und unserer gesellschaftlichen Ordnung und sind infolgedessen nicht einmal mehr mit wirtschaftlichen Maßstäben meßbar, geschweige denn ausschließlich nach Gesichtspunkten der Wirtschaftlichkeit zu lösen.

Weil nun die Verhältnisse in fast allen Teilen der Welt vielleicht im Ausmaß anders, im Grundsatz jedoch genau gleich liegen, so ergibt sich allgemein der Zustand, daß die wichtigsten handelspolitischen Entscheidungen nicht mehr nur nach wirtschaftlichen Grundsätzen, sondern unter Berücksichtigung auch aller der außerwirtschaftlichen Faktoren und Gesichtspunkte getroffen werden, die die einzelnen Regierungen im Interesse ihrer Staaten und Völker wahrnehmen zu müssen glauben. Eben aus diesen nichtwirtschaftlichen Gründen heraus müssen, um die Arbeitslosigkeit nicht weiter ansteigen zu lassen, Industrien geschützt werden, deren Erzeugung viel teurer oder schlechter ist als die ausländischer Konkurrenten. Um nicht großen Teilen ihrer Bevölkerung einfach jede wirtschaftliche Betätigungsmöglichkeit zu nehmen, wird die landwirtschaftliche Erzeugung auch in den industrialisierten Ländern der alten Welt selbst um den Preis einer Erhöhung der gesamten Lebenshaltungskosten erhalten und geschützt.

Das ist die derzeitige Lage, und das sind im wesentlichen die Ursachen, die zu der handelspolitischen Entwicklung der gesamten letzten Jahre geführt haben. Neben diesen Beweggründen spielt der Gesichtspunkt der Repressalie gegen entsprechende vom Ausland zuerst ergriffene Maßnahmen, der heute ja mit besonderer Vorliebe namentlich in Deutschland als Mittel sowohl für die Begründung wie zur Ablehnung von Forderungen auf weitergehende Einfuhrdrosselung verwendet wird, zwar eine Rolle, jedoch steht er an Bedeutung unendlich weit hinter den genannten Ursachen zurück. Gewiß mag die Form, in der diese oder jene Maßnahme eingeführt und begründet wird, gewiß mag auch für die Handhabung und Durchführung der im einzelnen ins Auge gefaßten Maßnahmen die Tatsache eine Rolle spielen, ob bestimmte Teile des Auslandes zuvor entsprechende Maßnahmen in unfreundlich erscheinender Weise durchgegeführt haben, oder ob etwa derartige Gegenmaßnahmen vom Auslande bevorstehen; niemand jedoch wird ernsthaft behaupten wollen, daß das

Vergeltungsbedürfnis die eigentliche Ursache für derartig einschneidende wirtschaftspolitische Maßnahmen, wie es die Handhabung der Einfuhrregelung im allgemeinen darstellt, sein kann. Die Voraussetzung, daß derartige Maßnahmen zum Anlaß eines entsprechenden Vorgehens genommen werden, muß unter allen Umständen darin bestehen, daß die wirtschaftlichen und außerwirtschaftlichen Interessen des eigenen Volkes in diese Richtung drängen. Wenn z. B. behauptet wird, das Vorgehen des Auslandes gegen die deutschen Ausfuhrinteressen sei im wesentlichen durch die deutsche Butterzollgesetzgebung auf den Plan gerufen worden, so ergibt die objektive Prüfung sehr rasch, daß diese Behauptung schon aus rein zeitlichen Gründen nicht stimmen kann. Denn der entscheidende Schwerpunkt der im Auslande gegen die deutsche Exportwirtschaft getroffenen Maßnahmen liegt zeitlich im Herbst des Jahres 1931, während die neue Einfuhrregelung für Butter in Deutschland erst seit Ende Januar 1932 in Kraft ist. Gewiß sind im Verfolg der deutschen, im übrigen zweifellos alles andere als glücklich zu bezeichnenden Butterzollregelung Drohungen vom Auslande her ergangen und auch Boykottbestrebungen zu verspüren. In fast allen Fällen, in denen die Entwicklung diesen Verlauf genommen hat, kann man aber feststellen, daß die Berufung auf die deutschen Vorgänge lediglich der äußere Anlaß dafür gewesen ist, ein bereits längst latent vorhandenes Schutzbedürfnis der in Frage kommenden ausländischen Industrien auszusprechen und die daraus sich ergebenden Forderungen auch mit anderen als den in der Lage des in Frage kommenden einzelnen Betriebszweiges gegebenen Argumenten zu rechtfertigen. Daß es taktisch durchaus von Bedeutung sein kann, dem Gegner einen derartigen äußeren Anlaß, seine eigenen Wünsche geltend zu machen, wenn möglich nicht zu bieten, steht dabei außer Zweifel. Man sollte sich jedoch hüten, derartige taktische Gesichtspunkte in dem Ringen um die wirtschaftliche Selbstbehauptung der Völker zu überschätzen: ein wirklich vorhandenes, dringend Befriedigung heischendes Bedürfnis irgendeines Weltwirtschaftszweiges in irgendeinem Lande wird immer auch einen äußeren Anlaß finden, um sich geltend zu machen.

In diesem Zusammenhange bedarf noch ein besonderes Argument der Beleuchtung: Es wird immer wieder darauf verwiesen, daß das Gesamtvolumen des internationalen Welthandels gegenüber den Vorkriegszeiten keinerlei Einbuße erfahren hätte, und daß es sich auch jetzt in den Zeiten der tiefsten Depression noch immer erstaunlich gut behaupte. Damit wird zu beweisen versucht, von welcher außerordentlichen Bedeutung der Welthandel für die Weltwirtschaft und damit auch für einzelne an ihm beteiligten Volkswirtschaften sei. Diese an sich bestechende Feststellung besagt aber im Grunde nicht das Geringste für die wirtschaftliche Lage der einzelnen Länder. Denn wie könnten die allgemein auftauchenden Klagen über die Handelshemmnisse in allen Teilen der Welt einen Sinn haben, wenn es nur auf das Ausmaß des internationalen Güteraustausches ankäme? Wenn sich diese, wie die Statistiken beweisen, gegenüber 1913 nicht vermindert hat, wie könnte dann jetzt die Lage aller am Güterweltverkehr beteiligten Wirtschaftsgruppen schlechter sein als im Jahre 1913? Diese Gegenüberstellung zeigt bereits, daß das Argument vom nichtverminderten Welthandelsvolumen im Grunde für die handelspolitischen Probleme der Gegenwart nichts besagt. Denn es kommt ja nicht darauf an, daß überhaupt Ware in der Welt hin und her gefahren und hin und her gehandelt wird, sondern entscheidend für die Beurteilung dieser Frage unter dem handelspolitischen Gesichtspunkt ist, ob diese Tätigkeit auch volkswirtschaftlich ertragreich ist, ob sie die Ergiebigkeit der Volkswirtschaft zu erhöhen vermag. Spitzt man die Untersuchung auf diese entscheidende Frage zu, dann allerdings erkennt man, daß selbst diejenigen Länder, zu deren Gunsten die jeweiligen komparativen Kosten liegen, tatsächlich allen Anlaß zu Klagen haben. Angesichts dieses Rückgangs in der Ertragfähigkeit des Außenhandels wird es dann auch verständlich, wenn sich im Verlauf des Kampfes um die Ausgestaltung der Handelspolitik in der Öffentlichkeit eine mitunter zu weit gehende Unterschätzung der Bedeutung des Weltmarktes und der Exporttätigkeit für die gesamte Volkswirtschaft durchsetzt, und wenn dementsprechend die Bestrebungen ständig Boden gewinnen, die auf Grund einer erhofften besseren Ergiebigkeit die Umstellung der bisher für den Export arbeitenden volkswirtschaftlichen Produktivkräfte auf die unmittelbare Bedürfnisbefriedigung der heimischen Wirtschaft zum Ziel haben.

Zieht man die aus dieser allgemeinen Entwicklung für Deutschland sich ergebenden Schlußfolgerungen, so muß von der bereits getroffenen Feststellung ausgegangen werden, daß es durch kein wirtschaftliches Mittel, weder durch die äußerste Rationalisierung, noch durch die niedrigsten Löhne, noch durch die krampfhaftesten Exportförderungssysteme möglich ist, denjenigen Teil der Schwierigkeiten zu überwinden, der unserer Ausfuhr aus nichtwirtschaftlichen Gründen bereitet wird. Da aber — wie leicht festgestellt werden kann — der weitaus größte Teil der im Auslande für unsere deutsche Ausfuhr errichteten Handelshindernisse, die nicht unter den Gesichtspunkten der Wirtschaftlichkeit eingeführt wurden, sich nicht einseitig gegen Deutschland richtet, so sind die Aussichten, daß es durch die in Deutschland zugunsten der Exportindustrie vorgesehenen wirtschaftlichen Maßnahmen gelingen wird, den deutschen Export erheblich auszuweisen, so lange als außerordentlich gering zu veranschlagen, als im Auslande kein Wandel in der vorherrschenden Auffassung eintritt, daß die Gesichtspunkte der möglichst wirtschaftlichen Versorgung der heimischen Verbraucherschaft hinter den derzeit im Vordergrunde stehenden außerökonomischen Momenten zurückzutreten haben. Bis dahin dürfte aber noch geraume Zeit verstreichen.

Solange man mit dieser Tatsache noch nicht rechnen kann, so gilt es für die deutsche Wirtschaftspolitik, sich mit dem möglichst wirtschaftlich einzurichten, was innerhalb der deutschen Volkswirtschaft an Beschäftigungs- und Absatzmöglichkeiten geblieben ist. Unter dem harten Zwange dieser Notwendigkeit rücken ganz von selbst diejenigen Gebiete der wirtschaftlichen Betätigung in Deutschland in den Vordergrund, die noch Existenzmöglichkeiten bieten, ohne daß der so unsicher gewordene Weg über das Ausland genommen werden müßte.

Bezüglich der Unsicherheit dieses Weges darf ich mir erlauben, nur eine Zahl anzuführen. Nach den Feststellungen der Internationalen Handelskammer gehen zur Zeit 62% der deutschen Ausfuhr in Länder, die entweder eine Devisenbewirtschaftung oder sonst welche maßgebliche, nicht lediglich auf dem Gebiete der Zollpolitik liegende Hindernisse gegen die deutsche Ausfuhr errichtet haben, und nur 38% der derzeitigen deutschen Ausfuhr in diejenigen Länder, die ihre Märkte noch unter den bisher als üblich geltenden allgemeinen Bedingungen offengehalten haben! Die weitere naturgegebene Folge für eine verantwortungsbewußte Wirtschaftspolitik muß dann darin bestehen, daß man die ohne diesen Umweg vorhandenen Arbeits- und Wirtschaftsmöglichkeiten mit allen Kräften hegt, und sie zwecks Aufnahme einer möglichst großen Zahl von Arbeitskräften und sonstigen volkswirtschaftlichen Produktionsmitteln zu entwickeln und auszubauen bemüht ist, daß man aber zum mindesten dafür Vorsorge trägt, daß nicht auch diese Wirtschafts- und Arbeitsmöglichkeiten den durch die Rückläufigkeit der Exportwirtschaft freigesetzten Arbeitskräften vom Auslande sogar noch entrissen werden. Die deutsche Wirtschaftspolitik steht im Augenblick gerade in den Anfängen einer solchen Entwicklung.

Der Umstand, daß dadurch zwangsläufig die Aufmerksamkeit der wirtschaftspolitischen Führung und vielleicht auch der Schwerpunkt der Wirtschaftspolitik auf diese Möglichkeiten einer unmittelbaren, den Umweg über das Ausland vermeidenden Bedürfnisbefriedigung verlegt wird, muß verständlicherweise diejenigen Wirtschaftgruppen schmerzlich berühren, die bis zu diesem Zeitpunkt im Mittelpunkt der Wirtschaftspolitik gestanden haben. Wenn diese Gruppen versuchen, sich einer solchen Entwicklung entgegenzustemmen, so verkennen sie deren Zwangsläufigkeit. Daß eine derartige Verkennung tatsächlich vorliegt, beweist ja am besten die Tatsache, daß man, um überhaupt einen Angriffspunkt zu finden, an dem man mit der Kritik und mit der Ablehnung einsetzen kann, erst von dieser Seite aus das „Autarkie“gespenst konstruiert hat. Gegen die Zwangsläufigkeit der den Naturgesetzen an innerer Logik und eherner Wucht gleichkommenden Wirtschaftsgesetze kann man nicht an. Infolgedessen schafft man sich auf dieser Seite den Götzen „Autarkiegefahr“, um gegen ihn zu Felde zu ziehen und ihn wenn möglich feierlich zu verbrennen. Ein solches Vorgehen schafft aber keine Klärung, sondern nur noch weitere Verwirrung. Es war gerade unter diesem Gesichtspunkt eine besonders bemerkenswerte Bemerkung, die heute von Herrn Professor Lederer fiel, daß er zu seiner Überraschung nach dem Referat von Herrn Professor v. Dietze bemerkt hätte, dieser sei überhaupt kein „Autarkist“. Diese Feststellung, die fast durchweg jedem sogenannten „Autarkisten“ gegenüber, wenn man auf die Notwendigkeit der derzeitigen praktischen Wirtschaftspolitik zu sprechen kommt, gemacht wird, zeigt, daß die derzeitige Frage, die für die deutsche Wirtschaftspolitik zu lösen ist, überhaupt nicht in der Frage: Autarkie oder freie Wirtschaft? also vollständige Absperrung auf der einen Seite oder vollständige freie Wirtschaft auf der andern Seite besteht, sondern daß es sich nur darum handelt, herauszufinden, auf welche Seite man den Schwerpunkt der wirtschaftspolitischen Betätigung der Regierung zu legen hat. Da ist die für die deutsche Wirtschaftspolitik zur Zeit gegebene harte Wirklichkeit die: Der deutschen Exportwirtschaft sind durch die im Ausland bestehenden Verhältnisse in ihrer Betätigungsmöglichkeit so enge Grenzen gezogen, daß die Hoffnung aussichtslos ist, allein oder auch nur vorwiegend über sie wieder zu einer aussichtsreichen Erhöhung unserer volkswirtschaftlichen Ergiebigkeit zu gelangen. Deshalb muß jedes Mittel benutzt werden, um die Ergiebigkeit der nicht für den Export arbeitenden Teile der deutschen Volkswirtschaft zu erhöhen. Daß zwischen den für den Export arbeitenden und den übrigen Teilen der deutschen Volkswirtschaft im übrigen engste Wechselwirkungen bestehen, daß also vor allem die aus der Freisetzung von Arbeitskräften durch eine rückläufige Exportwirtschaft bewirkte Kaufkraftschrumpfung die Absatzmöglichkeiten auch für die anderen Wirtschaftszweige vermindert, versteht sich von selbst. Herr Professor Lederer hat heute auf ein Beispiel des Absatzes der landwirtschaftlichen Erzeugnisse hingewiesen. Dabei möchte ich aber auf einen Gesichtspunkt verweisen. Dieser Kaufkraftschwund, der durch Rückgang der deutschen Exportwirtschaft notwendigerweise herbeigeführt wird, trifft nicht nur die Absatzmöglichkeiten für die übrigen Zweige der deutschen Wirtschaft, sondern natürlich auch die Absatzmöglichkeiten für die ausländischen Erzeugnisse in Deutschland. Darauf beruht es, daß die deutsche Kaufkraft nicht mehr ausreicht, um in solchem Umfang ausländische Erzeugnisse aufnehmen zu können wie früher. Daraus nun aber eine so leichte und einfache Parallelität zu konstruieren, daß gesagt wird: Absinkende Einfuhr gleich Steigen der Arbeitslosigkeit, also Absinken der Kaufkraft, das ist nach meiner Überzeugung eine Verkehrung des tatsächlich gegebenen Verhältnisses von Ursache und Wirkung. Weil infolge der Exportschrumpfung, die nicht von der deutschen Wirtschaftspolitik her allein zu beseitigen ist, die Kaufkraft zurückgegangen ist, infolgedessen ist genau so, wie der Absatz der deutschen Erzeugnisse erschwert wurde, auch der Absatz der ausländischen Erzeugnisse eingeengt worden! Daraus ergibt sich die scheinbare „Parallelität".

Diese Schrumpfung der Kaufkraft wird der deutschen Wirtschaft aber durch die Schrumpfung unserer Exportmöglichkeiten auferlegt, die durch die Einengung der ausländischen Märkte erfolgt und in erster Linie in außerökonomischen Gesichtspunkten des Auslands begründet ist. Sie ist nicht etwa eine Wirkung der Tatsache, daß nun die deutsche Wirtschaftspolitik von sich aus versuchen muß, jetzt im Rahmen dessen, was noch geblieben ist, denjenigen Wirtschaftszweigen, die nicht für das Ausland arbeiten, nun einen möglichst großen Auftrieb, eine möglichst große Unterstützung zuteil werden zu lassen. Auch hier muß man sich davor hüten, Ursache und Wirkung miteinander zu vertauschen. Die Ursache für die Kaufkraftschrumpfung, unter der tatsächlich auch die deutsche Landwirtschaft und alle anderen Zweige, die in erster Linie nicht für den Export arbeiten, zu leiden haben, beruht in der Schrumpfung des Exportmarktes, nicht hingegen in den Maßnahmen, die nun getroffen wurden, um jetzt nach diesen Ereignissen und nach dieser Entwicklung die notwendigen Schlußfolgerungen daraus zu ziehen.

Die Schrumpfung der deutschen Exportwirtschaft setzt aber nicht nur Arbeitskräfte und damit Kaufkraft, sondern auch Kapital frei. Da es sich dabei überwiegend um Anlagekapital handelt, bedeutet diese Freisetzung keine erhöhte Flüssigkeit für den deutschen Kapitalmarkt, sondern, da die einmal errichteten Anlagen nicht sofort für andere Zwecke Verwendung finden können und unbenutzt herumliegen müssen, bedeuten sie in der Mehrzahl der Fälle einen Kapitalverlust. Dieser Kapitalverlust ergibt sich nicht nur für die volkswirtschaftliche Betrachtungsweise, sondern er kommt durchaus auch privatwirtschaftlich zum Ausdruck. Darin findet naturgemäß das Bestreben der in erster Linie für den Export tätigen Wirtschaftskreise seine Begründung, die deutsche Wirtschaftspolitik so zu handhaben, daß diese Kapitalsverluste möglichst vermieden werden. Da aber, solange sich unsere aus den angegebenen Gründen eingeengten Exportmöglichkeiten nicht außerordentlich erweitern lassen, diese Kapitalverluste durch die Zuleitung neuen volkswirtschaftlichen

Kapitals in die betroffenen Wirtschaftszweige nicht vermieden, sondern bestenfalls aufgeschoben werden können, so ergibt sich für die deutsche Wirtschaftspolitik zwangsläufig die Notwendigkeit, dasjenige volkswirtschaftliche Kapital, das noch verblieben ist, überwiegend dorthin zu leiten, wo man in möglichst kurzer Zeit durch Erhöhung der wirtschaftlichen Ergiebigkeit die Auswirkungen der Exportschrumpfung wieder aufzufangen und wenigstens in etwas auszugleichen vermag: in die unmittelbar für den Inlandsabsatz arbeitenden Wirtschaftszweige.

(Zuruf: Welche sind das?)

— In erster Linie die deutsche Landwirtschaft, es sind weiter eine Anzahl von Industrien, die an einer Deckung des deutschen Gesamtbedarfes gleichfalls durch eine Einfuhr industrieller Güter noch in verhältnismäßig großem Umfange behindert sind.

(Widerspruch und Zuruf: Zahlen!)

— Ich habe die Zahlen nicht bei der Hand, ich bin nachher bereit, die Zahlen zu nennen. Daß sich diesen Entwicklungsaussichten auch die Mittel der künftigen deutschen Handels- und Wirtschaftspolitik anpassen müssen, ist selbstverständlich.

Ich glaube, mit einem Worte schließen zu können, das Herr Professor Lederer vorhin angeführt hat, das ich aber in demselben Sinne, nur unter anderen Voraussetzungen anwenden muß. Herr Professor Lederer hat darauf hingewiesen, daß das deutsche Exportvolumen ständig angestiegen, daß dies eine Entwicklung sei, in der man sich mittendarin befinde, und daß es zwecklos sei, sich dieser Entwicklung entgegenzustemmen. Ich bin der Auffassung, daß diese Entwicklung der Vergangenheit angehört. Die derzeitigen Anhaltspunkte bezüglich unserer Absatzmöglichkeiten im Ausland und bezüglich der Aussicht, daß rein ökonomische Gesichtspunkte im Ausland wieder die Wirtschafts- und Handelspolitik leiten werden, sind nicht so, daß wir mit einer bloßen Fortsetzung dieser Entwicklung werden rechnen können. Infolgedessen ist es wirtschaftspolitisch zweckmäßig, sich auf die sicherlich ungünstigere, aber infolgedessen wahrscheinlich mit weniger Enttäuschungen verbundene Möglichkeit einzustellen, daß sich an den Verhältnissen, wie sie zur Zeit im Ausland liegen nichts Wesentliches in den Zeiträumen ändern wird, mit denen eine praktische Wirtschaftspolitik heute zu rechnen hat. Gegen eine solche Entwicklung, die zwangsläufig vom Ausland her und in erster Linie aus außerökonomischen Gesichtspunkten heraus auf die deutsche Wirtschafts- und Handelspolitik ausgeht, durch noch so krampfhafte Mittel der Exportförderung sich auflehnen zu wollen, scheint mir sowohl unter dem Gesichtspunkt der Arbeitsbeschaffung wie namentlich der volkswirtschaftlichen Kapitalzuleitung und -verteilung das Unzweckmäßigste zu sein, was man zur Zeit machen kann. Ich bin der Auffassung, daß unter diesem Gesichtspunkt der Ausspruch des Herrn Professors Lederer durchaus Geltung haben muß, daß man gegen eine im Gange befindliche und mit den Mitteln unserer Wirtschaftspolitik nicht ohne weiteres aufzuhaltende Entwicklung nicht angehen sollte.

(Beifall.)

Professor Dr. **Brandt** (Berlin):

Meine sehr verehrten Damen und Herren! Das Referat von Herrn Colm klang dahin aus, daß die Schaffung einer größeren Krisenfestigkeit des Wirtschaftssystems das Problem sei.

In den anderen Referaten ist wiederholt der Gedanke einer Reagrarisierung, allerdings in ganz anderem Sinne, gestreift worden.

Mir scheint, man sollte bei der Erörterung von Möglichkeiten zur Verringerung des Krisenrisikos für das gesamte Wirtschaftssystem und zur Vorbeugung gegen noch stärkere Sturmfluten der Arbeitslosigkeit die Landwirtschaft nicht ganz vergessen. Nach meiner Kenntnis der Dinge kann es als feststehende Tatsache gelten, daß ein Staat mit einer gesunden Gestaltung der Agrarsphäre die Absteifung seiner Gesamtwirtschaft für den Krisenfall wirksam zu fördern vermag.

Hätte Deutschland die Möglichkeit, den agrarischen Sektor seiner Wirtschaft in sich auszubalancieren, nach dem Krieg wirklich genutzt, so kann kein Zweifel darüber bestehen, daß der Ablauf der jetzigen Wirtschaftskrise ein anderer gewesen wäre. Hätte beispielsweise die Agrarkrise der ostdeutschen landwirtschaftlichen Großbetriebe nicht schon während der Zeit der Hochkonjunktur in den Jahren 1926, 1927 und 1928 und in der abklingenden Konjunktur 1928 und 1929 außerordentliche Kapitalmengen absorbiert, Kapitalien, die wir mit etwa 4—5 oder 6 oder vielleicht noch mehr Milliarden[1] ansetzen müssen, so hätte die Krisenbekämpfung in ganz anderer Weise erfolgen können. Hätten wir auch

[1] Im Hinblick auf Ausführungen, die Professor Dr. von Dietze in seinem Schlußwort machte, sei nur darauf verwiesen, daß allein die durch die Agrarzölle gegebenen Subventionen in den Jahren 1926 bis 1930 von den verschiedensten Sachverständigen mit Jahresbeträgen, die von weniger als 1 Milliarde bis auf 2 Milliarden ansteigen, also insgesamt auf mehr als 6 Milliarden geschätzt werden. Daneben läuft die große Zahl direkter Subventionen in Gestalt verlorener Beihilfen, Notstandskredite, Kreditbürgschaften, Steuererlasse, Frachtermäßigungen, Zinserleichterungen, Spiritusmonopol, Sanierungsaktionen und zahlreicher anderer, deren Gesamtbetrag auch zehnstellige Zahlen erreicht.

nur einen Teil jener Kapitalien, die in jenen Jahren zu Lasten der Gesamtwirtschaft ohne wirklichen Erfolg in der Konservierung ökonomisch unhaltbarer Agrarzustände verbraucht wurden, heute zur Verfügung, so wäre die Verminderung der Arbeitslosigkeit leichter zu überwinden. Auf der anderen Seite würde aber, ganz abgesehen von jenen Beträgen, eine aus der Konjunktur mit gewissen inneren Reserven hervorgehende und in ihrer Struktur gesunde Agrarwirtschaft gleichzeitig eine vorzügliche Rückendeckung für die industrielle Wirtschaft in der Krise bedeuten. Das Beispiel Frankreichs mit seiner wesentlich glücklicheren Agrarstruktur gibt uns Hinweise darauf, daß die Elastizität eines Wirtschaftssystems, bei dem ein sehr tragfähiges und fein gegliedertes Agrarsystem die Grundlage bildet, ganz andere Pufferwirkungen für den Krisenfall gewährleistet. Die vielen verwandtschaftlichen Beziehungen, die dort zwischen Stadt und Land bestehen, gestatten es einem erheblichen Teil des Arbeitslosenheeres, sich während der Krise in die teils naturalwirtschaftliche agrarische Zone zurückzuziehen und zu leben, ohne dem Staat und den Steuerzahlern zur Last zu fallen, ohne also den Wiederanstieg der Konjunktur hintanzuhalten.

Wenn ich somit die Bedeutung der Agrarwirtschaft gerade hinsichtlich der Schaffung einer krisenfesteren Gesamtwirtschaft außerordentlich hoch einschätze, glaube ich auf der anderen Seite, daß die Möglichkeiten der Reagrarisierung meist überschätzt werden. Das hierfür entscheidende und große Problem, welches in den bisherigen Erörterungen der Tagung überhaupt nicht erwähnt wurde, das aber für die Beurteilung der gesamten Agrarfrage für die Zukunft entscheidend ist, nämlich wie groß die Bevölkerungskapazität der deutschen Landwirtschaft in der Zukunft wirklich sein wird, ist nirgends in der wissenschaftlichen Literatur ernsthaft behandelt worden und bedürfte meines Erachtens einer eingehenden wissenschaftlichen Untersuchung. Erst wenn die Frage, wieviel Arbeitsplätze man in der Landwirtschaft mit echtem wirtschaftlichen Nutzeffekt schaffen kann, eine sachlich begründete Beantwortung erfährt, lassen sich Entscheidungen über Siedlung, landwirtschaftliche Produktionssteigerung und Agrarpolitik im ganzen fällen. Ich bin der Auffassung, daß Möglichkeiten zu einer wesentlichen Ausweitung der Bevölkerungskapazität der Landwirtschaft in Deutschland in Zukunft kaum bestehen werden. Ich glaube nicht, daß man einen wesentlich größeren Teil von Menschen aus Industrie und Handel in der Landwirtschaft auf wirtschaftliche Weise unterbringen kann. Die bestehenden Möglichkeiten liegen darin, daß man das Agrarsystem tragfähiger und elastischer gestaltet, indem man diejenigen Teile der Agrarstruktur, die sich seit mehr als 100 Jahren immer wieder als brüchig erwiesen haben, ausmerzt und an ihre Stelle selbständige Familienwirtschaften als Einheit einer bäuerlichen Struktur setzt. Seit mehr als 100 Jahren hat Deutschland mit einer Unterbrechung von jeweils 20, 25 oder 30 Jahren schwere Krisen der landwirtschaftlichen Großbetriebe durchgemacht, die stets unter Aufwand ungeheurer Subventionen und Kapitalfehlleitungen überwunden wurden. Heute ist Deutschland, mit Ausnahme von Ungarn, die einzige Insel, auf der die durch die wirtschaftsgeschichtliche Entwicklung überholte Agrarstruktur mit einem Vorherrschen von Großbetrieben in den Gebieten des Ostens immer noch galvanisiert wird. Würden wir in dieser Hinsicht die Konsequenzen ziehen und in wohlverstandenem Sinne der Ausführungen von Alexander Rüstow im Rahmen einer fortschrittlichen Wirtschaftspolitik nicht Unhaltbares zu halten versuchen, sondern die zwangsläufig doch eintretende Entwicklung von der Staatsseite her noch etwas fördern, so bedeutete das eine Verminderung der andernfalls ad infinitum fortzusetzenden unökonomischen Kapitalinvestierung.

Zur Frage der Autarkie, die ja in der Landwirtschaft in den letzten Jahren unbeschadet gegenteiliger Darlegungen ihrer Führer mit immer größerem Nachdruck, mit der Inbrunst des Glaubens verfochten wird, muß festgestellt werden, daß der echte Antrieb zu der Forderung der Abschließung des Binnenmarktes nicht aus dem Gedanken stammte, wie man mit Hilfe der Handelspolitik dem nationalen Staat die größten Wirkungsmöglichkeiten eröffnen kann, sondern einzig und allein aus dem Wunsch nach höheren Preisen für die landwirtschaftlichen Erzeugnisse. Die Agrarpreise genügen einem großen Teil der landwirtschaftlichen Betriebe nicht und genügten auch schon in der Hochkonjunktur nicht, um die Kosten zu decken. Als eines der probatesten und billigsten Mittel zur Korrektur dieser Preise bis auf ein erträglich erscheinendes Niveau galt seit Jahren die Abschnürung der ausländischen Zufuhr. Die Einfuhr ist in den letzten Jahren bei zahlreichen Agrarerzeugnissen teils mit Hilfe staatlicher Maßnahmen, teils im Gefolge von Konsumeinschränkungen so weit gesenkt worden, daß heute nur noch schwindende Reste von Einfuhren übrig bleiben. Die Schaffung völliger Agrarautarkie kann somit an den Preisen kaum noch nennenswerte Korrekturen bringen. Zur Herbeiführung der Autarkie werden in neuester Zeit außer den Zöllen starre Einfuhrkontingente gefordert, von denen die Landwirtschaft sich große Hilfswirkungen verspricht. Stellt man sich einmal auf den rein agrarischen Standpunkt und betrachtet die Kontingentierung hinsichtlich der Möglichkeiten, die unzureichenden Einnahmen der Landwirtschaft zu verbessern, so muß einen stärkster Skeptizismus befallen. Eine hinreichende Korrektur, die den Wünschen der Landwirtschaft wirklich genüge tut, erscheint mit Hilfe der Kontingentierung völlig ausgeschlossen.

Es ist vielmehr zu befürchten, daß der deutsche Gemüsebau durch eine Kontingentierung der Einfuhr lediglich starke psychologische Antriebe zur Produktionsausweitung erhält. Der Aufbau neuer großer Produktionskapazitäten ist im Gemüsebau eine Angelegenheit weniger Monate. Erfolgt er aber — und er wird, sobald Kontingente perfekt werden, auf jedem einzelnen Markt mit Sicherheit eintreten —, so wird die Folge in einem viel schärferen Preiszusammenbruch durch Überschußmengen in der Haupterntezeit bestehen. Die höchst unbefriedigenden Preise bei zahlreichen entscheidenden Gemüsearten sind heute aus der übergroßen und stoßweisen deutschen Produktion in der Haupterntezeit bereits hinreichend zu erklären. Deshalb wird man mit Kontingenten hier auch nichts erreichen. Gelingt aber dieser einzig beabsichtigte Erfolg nicht, so muß damit gerechnet werden, daß die Kontingentierungsaktion die schwersten direkten Rückwirkungen auf die Landwirtschaft auslösen muß. Die künstliche Ertötung des deutschen Industrieexports durch die in ihrem preiskorrigierenden Wert mehr als fragwürdigen Kontingente muß der Landwirtschaft weitere erhebliche Kaufkrafteinbuße bringen und somit ins Gegenteil des Beabsichtigten umschlagen.

Bei allen nationalökonomischen Deduktionen hinsichtlich der Landwirtschaft ist es gut, sich zu vergegenwärtigen, daß das Volumen der deutschen Agrarproduktion in den letzten Jahren ununterbrochen gewachsen ist, daß aber die dadurch gewonnene Annäherung an die Selbstversorgung heute keine vorwiegend ökonomisch begründete ist. Vielmehr ist das Volumen der Agrarproduktion großenteils losgelöst von jeder ökonomischen Kalkulation überexpandiert. Wie weit das der Fall ist, wo sich auf Subventionen aufgebaute Grenzproduktion befindet, wo sie anfängt und wo sie aufhört, zu sagen, wird niemandem möglich sein, da eine Vielzahl von Maßnahmen der Intervention und der Subvention sich dabei überlagern. Erst in einem viel späteren Stadium, in dem der größte Teil des künstlichen Wirtschaftsklimas verflogen sein wird, kann eine ernsthafte Abwägung von Produktionskosten und Rentabilität möglich sein. Jedenfalls stehen nicht unwesentliche Teile des sehr beachtlichen und vorwiegend auch ökonomisch richtigen Produktionsvolumens in der fraglichen Grenzzone. Es wird sich zweifellos herausstellen, daß in den kommenden Jahren ein Teil dieser Kapazitäten nicht zu halten ist, weil er nur aus Subventionen und immer erneuten Fehlleitungen von Kapital gespeist wird.

Die Frage, wie man in Zukunft die Interessen von Industrie und Landwirtschaft im Sinne der höchsten Leistungsfähigkeit der Gesamtwirtschaft gegeneinander abwägt, wird sehr davon abhängen, wie weit es gelingt, innerhalb der deutschen Landwirtschaft die Produktionskosten denjenigen des konkurrierenden Auslandes anzupassen. Ich möchte nicht verfehlen, gerade in diesem Kreise auszusprechen, daß hierin ein gewisser Optimismus durchaus berechtigt ist. Die deutsche Landwirtschaft hat auf sehr vielen Produktionsgebieten in den letzten Jahren so beachtliche Leistungen vollbracht, daß kein Grund einzusehen ist, weshalb eine konkurrenzfähige Agrarerzeugung in Deutschland nicht möglich sein sollte. Wir haben viele Erzeugnisse, die in der deutschen Landwirtschaft im freien Konkurrenzkampf am Weltmarkt unbedingt konkurrenzfähig gewonnen werden können, sofern man unter Konzentration aller Kräfte auf dieses Ziel die Produktion darauf zuschneidet.

(Lebhafter Beifall.)

Dr. **Otto Veit** (Berlin):

Nachdem Herr Professor Brandt die Debatte wieder in ein wissenschaftliches Fahrwasser geleitet hat,

(lebhafter Beifall)

möchte ich mir erlauben, an die Hauptreferate von heute morgen mit einigen ergänzenden Bemerkungen anzuknüpfen. Herr Professor Lederer kam auf die Frage der Industrialisierung der Überseeländer zurück und begründete mit den aus der Theorie des internationalen Handels bekannten Argumenten, weshalb wir einen Rückschlag wegen der Industrialisierung nicht zu erwarten hätten. Ich möchte noch hinzufügen, daß man allein nach der Theorie der komparativen Kosten zu demselben Ergebnis gelangen kann. Nach dieser Theorie findet auch dann noch eine Einfuhr statt, wenn sämtliche Produkte im Inland billiger hergestellt werden können als im Ausland, und zwar weil sich immer noch relative Kostenunterschiede ergeben, nach denen es volkswirtschaftlich rentabler ist, sein Kapital in denjenigen Produktionszweigen zu verwenden, wo es den meisten Ertrag bringt. Nun bedeutet eine Industrialisierung in jedem Falle, daß sich die Marge der relativen Kosten ausweitet; mit anderen Worten, Industrialisierung, die in weitgehendem Maße stets auch Spezialisierung ist, führt dazu, daß die Verwendbarkeit des Kapitals in einzelnen Produktionszweigen relativ noch rentabler wird als in anderen. Schon aus diesem Grunde scheint es mir sicher, daß selbst bei einer Vollindustrialisierung der Länder, die heute Agrarländer sind, mit einem Aufhören der Einfuhr nach diesen Ländern nicht zu rechnen ist. Vielmehr werden bei fortschreitender Industrialisierung die Voraussetzungen der Einfuhr immer günstiger. Die bisherigen Erfahrungen, auf die ich hier nicht hinzuweisen brauche, bestätigen diese theoretische Erkenntnis. Sie gilt allerdings in vollem Umfange nur dann, wenn sich die industrialisierten Länder auf die Dauer nicht protektionistisch verhalten, wenn sie also nach Abschluß einer gewissen Übergangsperiode nicht fortfahren, gegen das eigene Interesse ihrer Volkswirtschaft einen künstlichen Schutz aufrechtzuerhalten.

(Widerspruch von Geheimrat **Sering**: „Das tun sie aber!")

Ich weiß wohl, daß es sich hier um irreale Voraussetzungen handeln kann. Trotzdem hat die ökonomische Theorie die Aufgabe, zu untersuchen, wie der Wirtschaftsprozeß verläuft, wenn die Menschen sich ihrem eigenen wirtschaftlichen Interesse entsprechend verhalten. Im übrigen zeigt die bisherige Erfahrung, daß das Gefälle der Weltwirtschaft bisher noch immer stärker war als das Verkennen des eigenen volkswirtschaftlichen Interesses, das im Protektionismus seinen Niederschlag findet.

Eine solche Feststellung scheint mir im Rahmen einer Debatte über die Frage der Autarkie notwendig, wenngleich ich, ebenso wie Professor v. Dietze, der Meinung bin, daß es sich mit der Forderung der Autarkie heute nicht mehr um eine wirtschaftliche, sondern um eine politische Forderung handeln kann. Ich bin infolgedessen, wenn ich Professor v. Dietze richtig verstanden habe, auch mit ihm der Auffassung, daß das Problem der Autarkie vom wirtschaftswissenschaftlichen Standpunkt heute als vollständig erledigt gelten kann.

(Professor Dr. **von Dietze**: Sie müssen sich an die Worte halten, die ich gebraucht habe!)

Wenn ich Sie nicht richtig interpretiert habe, so bitte ich das als Antithese aufzufassen.

(Heiterkeit.)

Ich glaube in der Tat, daß die Hauptarbeit, die die Wissenschaft in handelspolitischen Fragen heute noch zu leisten hat, das Eindringen in Spezialprobleme darstellt, z. B. Überwälzung von Zöllen usw. oder auch in dem Sinne, wie ich es eben andeutete. Insbesondere aber scheint es mir die Aufgabe einer wissenschaftlichen Analyse handelspolitischer Probleme zu sein, erneut darauf hinzuweisen, daß der Zoll nicht nur deshalb der eigenen Volkswirtschaft schadet, weil Repressalien zu erwarten sind, sondern vor allem aus den Gründen, die ich wegen der Kürze der Zeit nicht anführen kann und die ich in diesem Kreise auch nicht anzuführen brauche. Ich glaube nicht, daß man einer wissenschaftlichen Fundierung der handelspolitischen Debatte dient, wenn man allzuviel Rücksicht auf die zu erwartenden Repressalien nimmt. Selbstverständlich muß die praktische Handelspolitik mit solchen Rückwirkungen rechnen. Für die Untersuchungen, die wir hier zu machen haben, sind sie aber nur von sekundärer Bedeutung.

Eine Bemerkung möchte ich noch anschließen, an der mir auf Grund von Erfahrungen aus meiner journalistischen Praxis besonders gelegen ist. Wenn hier wiederholt zum Ausdruck kam, daß die wirtschaftliche und die politische Betrachtungsweise getrennt werden müßten, so möchte ich dem hinzufügen, daß man bei dieser Unterscheidung auch konsequent bleiben muß. Eine solche Konsequenz scheint mir aber nicht vorhanden zu sein, wenn die Autarkie bzw. der Zollschutz — über das Wort selbst, auf das es eigentlich nicht so sehr ankommt, wird man sich wohl leicht einigen können — zwar ausdrücklich als politische Forderung bezeichnet wird, wenn sie aber nachträglich damit begründet wird, daß die Ausfuhr wegen der mangelnden Aufnahmefähigkeit der Auslandsmärkte zusammenschrumpft. Konsequenterweise würde der Zoll als politische Forderung etwa so zu begründen sein, daß man sagt, ein protektionistischer Schutz des Tomatenbaus oder der Karpfenzucht ist zwar für die Volkswirtschaft mit Kosten verbunden, die Volkswirtschaft muß aber diese Kosten auf sich nehmen, weil außerwirtschaftliche, traditionelle, kulturelle oder sonstige Gründe dafür sprechen. Wenn die Wissenschaft und die Publizistik denjenigen, die nationalökonomisch belehrt werden sollen, stets vor Augen führt, daß ihre politischen Wünsche und Forderungen Geld kosten und wieviel sie kosten, so ist damit noch nicht gesagt, daß diese Forderungen unterlassen oder nicht erfüllt werden sollten; wohl aber ist für die Klarheit der Erörterungen etwas geschehen, was ich für besonders notwendig halte. Selbstverständlich hat jeder Mensch und jede Gruppe von Menschen das Recht, sich so unwirtschaftlich zu verhalten wie es ihr beliebt. Dies Recht wird jeder von uns, mag er sich noch so viel mit wirtschaftlichen Dingen beschäftigen, für sich in Anspruch nehmen. Ich persönlich bin z. B. der Auffassung, daß die deutsche Landwirtschaft unter den heutigen Umständen durchaus eines Schutzes bedarf. Wenn ich aber weiß, daß dieser Schutz Kosten verursacht, so werde ich dafür eintreten, daß er in einer Weise erfolgt, die mit dem geringsten Aufwand einen möglichst großen Ertrag verspricht. Daß dieser Gesichtspunkt in der Praxis nicht hinreichend beachtet wird, scheint mir nicht zuletzt daran zu liegen, daß man der in diesem Kreise hier mit Recht bekämpften Gefahr einer Vermischung und Verwechslung von wirtschaftlichen und politischen Motiven nicht immer entgangen ist.

(Lebhafter Beifall.)

Geh. Rat Prof. Dr. **Lotz** (München):

Meine Damen und Herren! Ich möchte an ein Wort von Adam Smith anknüpfen, das Herr von Dietze in Erinnerung brachte, daß nämlich Verteidigung wertvoller ist als Reichtum. Sie sehen, daß ich zunächst also nicht ökonomisch argumentiere. Was wir jedenfalls brauchen, wenn wir uns in der Welt verteidigen wollen, ist zweierlei, abgesehen von Dingen, die mit Verträgen zusammenhängen. Was wir brauchen, sind Menschen und Geld.

Was die Frage der Menschen betrifft, so hatte ich mich vorbereitet, heute etwas zu erzählen, was vor allem am Platze gewesen wäre, wenn sich jemand zur Vollautarkie bekannt hätte. Aber dieses Gespenst weicht ja immer zurück.

(Heiterkeit.)

Es treten ja heute auch viele sehr vernünftige Leute für die Autarkie ein, und die schränken dann den Begriff schon so ein, daß man mit einer vollen Autarkie ja gar nicht zu kämpfen braucht. Ich hatte mich nämlich damit beschäftigt, wie denn eine Autarkie wirkt, wenn sie vollständig ist, und das hat es gegeben. Im 17. und 18. Jahrhundert und noch etwas länger haben es die Japaner für besonders klug gehalten, alle anderen Völker von sich fernzuhalten und nur an bestimmten Plätzen unter Überwachung einen sehr beschränkten Austausch zuzulassen. Nun ist uns gelegentlich der Tagung des Internationalen Statistischen Instituts im Jahre 1930 in Tokio eine demographische Studie eines Japaners mitgeteilt worden, in der erzählt wurde, was die Japaner sonst eigentlich der Welt nicht erzählt haben, daß sie nämlich während dieser Zeit der Autarkie in einem Lande, das von der Natur nicht sehr reich ausgestattet ist, die Konsequenz lange vor Malthus zogen, über das zweite oder dritte Kind hinaus alles zu töten und noch andere wenig appetitliche Maßnahmen anzuwenden, um ihre Bevölkerung auf einem Gleichstand zu erhalten, weil sie sich vorstellten, daß eine zunehmende Bevölkerung und Autarkie sich nicht miteinander vertragen, besonders wenn dann beim Fehlen der Berührung mit der Weltwirtschaft die Technik stillsteht.

Nun, ich glaube nicht, daß unseren Autarkisten solche extremen Dinge vorschweben. Aber wie wir angesichts der Sorgen, die wir bereits mit der abnehmenden Fruchtbarkeit in Deutschland haben, vorwärts kommen sollen, wenn wir unsere Fähigkeit, auf dem Weltmarkt zu exportieren, beschränken und verkümmern, ist doch eine sehr große Schwierigkeit, die ich sehr ernst auffasse. Wenn wir jedenfalls Menschen brauchen, so ist es die landwirtschaftliche Bevölkerung, die uns solche als brauchbarste liefert, daneben aber auch ein großer Teil der industriellen Bevölkerung.

Nicht in erster Linie haben wir dabei an die Großstadtbevölkerung zu denken. Wir wissen ja, daß die Industrie zum großen Teil nicht in Großstädten, sondern in mittleren und kleinen Plätzen verbreitet ist. Aber wenn wir gerade eine Stärkung der bäuerlichen Bevölkerung wünschen, so ist klar, daß das Opfer kostet. Ich werde nicht in dem Rufe stehen, ein besonders begeisterter Anhänger der Interventionspolitik zu sein; aber bei der Notlage der Bauern werden Interventionen, wie sie jetzt schon erfolgten und weiter erfolgen werden, unvermeidlich sein. Dies wird sehr viel Geld kosten, und am billigsten wird es vielleicht sein, wenn wir nicht etwa mit künstlichen Maßnahmen die Preise erhöhen, sondern bare Zuschüsse geben. Das ist natürlich mit Kosten verbunden, und wenn wir überhaupt unser Kreditsystem, unseren Kapitalismus aufrechterhalten und unsere Schulden verzinsen wollen, müssen wir leider mit einem sehr großen Geldbedarf der öffentlichen Hand auch in Zukunft rechnen, erst recht, wenn die Interventionspolitik zugunsten der bäuerlichen Bevölkerung fortgesetzt wird. Diese Interventionspolitik aber — das war das Interessanteste an den Ausführungen Lederers und von Dietzes — ist unter dem Gesichtspunkt zu betrachten: Sollen wir in der Sorge, daß unser gewiß in mancher Hinsicht bedrohter Außenhandel überhaupt nicht zu halten sei, Maßnahmen ergreifen, die ihn schon heute vernichten, oder sollen wir im Gegenteil behutsam vorgehen und Maßnahmen vermeiden, die eine große Gefährdung des noch Vorhandenen bedeuten? Das ist in erster Linie der Inhalt der heutigen Debatte. Wenn wir denken, es würde eine weitgehende Reagrarisierung in Deutschland erreicht und weiter die bisherigen Verpflichtungen der öffentlichen Hand noch zunehmen, ja wer soll dann die Steuern zahlen? Ich habe einmal einer Tagung von Interessenten beigewohnt, da hat ein bayrischer Wirtschaftsführer gesagt: es sei eigentümlich, man rede von der Bedeutung Bayerns als Agrarstaat, wenn es sich um Subventionen handele, aber man schweige vom Agrarstaat, wenn es sich um das Steuerzahlen handele; hier ist unsere Industrie unbestritten der Hauptsteuerträger. Die Steuerlast in der Hauptsache kann die Landwirtschaft gar nicht aufbringen, auch nicht, wenn sie künstlich subventioniert wird. Soweit die Landwirtschaft gesund emporsteigt, wird sie gewiß ihr Teil Steuerlasten auf sich nehmen; aber sie kann die Lasten nicht allein und auch nicht vorwiegend tragen. Deswegen sage ich: Wenn wir leistungsfähige Finanzen haben wollen, und wenn wir die Ziele verfolgen wollen, die vorschweben, dürfen wir nicht diejenigen, die die Hauptträger der Lasten heute sind, am Erfüllen dieser Aufgaben und Möglichkeiten behindern. Dieses Steuerargument ist meines Erachtens dasjenige, was eben durchschlagend zwingt, alles, was wir von industriellen Interessen lebensfähig erhalten können, nicht zu gefährden. Da wir nun einen starken Export immer noch haben, dessen Bedingungen und dessen Gefährdungsmöglichkeiten von Herrn Professor Lederer so sachkundig geschildert worden sind, so steht für mich im Vordergrund: Vermeiden wir — mögen wir das nun Autarkisierung oder sonstwie nennen — eine Gefährdung der Leistungsfähigkeit der Industrie gegenüber der öffentlichen Hand; denn wir sind heute im wesentlichen dazu da, das, was wir verdienen, als Steuer abzuliefern.

(Heiterkeit und Beifall.)

Geheimer Regierungsrat Dr. **Demuth** (Berlin):

Meine Damen und Herren! Gestatten Sie mir, als Praktiker einige Worte zu sprechen. Ich stehe Betrieben, die auf den Export angewiesen sind, nahe. Ob 100%ige oder 75- oder 50%ige Autarkie ist für den Exporteur ziemlich gleichgültig; schon die Bewegung als solche führt zu schwerer Schädigung des Exports. Wir machen gegenwärtig in bezug auf die Bewegung in der Frage der deutschen Kontingente für Agrarerzeugnisse gewissermaßen eine vorbereitende Generalprobe durch, und ich muß sagen, daß sich diese Generalprobe schon jetzt in ihren ersten Anfängen außerordentlich nachteilig auswirkt. Wir haben eine Vorprobe bei der Frage der Butterkontingentierung erlebt. Dabei geht nicht nur dieser und jener Markt verloren, sondern es tritt, was noch schlimmer ist, eine allgemeine Atmosphäre der Beunruhigung im Auslande und des mangelnden Unternehmerwillens im Inlande ein, die sich aus den Umwandlungen und Verschiebungen, wie sie aus einer nach Autarkie zielenden Politik sich ergeben müssen, ohne weiteres erklärt. Solche Vorgänge lähmen außerordentlich und die Kontingente sind sehr dazu angetan, die Auswirkungen des Papen-Programms in Richtung Wirtschaftsankurbelung, auf die wir alle hoffen, hintanzuhalten. Der Export hat die Aufgabe, die bei uns besonders aktuell ist, Schulden auszugleichen und Importe zu ermöglichen. Unsere Lage wird zur Zeit durch die angespannte Deckung der Reichsbank außerordentlich erschwert, weiter dadurch, daß die Rohstoffpreise steigen, und daß wir, wenn sich das Papen-Programm auswirkt, steigende Mengen von Rohstoffen importieren müssen. Den Gegenwert zu schaffen ist außerordentlich schwierig, wenn dauernd das Gespenst der heute in unserem Kreise zwar abgesetzten, aber in der deutschen Politik immer noch herumspukenden Autarkie umgeht. Die Nachteile sind auch bei jeder planwirtschaftlichen Regelung des Exports nicht aus der Welt zu schaffen. Man soll ja nicht denken, daß man bei Planwirtschaft z. B. die deutschen Schulden nicht zu bezahlen braucht und dadurch eine Erleichterung nach der Seite des Exports schafft, der als Gegenwert für Importe und Schuldenzahlung bewerkstelligt werden muß. Eine weitere Nichtbezahlung der deutschen Schulden würde nach allen Anzeichen dazu führen, daß wir den Import im nötigen Umfange überhaupt nicht mehr bewerkstelligen könnten. Es ist heute schon schwierig, auch nur die notwendigen Rembourskredite zu bekommen. England versagt sich weitgehend nach dieser Richtung, und die Nöte, die sich ergeben müssen, wenn die Bewegung der Autarkie weitergeht, liegen auf der Hand. Eine Planwirtschaft, zu der ja auch letzten Endes der überspitzte Hochschutzzoll führen muß, ist auf keinem Gebiete schwerer durchzuführen als auf dem des Exports, ganz besonders wenn es sich um ein Land wie Deutschland handelt, das überwiegend verfeinertste Waren der Fertigindustrie ausführt. Man stelle sich einmal den Planwirt vor, der Getreide, Gummi, Kupfer einkauft, vertretbare Massenprodukte, die leicht abzusetzen sind — das kann schließlich jeder — und der dafür z. B. Maschinen verfeinertster Art verkaufen muß. Es ist nun einmal das Glück oder Unglück der deutschen Industrie, daß sie darauf angewiesen ist, auf Tausenden von Wegen immer wieder neuen Bedarf in der Welt aufzuspüren und von Tag zu Tag sich in ihrer Produktion umzustellen, heute z. B. diese Maschine zu liefern, morgen jene. Solche Dinge, die so unendlich vielgestaltig sind, lassen sich nicht in die Formen einer Planwirtschaft hineinpressen, das ist unmöglich. Ich muß sehr empfehlen, daß auch dieser Gesichtspunkt bei der Frage Autarkie berücksichtigt wird.

Wo sollen wir beim Übergange zur Autarkie mit unseren Industriearbeitern bleiben, die freigesetzt werden? Sie in die Landwirtschaft hineinzubringen erfordert Jahrzehnte. Woher sollen wir heute die Mittel dazu nehmen, nachdem wir die Siedlung in den Zeiten, in denen sie sich bequem hätte durchführen lassen, vernachlässigt haben? Uns auf andere Industrien umzustellen in dem Maße, wie es für die Unterbringung der Arbeiter notwendig wäre, ist unmöglich. Diese Umstellung bedeutet die Abschreibung und Devastierung unendlicher Kapitalien, des größten Teils des Kapitalbesitzes, der in der Exportindustrie investiert ist. Nun, das wäre vielleicht nicht so schlimm. Herr Dr. Schindler sagte ja, was ohnehin verloren ist, kann man ruhig abschreiben. Aber woher sollen wir weiter das Geld nehmen, um die neuen Investitionen für die Industrieerweiterung vorzunehmen?

(Sehr richtig!)

Die Umstellung ist undenkbar. Wir sind ja gewohnt, aus dem vollen Säckel zu schöpfen, den wir nicht besitzen. Einmal muß aber doch für all diese Dinge eine Grenze eintreten.

Es ist ja vielleicht ein Pech für die Freunde der Autarkie, daß im

Augenblick die Weltwirtschaft so etwas wie einen Ruck nach oben erfährt, bedauerlich für die Theorie, sehr sympathisch für die Praxis.

(Heiterkeit.)

Immerhin glaube ich, wenn man die Zeichen der Weltentwicklung näher ansieht, daß der Pessimismus hinsichtlich des Weltmarktes, der hier so stark vorgetragen wurde, nicht angebracht ist. Wir können doch nicht an der Tatsache vorbeigehen, daß am Geldmarkt, am Kapitalmarkt und auf den Rohstoffmärkten Besserungen vorhanden sind, und wenn ich auch durchaus nicht glaube, daß wir in Deutschland in naher Zukunft wieder eine Zeit erleben werden, wie wir sie etwa 1927/28 gehabt haben, so ist es doch unzweifelhaft, daß die Dinge nach oben gehen. In dieser Zeit muß man alles tun, um Störungen zu verhindern. Die schlimmste Störung ist aber dieses Autarkiegerede, dieses Sichabwenden von dem Einzigen, was uns gerade in Deutschland helfen kann, auf das wir so sehr angewiesen sind, die internationale Zusammenarbeit.

Es ist für den, der Anschauungen vertritt, wie ich sie hier vertrete, sehr unangenehm, daß man von weiten Kreisen der Bevölkerung als schlechter Patriot betrachtet wird. Herr Professor Lederer hat nach dieser Richtung Ausführungen gemacht, die mir sehr wohlgetan haben. Ich darf noch einiges hinzufügen. Wodurch soll Deutschland heute eine Machtstellung in der Welt gewinnen? Dadurch, daß es erklärt: Ich will wieder ein mächtiges Land sein? Dadurch, daß es erklärt: Ich habe dasselbe Recht, wie andere? Man glaube doch nicht, daß man mit solchen papiernen Dingen etwas erreicht. In dieser harten Welt der Gegenwart entscheiden wirklich nur objektive Tatsachen. Aufrüstung, meine Herren! Ich bin der Ansicht, daß Deutschland das Recht zur Rüstung genau so haben muß, wie die anderen. Aber eine Aufrüstung dauert unendlich lange, das geht doch nicht von heute auf morgen. Wir haben nur einen einzigen Machtfaktor gegenüber der Welt aktuell in Rechnung zu stellen, das ist unsere Wirtschaft, und dieser Machtfaktor wirkt auf das Ausland nur insoweit, als die deutsche Wirtschaft mit dem Auslande im Zusammenhange steht oder, das ist beinahe ebenso wichtig, für die Zukunft in Zusammenhang stehen will. Wenn wir exportieren und infolgedessen importieren können, sind wir eine Weltmacht. Dann können wir auch bei hochpolitischen Verhandlungen etwas verlangen. Wenn wir es nicht tun, ist das außerordentlich schwierig für uns. Was den Patriotismus anlangt, so denken die Freunde der Autarkie an das Auslandsdeutschtum mit seinen vielen Millionen überhaupt nicht. Die kommen doch, was ihr Deutschtum anbelangt, bei diesen Bestrebungen einfach unter die Räder.

(Sehr richtig!)

Wenn wir das Auslandsdeutschtum halten wollen, müssen wir den Export halten. Ich möchte noch ein Wort nach der Richtung der politischen Einschätzung der Dinge sagen. Mir scheint der Kampf, den wir heute erleben, ein Kampf zu sein zwischen dem sicher außerordentlich tüchtigen Kolonialdeutschen, der in der ostdeutschen Landwirtschaft seinen charakteristischen Ausdruck gefunden hat, und zwischen den Deutschen des übrigen Vaterlandes, die in städtischer Kultur und in industrialisierter Wirtschaft die vorzügliche zivilisatorische Höchstleistung vollbracht hat. Anders ausgedrückt, möchte ich sagen: Es ist ein Kampf zwischen Patrioten auf beiden Seiten, aber zwischen einem resignierten Patrioten des Verzichts auf der einen Seite, und auf der anderen Seite dem optimistischen Patrioten, der heute noch an eine bessere Zukunft glaubt, und der sein Bestes daransetzen wird, damit unser Volk nicht in der Resignation verharrt, sondern eine glückliche Zukunft unseres Vaterlandes herbeiführt.

(Stürmischer Beifall.)

Professor Dr. **Röpke** (Marburg):

Sehr verehrte Damen und Herren! Sie können sich wohl vorstellen, daß derjenige, der alle jene Bestrebungen, die sich hinter dem Worte „Autarkie" verbergen oder die die Autarkie hinter sich verbergen,

(Sehr gut!)

als eine verhängnisvolle Verleugnung unbestrittener nationalökonomischer Erkenntnisse ansieht, in dieser Stunde gegenüber dem Problem, das hier behandelt wird, sehr vieles auf dem Herzen hat. Der Kampf um die Autarkie hat dazu geführt, daß wir es heute mit nichts Geringerem zu tun haben, als mit einer Aufrollung des gesamten handelspolitischen Problems, mit dem sich die Menschen und insbesondere die Nationalökonomen ex professo seit 100 Jahren beschäftigen. Es ist unmöglich, in 10 Minuten auf diese Grundfragen einzugehen. Aber ich darf der Verzweiflung, in der sich der Nationalökonom angesichts dieser Situation befindet, darüber Ausdruck geben, daß man offenbar in diesen Dingen immer wieder aufs neue von vorn anfangen muß,

(Bravo!)

daß es notwendig ist, auf Dinge zurückzukommen, über die wir gern längst zur Tagesordnung übergehen würden, um uns lockenderen wissenschaftlichen Aufgaben zuzuwenden. Ich glaube, es geht sehr vielen von Ihnen so, daß sie sich überwinden müssen, immer und immer wieder zu betonen, welches denn eigentlich der Sinn der weltwirtschaftlichen Entwicklung, der Sinn der Industrialisierung gewesen ist und noch ist, und was nun eigentlich hinter dem Worte „Internationale Arbeitsteilung" steht. Ich möchte auch nicht auf Einzelfragen eingehen, die damit zusammenhängen, etwa auf die heute morgen aufgetauchte Behauptung, wir hätten gar nicht mehr die freie Beweglichkeit der Arbeitskräfte und der übrigen Produktivkräfte, und daß die freie Beweglichkeit der Produktivkräfte Voraussetzung des freien Handels wäre. Ich möchte daran erinnern, daß die Grundlage der Freihandelstheorie, wie sie vor allem von Ricardo aufgestellt worden ist, nämlich die Theorie der komparativen Kosten, sich gerade auf die relative Unbeweglichkeit der produktiven Kräfte beruft, und diese Unbeweglichkeit der produktiven Kräfte von 1817 ist, verglichen mit dem Jahre 1932, wirklich einer relativen Beweglichkeit gewichen. Aber das sind Fragen, die hier nicht zur Debatte stehen. Ich möchte nur in konzentrierter Form einige meiner Gedanken darlegen und meinen Standpunkt präzisieren. Wie begründet man die Autarkie? (Ob 80-, 90- oder 100%ig, lasse ich dahingestellt.) Ich glaube, mit drei Argumenten, und ich glaube, daß sich bei all diesen drei Argumenten zeigen läßt, wie falsch es ist, nach guter deutscher Sitte beim Auseinandergehen der Meinungen bei der Feststellung zu landen: Nun, wir sind eben anderer Weltanschauung, und so können wir nicht weiterdiskutieren. Ich glaube, wir treiben etwas Unfug mit dem Ausdruck „Weltanschauung". Ich glaube, wir sind in unserer Weltanschauung nicht so sehr verschieden. Das zeigt sich sofort bei dem ersten Argument. Man stellt es so dar, als sei die Autarkie eine nationale Wirtschaftspolitik. Nun, mir scheint es ein besonderes Zeichen nationalen Willens zu sein, nicht nur das Gefühl zu mobilisieren, sondern auch den Verstand zu benutzen,

(Heiterkeit)

und mit Hilfe des Verstandes seinem Vaterland so gut wie irgend möglich zu dienen. Der Verstand zeigt uns, daß es wirklich eine aufs schärfste zurückzuweisende Anmaßung ist, eine Politik der Abschließung als eine nationale, das heißt als eine auf eine Gesamtwohlstandsförderung gerichtete Politik auszugeben. Ich habe den Mut zur Banalität, um daran zu erinnern, daß man ebenfalls schon seit 200 Jahren die Wirkung des Außenhandels mit Recht mit der Wirkung einer arbeitsparenden Maschine verglichen hat. Indem wir Mikroskope und Drehbänke gegen Weizen und — horribile dictu — gegen Bananen eintauschen, bewirken wir, daß wir mit geringerem Einsatz von Produktivkräften die Güter beschaffen, die wir haben wollen, das heißt wir bewirken mit Hilfe des Außenhandels genau dasselbe, was wir mit einer Maschine bewirken. Nun, bisher ist wohl noch niemand auf den Gedanken gekommen, die Zerstörung der Maschinen als eine nationale Tat hinzustellen.

(Zuruf: Doch, von der Goltz!)

Ich nehme an, nicht innerhalb dieses Saales.

(Heiterkeit.)

Nun, dieses Argument der Gesamtwohlstandsförderung, die wir von der Autarkie als einer nationalen Politik zu erwarten hätten, ist ein Argument, das mit dieser oder einer ähnlichen Andeutung sicher als zurückgewiesen gelten kann. Ich für meine Person bin nicht gesonnen, diese Anmaßung, die uns immer wieder entgegentritt, uns als Patrioten zweiten oder dritten Grades zu deklassieren, hinzunehmen.

Das zweite Argument ist die Landwirtschaft. Auch hier sind wir, glaube ich, sehr weitgehend einig. Das deutsche Volk hat das Glück, gegenüber der Landwirtschaft eine andere Einstellung zu besitzen als angelsächsische Länder, etwa die Vereinigten Staaten. Wir sind nicht gewohnt, die Automobilproduktion als dasselbe anzusehen wie die Landwirtschaft. Wir sind in viel höherem Grade bereit als die Engländer oder Amerikaner, alles zu tun, um die Landwirtschaft zu erhalten. Ich für meine Person bin es. Aber von dieser Einigkeit in der weltanschaulichen Grundlage aus erhebt sich nun die Frage: Ist es wirklich eine im Interesse der Landwirtschaft gelegene Politik, die hier empfohlen wird? Man kann diese Frage von verschiedenen Seiten aus betrachten. Man kann z. B. folgenden Gedankengang einschlagen: Ich gehe davon aus, daß wir in der Welt heute — und damit knüpfe ich an das gestrige Thema an — im Gegensatz zu den Befürchtungen, die um 1900 gehegt wurden, nicht einen zu schmalen agrarischen Unterbau, sondern einen zu breiten Unterbau haben. Die Agrarkrise ist so schlimm wie kein anderer Ausschnitt der gesamten Weltwirtschaftskrise. Sie wird viel chronischer und langandauernder sein. Daraus ergibt sich die Folge, daß offenbar das Verhältnis zwischen Industrie und Landwirtschaft in der ganzen Welt im Sinne einer Verringerung der landwirtschaftlichen Produktion verändert werden muß. Ich glaube, daß wir auch da einig sein können. Aber es wird entgegengehalten: Wir sind ja in Deutschland ein agrarisches Einfuhrland, wir brauchen also für uns diese Konsequenzen nicht zu ziehen, sondern können im Gegenteil die Agrarproduktion ausdehnen. Nein, wir können es nicht, und das ist etwas, was mit einer erbitternden Beharrlichkeit immer wieder übersehen wird. Denn wir sind ja nicht nur ein Landwirtschaftsland, sondern gerade die Tatsache, daß wir ein Agrareinfuhrland sind, ist nur die Kehrseite davon, daß wir ein Industrieexportland sind. Eine Ignorierung dieser Tatsache, von der ich ausging, für die Landwirtschaft bedeutet, daß wir auf der anderen Seite unsere Industrie lahmlegen müssen. Man darf also nicht glauben, daß man für diejenigen, die man jetzt in der Landwirtschaft mehr beschäftigen kann, nunmehr die Arbeitslosigkeit mindern kann, sondern wir haben auf der anderen Seite dann eine vielleicht viel größere Arbeitslosigkeit in der Industrie.

Das dritte Argument ist das: „Autarkie ist unser Schicksal." Meine Damen und Herren! Wir sind doch sonst gewohnt — und gerade diejenigen, die immer von Autarkie als Schicksal reden, sind es doch ganz besonders gewohnt —, nicht die Hände in den Schoß zu legen und sich einem Schicksal zu beugen, sondern immer wieder die Arme der Götter herbeizurufen. Ich möchte alle diejenigen, die von diesem Argument Gebrauch machen, bitten, zu bedenken, daß dieses Argument, daß die Autarkie unser Schicksal sei, kein Argument ist, das irgendwie selbständige Bedeutung hätte, sondern das Ganze ist eine Frage des Wollens oder Nichtwollens.

(Lebhafter Beifall.)

Professor Dr. **Sieveking** (Hamburg):

Meine Damen und Herren! Autarkie bedeutet nach meiner Meinung zweierlei: Auf der einen Seite ist es eine Stimmung und auf der anderen Seite ein Waffe, deren Interessenten sich bedienen. Was nun diese Stimmung betrifft, so ist hier gesagt worden, es gebe fast niemand, der noch auf dem Boden der Autarkie stünde. Das ist nicht richtig. Es gibt einen großen Kreis, nämlich den „Tat"-Kreis, und aus diesem Kreise stammt ein Buch, das unter dem Namen Fried geht, „Das Ende des Kapitalismus". In diesem Buche stehen sehr viele Daten. Es wird zum Beispiel gesagt, die Bankleiter in Deutschland seien überaltert, einer repräsentiere die Jugend, nämlich Jakob Goldschmidt.

(Heiterkeit.)

Weiter ist dort gesagt worden, die Grundlage der Autarkie sei die Tatsache, daß es keinen technischen Fortschritt mehr gebe. Auch diese Behauptung läßt sich wohl kaum aufrechterhalten; denn wir sehen gerade, wie sich überall ein unheimlicher Fortschritt vollzieht, und es ist nicht so, daß man sagen kann: wir wollen nicht mitmachen, sondern diese dynamische Bewegung, in der die Wirtschaft der Welt und auch unsere steht, ist so, daß derjenige, der mitmacht, der zuerst den technischen Fortschritt hat, den Vorsprung hat. Wir Deutsche sind nun in der Lage, daß wir eine Reihe von Gebieten nicht nur in unserer Industrie, sondern auch in der Landwirtschaft haben, wo wir imstande sind, Bestes zu leisten, und daran müssen wir festhalten, dieses Beste zu leisten.

Vielleicht darf ich noch eine gelehrte Bemerkung einschalten. Der Ausdruck „Autarkie" ist im Altertum in zweierlei Sinn gebraucht worden. Der eine Sinn, auf den man sich gewöhnlich beruft, ist der, den Aristoteles diesem Wort gegeben hat, er dachte an die sich selbst versorgenden Kleinstädte, etwa Abdera, und auf der anderen Seite steht das Wort des Thukydides, der in der Leichenrede auf die gefallenen Athener den Perikles sagen läßt: „Unsere Stadt, die bei dem kümmerlichen Boden des Landes vom Ausland, vom Pontus, von Ägypten, von Sizilien mit allem versorgt war, war dadurch autarkestate", also besonders autark, das heißt mit allem wohl versehen.

(Heiterkeit.)

Wie kann nun wirtschaftlich gesehen ein Land mit allem wohl versehen sein? Dadurch, daß es eben seine Produktivkräfte in jeder Weise anstrengt. Wie kann überhaupt ein Mensch sich selbst gefallen, wenn er anderen nicht gefällt?

(Heiterkeit.)

Also die Produktivkräfte, durch die wir mit dem Ausland konkurrieren können, sind es, die auch uns dann gefallen. Wir wollen doch nicht kümmerlich leben. Warum sollen wir uns Deutsche wieder in die Rolle des Eremiten hineinversetzen? Eine reichliche Versorgung durch ergiebige Produktion ist doch das wirtschaftliche Ziel, das wir erstreben. Man muß sich fast entschuldigen, von wirtschaftlichen Dingen zu sprechen.

(Heiterkeit.)

Eine nationale Wirtschaft ist nur möglich, wenn diejenigen Produktivkräfte im Lande gefördert oder wenigstens am Leben gelassen werden, die am ergiebigsten sind, und wenn nicht künstlich solche Zweige aufrechterhalten werden, die nicht mehr mitkommen können.

Das Wort „Autarkie" ist ja zurückgenommen worden, es ist dafür gesagt worden: „Nahrungsfreiheit". Aber im Grunde kommt diese Nahrungsfreiheit auf etwas Ähnliches hinaus, daß man eben gewisse Zweige, die sich in Gefahr befinden, stützt und andere, die lebensfähiger sind, dabei verkümmern läßt. Man kann eben nicht beides machen. Nun ist es wohl so, daß man in der Agrarwirtschaft das Getreide manipulieren kann; aber ich glaube, diese Manipulierung des Getreides führt immer zum Ruin der Viehwirtschaft. Wir haben das im Weltkrieg erlebt, Rußland erlebt es jetzt. Ich glaube, wir haben auch im vorigen Jahre einiges davon erlebt, und wenn ich an die Zeiten des Merkantilismus erinnern darf, so wurde damals das Getreide manipuliert, und die freie Wirtschaft, die die Physiokraten zuerst verlangten, ist nicht der Menschen wegen gemacht worden, sondern zunächst um eine stärkere Viehhaltung zu ermöglichen. Es was das Vieh, das bei der damaligen Reform in erster Linie stand, nicht das Getreide. Der Mensch lebt nicht vom Brot allein, auch wirtschaftlich, und da liegt das schwierige Problem. Also Förderung der Wirtschaft auf den Gebieten, wo die Lebensfähigkeit und die Möglichkeit des Weiterlebens besteht!

Ich möchte gerade an diesen mitteldeutschen Raum hier erinnern: Das Sachsenland und die Elbe, die leider noch nicht genügend vertieft ist, um auch in warmen Sommern die Schiffahrt aufrechtzuerhalten, das sind heute die Schwerpunkte der deutschen Wirtschaft. Es hat eine Zeit gegeben, wo der Boden die Grundlage unserer Wirtschaft war. Das war in den 60er Jahren. Da war entscheidend für unsere Stellung in der Weltwirtschaft die Getreideproduktion. Dann hat es eine andere Zeit gegeben, als Alfred Weber sein Werk vom Standort der Industrie schrieb, da war die Quelle unseres Wohlstandes eben die Kohle, also die Hilfsstoffe. Gerade hier hat sich die Situation verschoben. Heute ist der Schwerpunkt unserer wirtschaftlichen Macht unsere Arbeitskraft, der deutsche Arbeiter, der besonders fähig ist, und der von Unternehmern geführt wird, die sich den Konjunkturen leichter anpassen. Man hat gesagt, daß der Deutsche dafür eine besondere Begabung hätte. Leider habe ich heute auch schon wiederholt das Wort gehört, daß uns die Gabe für die Kommerzien abhanden gekommen wäre. Das wird so zu erklären sein, daß eben da, wo die großen Kapitalien investiert sind, der Werkhandel und ähnliches dann so schematisch arbeitet, daß die Anpassung gewisse Schwierigkeiten macht. Aber trotzdem liegen dort die Hauptmöglichkeiten unseres Weiterkommens, und hier liegt eben die große Gefahr, wenn man sagt: Autarkie ist Schicksal. Nein, es ist so, daß bei uns die Regierenden direkt im Sinne der Autarkie führend geworden sind für ganz Europa. Die anderen müssen mitkommen, weil wir es so machen. Man muß sich aber unter Umständen dem Schicksal entgegenstemmen!

Diese Aufgabe hat nun auch eine besondere nationale und soziale Bedeutung. Ich rechne mich zu den nationalen und sozialen Menschen, und hier ist zu sagen, daß gerade ein Volk wie das deutsche sich nicht auf das einfache Dasein beschränken kann. Wir sind immer mit den Geschicken der Menschheit verbunden gewesen. Gewiß, man könnte sagen: Ja, wenn nur wirtschaftlich die Sache mit Opfern verknüpft wäre, möchte es noch hingehen. Es gibt sogar Leute, die hoffen, daß die Autarkie ihnen bessere Preise bringt. Das ist aber für das Ganze ein großer Irrtum. Die Autarkie ist für ein Volk nur mit großen Opfern zu erkaufen. Nun könnte man sagen: Die Welt ist schlecht, also ziehen wir uns von der Welt zurück.

Das kann schon der Einzelne nicht tun, obgleich man oft in der Versuchung wäre, so zu handeln. Das kann aber vor allem ein Volk wie das deutsche nicht tun. Erinnern wir uns an unseren Friedrich List, der seinem Werk von dem „Nationalen System“ das Wort vorausgesetzt hat „Et la patrie, et l'humanité“! Ein Volk ist ein wirkliches Volk nur dann, wenn es den Aufgaben der Menschheit gerecht werden kann. Die Arbeitslosigkeit, die uns hier begegnet, begegnet uns überall. Sie ist eine gemeinsame Not, und dieser gemeinsamen Not kann man nur durch gemeinsame Mittel der ganzen Menschheit begegnen. Die Technik ist so, daß sie die Welt immer näher aneinander bringt. Gerade die Technik, der Rundfunk, das Luftschiff usw. rückt die Völker einander näher. Demgegenüber sehen wir den Gegensatz, daß sich die Völker durch künstliche Mittel voneinander abschließen. Das ist so zu erklären, daß jedes Volk suchen muß, in dieser Welt seinen Standpunkt zu behaupten, und wir werden das auch tun müssen. Aber wir dürfen uns nicht von den Aufgaben der Menschheit ausschließen, wir müssen aufs beste mitmachen.

Was aber nun die soziale Seite der Sache anlangt, so möchte ich an das anknüpfen, was Herr Kollege Sering gesagt hat: National liegt die Sache so, daß unser Osten gefährdet ist, und er kann niemals gehalten werden, wenn im Osten das gilt, was manche wollen, daß es im Osten weiter Herren und Knechte gibt, also die Gutsherren und die Dienstleute. Damit können wir den Osten nicht halten, das sind Dinge, die im Verein für Sozialpolitik oft erörtert worden sind. Der Osten kann nur gehalten werden, wenn dort selbständige deutsche Bauern sitzen.

(Lebhafter Beifall.)

Professor Dr. **Eucken** (Freiburg i. Br.):

Meine Damen und Herren! Der ausschließliche Zweck meiner Bemerkungen ist eine Auseinandersetzung mit Herrn von Dietze. Ich stehe dabei, wie der Herr Redner, auf dem Standpunkt, daß die Handelspolitik als Teil der Gesamtpolitik anzusehen ist, und auch das Autarkieproblem nur von hier aus richtig erfaßt werden kann. Unsere Übereinstimmung geht — so nehme ich an — noch weiter: Herr von Dietze wird, wie ich, politische Ratschläge nur dann für sinnvoll halten, wenn sie sich auf dem Boden der „Realpolitik“ bewegen. Das, was für Bismarck seinerzeit den Anstoß bildete, dies Wort zu prägen, war die Notwendigkeit, gegenüber den zahllosen, verwaschenen, freischwebenden, unrealistischen politischen Meinungen, die im Volke umliefen, zu einer wirklichkeitsnahen Politik zu mahnen. Realpolitik treiben heißt, nüchtern die Tatsachen sehen und in diese Welt der Tatsachen gestaltend eingreifen. Zu den Tatsachen gehören — wie Herr von Dietze ganz richtig gesagt hat — auch geistige Strömungen, die ein Volk bewegen, und Mythen, die stets eine, nicht die einzige, Grundlage seines Handelns bilden. Aber Tatsachen, mit denen der Staatsmann zu rechnen hat und die bei den politischen Entscheidungen eine wichtige Rolle spielen müssen, sind auch die wirtschaftlichen Kräfte eines Volkes — und hier setzt meine Kritik an Herrn von Dietzes Anschauungen ein. Jede Maßnahme, die wirtschaftlich schädlich ist, ist auch politisch bedenklich, weil durch sie die Kräfte des Volkes und des Staates geschwächt werden; sie rechtfertigt sich also nur, wenn schwerwiegende politische Vorteile anderer Art mit dem wirtschaftlichen Opfer erkauft werden.

Von einem realpolitischen Gesichtspunkt aus gesehen, ist die heutige handelspolitische Situation Deutschlands durch zwei Tatsachen gekennzeichnet. Unser auf engem Raum zusammengepreßtes Volk hat sich nur dadurch ernähren und seine bedeutende wirtschaftliche Leistungsfähigkeit, hauptsächlich seine hochqualifizierten Arbeitskräfte, zur Geltung bringen können, daß es erhebliche Teile seiner Fertigwarenproduktion auf dem Weltmarkt verkaufte, um dagegen vor allem Rohstoffe, daneben auch Lebensmittel einzutauschen. Deshalb braucht der heutige deutsche Produktionsapparat, wie er auf Grund der natürlichen Verhältnisse und einer sehr langen geschichtlichen Entwicklung geworden ist, den Weltmarkt. Darin haben wir die eine für die deutsche Handelspolitik grundlegende Tatsache zu sehen. Die andere ist jüngeren Datums: Die internationale Arbeitsteilung wird durch politische Bewegungen im Ausland erschwert, ja teilweise unmöglich gemacht; zugleich drängen starke Kräfte im Inland in der gleichen Richtung. Woher die hochprotektionistischen Strömungen der Gegenwart kommen, haben wir hier nicht zu untersuchen, sondern wir haben lediglich festzustellen, daß sie wirksam sind. Deutschland besitzt also einen Wirtschaftsapparat, der auf die Weltwirtschaft angewiesen ist, und der die zahlreiche Bevölkerung nur im Rahmen der internationalen Arbeitsteilung ausreichend versorgen kann, andererseits hat es mit der Tatsache zu rechnen, daß die politischen Grundlagen dieser Arbeitsteilung erschüttert sind.

Wie soll Deutschland angesichts einer solchen Situation handeln? Soll es mit seiner Handelspolitik danach streben, die wirtschaftlichen Beziehungen zum Weltmarkt, soweit es irgend geht, aufrechtzuerhalten? Oder soll es sich vom Weltmarkt nach Möglichkeit abschließen, aktive Autarkiepolitik treiben? Oder ist ein Kompromiß möglich? Gerade die Staatsräson gebietet das Beschreiten des ersten Weges. In seiner ungemein bedrängten außenpolitischen Lage, die eine Stärkung, nicht eine Schwächung des Volkes verlangt, darf Deutschland keine Handelspolitik treiben, die zu wirtschaftlicher Verelendung führt. Denn ein wirtschaftlich niedergehendes Volk ist zu politischer Kraftentfaltung unfähig. Ganz richtig erkannten die preußischen Reformminister nach dem Zusammenbruch von 1806/07, daß der politische Wiederaufstieg Preußens eine Wirtschaftspolitik erforderte, die eine Stärkung, nicht eine Schwächung der wirtschaftlichen Kräfte erzielte. Auch die wehrpolitische Tauglichkeit der heutigen deutschen Bevölkerung muß bedenklich sinken, wenn durch wirtschaftliche Verkümmerung die Leistungsfähigkeit des Einzelnen herabgemindert wird. Daß aber heute jede Handelspolitik, die die Abschottung vom Weltmarkt befördert, zu einer wesentlichen Verkleinerung des Nahrungsmittelspielraums, zur Entwertung eines erheblichen Teils des deutschen Produktionsapparates, zu weitgehender Brachlegung der großen Fähigkeiten der Unternehmer, Angestellten und Arbeiter, kurz zur Verarmung Deutschlands führt, daran kann kein Zweifel bestehen. Vor einer Autarkiepolitik muß also gerade aus politischen Gründen gewarnt werden. Soweit uns die Autarkiepolitik anderer Länder ohne unser Zutun den Weltmarkt verbaut und unseren Lebensraum verengt, können wir nichts daran ändern; soweit Deutschland aber selbst eine aktive Autarkiepolitik treibt, sich vom Ausland abschließt und damit auch autarkistische Gegenmaßnahmen der anderen hervorruft, schädigt es sich mit eigener Hand, mindert es selbst seine wirtschaftliche und politische Widerstandskraft.

Wie eine Autarkiepolitik, so muß meines Erachtens auch ein Kompromiß zwischen beiden eben genannten handelspolitischen Methoden schwere Gefahren heraufbeschwören, ein Kompromiß, das durch das Schlagwort „Durch Autarkie zur Weltwirtschaft" gekennzeichnet ist. Zwecks Klärung des Problems sei mir gestattet, Ihnen, Herr von Dietze, eine Frage vorzulegen, um deren Beantwortung ich bitte. Auch Sie verwandten dieses Schlagwort.

(Professor von Dietze: Das habe ich zitiert!)

Jawohl, das haben Sie zitiert, und zwar beifällig zitiert.

(Heiterkeit.)

Ich bitte Sie, im Schlußwort näher darzulegen, was man sich darunter vorstellen soll. Wollen Sie durch eine Autarkiepolitik zunächst den Ausfuhrindustrien ihren wichtigsten Absatzmarkt rauben, um ihn später wiederherzustellen? Wollen Sie z. B. Industrien, wie die Schwarzwälder Uhrenindustrie oder die Chemnitzer Wirkwarenindustrie erst vollkommen verfallen lassen, die Leute anderswo kärglich unterbringen und nachher diese Industrien mittels einer nichtautarkistischen Handelspolitik durch Eröffnung des Weltmarktes wieder lebensfähig machen?

(Geheimrat Sering: Wie wollen Sie es denn machen?)

Ich bedaure, mich nicht klar genug ausgedrückt zu haben.

(Präsident Professor Gehrig: Herr Professor Eucken hat leider keine Zeit mehr, diese Frage zu beantworten.)

Dann darf ich die Versammlung bitten, mir zwecks Beantwortung der Frage von Herrn Geheimrat Sering noch Zeit zu gewähren. (Zustimmung.) — Da eine Abschnürung vom Weltmarkt die Lebensgrundlagen unserer Nation schmälert und damit ihre politische Widerstandskraft notwendig schwächt, muß — so sagte ich — eine realpolitisch handelnde Staatsleitung alles vermeiden, was diese Abschnürung befördert; ihre Handelspolitik muß — das verlangt gerade das Staatsinteresse — darauf gerichtet sein, der deutschen Ausfuhr die Türen möglichst offen zu halten und nicht die bestehenden Abschließungstendenzen durch eigene handelspolitische Maßnahmen noch zu verstärken. Wer aber meint — so sagte ich weiter — ein Kompromiß mit autarkistischen Bestrebungen abschließen zu können, indem er das Schlagwort „Durch Autarkie zur Weltwirtschaft" aufgreift, dem muß die Frage vorgelegt werden, ob er im Ernst einen bedeutenden Teil des deutschen Wirtschaftsapparates erst zerschlagen will, um ihn nachher wieder aufzubauen.

Ich möchte schließen, indem ich an Gedanken anknüpfe, die Herr von Dietze ebenfalls am Schluß seiner Darlegungen geäußert hat. Er sagte, wir sollten an unsere Tradition denken. Was lehrt unsere Tradition?

(Zuruf von Professor von Dietze.)

Nun — mir bedeutet die Tradition der deutschen Politik, die deutsche Geschichte sehr viel. Sie lehrt, daß der Lösung der größten politischen Probleme gerade eine liberale Wirtschaftspolitik erfolgreich gedient hat. Dies heute festzustellen, scheint mir notwendig zu sein. Denken Sie an die liberale Wirtschaftspolitik Preußens, die dem Kampf von 1813 vorausging, denken Sie weiter daran, daß auch die andere große außenpolitische Leistung Preußens im 19. Jahrhundert, die Reichsgründung, nicht zufällig in Zeiten liberaler Handelspolitik erfolgte: Der Freihandel war in den 60er Jahren ein wichtiges Werkzeug der Bismarckschen Politik, die zur Schaffung des Reichs führte. Das ist die wahrhafte deutsche Tradition und an sie müssen wir anknüpfen.

(Lebhafter Beifall.)

(Präsident Professor Dr. Wilbrandt übernimmt den Vorsitz.)

Minister a. D. Dr. **Gothein** (Berlin):

Meine Damen und Herren! Herr Professor Brandt hat mit Recht darauf hingewiesen, daß die Bestrebungen, die Lebensmittel des Auslandes fernzuhalten, bei uns sehr häufig dazu führen, daß unsere landwirtschaftlichen Produzenten ihre Produktion so erweitern, daß infolgedessen die Preissteigerung, die sie von dieser Maßnahme erhofften, nicht eintreten konnte. Wir haben das bei unserer Fleischversorgung erlebt: eine beispiellose Steigerung der Schweineproduktion, der Rinderproduktion, der Milch- und Butterproduktion. Die Folge war, daß die Preissteigerungen vollständig ausgeblieben sind, daß im Gegenteil die Preise seit diesen Maßnahmen wesentlich zurückgegangen sind. Es kommt hinzu, daß, wenn ein großes Absatzgebiet den Absatz des Auslandes auf seinem Markt wesentlich einschränkt, der Druck, den die Produktion des Auslands, die nicht so rasch zurückgeschraubt werden kann, auf die Preise des Weltmarkts ausübt, außerordentlich stark wird. Unsere Abwehrmaßnahmen haben daher namentlich in den Niederlanden, Dänemark, Schweden zu einem außerordentlichen Preisdruck für landwirtschaftliche Erzeugnisse geführt, womit auch die Kaufkraft dieser Länder für unsere Erzeugnisse stark zurückgegangen ist, während der erhöhte Zoll bei uns nicht zum Ausdruck kommen konnte. Nach Friedrich List kann ja ein Zoll und ebenso eine andere Einschränkungsmaßnahme im Inlandpreis nicht mehr zum Ausdruck kommen, sobald einmal die innere Produktion den heimischen Bedarf überschreitet, weil die Überproduktion den Preis im Inland drückt. Der durch unsere Zoll-Kontingents- und sonstige Einfuhreinschränkungsmaßnahmen verursachte Preisdruck verärgert nun das Ausland, zumal wenn diese Maßnahmen von ihm als ungerecht empfunden werden, wie das insbesondere nicht nur bei den Butterzöllen, sondern bei der unglücklichen Kontingentierung der Fall war. Wir haben damit eine Reihe unserer besten Abnehmer, in erster Linie die Niederlande vor den Kopf gestoßen, in zweiter Linie Dänemark, Schweden u. a. m. Tag für Tag flattern den deutschen Außenhandelsorganisationen die Klagen unserer Exportindustrie auf den Schreibtisch, daß ihnen wieder Aufträge entgangen seien mit der ausdrücklichen Begründung für ausländische Importfirmen: sie täten es unter dem Druck ihrer sich mit dem Boykott deutscher Waren befassenden Organisation, um die Deutschen zu zwingen, von dieser Politik, die bei ihnen so viel Verstimmung hervorrufe, abzugehen. Ich sprach vor 14 Tagen einen Herrn, der aus Holland zurückkam, wo er an der Spinozafeier teilgenommen hatte. Er erzählte mir entsetzt, die dortigen Gelehrten hätten ihm gesagt, sie verzichteten jetzt systematisch darauf, deutsche Instrumente zu beziehen, trotzdem sie besser und billiger seien als andere, da Deutschland Holland mit Zöllen und Kontingente zu sehr verärgert habe. Genau dasselbe finden Sie in Dänemark und Schweden. In diesen und vielen anderen Ländern werden wir, wenn die neuen Kontingentierungsmaßnahmen durchgeführt werden, dasselbe erleben. Darin liegt eine ungeheuere Gefahr für die Schrumpfung unseres Außenhandels; ohne ihn können wir unsere Bevölkerung nicht ernähren, und wenn die industrielle Bevölkerung nichts verdient, hat sie auch nicht die Möglichkeit, für die höherwertigen Lebensmittel angemessene Preise anzulegen; davon aber hängt es ab, ob es der Landwirtschaft und gerade den bäuerlichen Betrieben gut geht.

Nun wird immer auf den Ersatz der Auslandsaufträge hingewiesen werden, den der Industrie die Landwirtschaft geben würde. Lassen Sie mich aus dem neuesten Bericht des Stahlwerkverbandes wenige Zahlen mitteilen. Der Inlandsversand von Stabeisen ist im letzten Jahr um 630000 t zurückgegangen, der Auslandsversand um 144000 t. In Grobblech ist der Inlandsversand um 266000 t zurückgegangen, der Auslandsversand um 20000 t, in Universaleisen der Inlandsversand um 42000 t, der Auslandsversand um 6500 t. Diese Zahlen zeigen, daß diese Industrien unbedingt auf den Auslandsmarkt angewiesen sind, er ist heute für sie eine Lebensfrage.

Die Sache hat aber noch eine außenpolitische Seite. Ich habe in der ersten Reihe der Kämpfer gegen den Bülow-Tarif gestanden. Im Frühjahr 1919 fuhr ich zusammen mit einem der Hauptvertreter der süddeutschen Schutzzöllner, dem Führer der dortigen Spinnereivereinigung, und der sagte mir damals: „Wenn wir hätten ahnen können, wie die Wirtschaftspolitik, die wir mit dem Bülow-Tarif getrieben haben, auf unsere auswärtigen Beziehungen zurückwirkt, hätten wir unendlich viel vernünftiger gehandelt, wenn wir diese Politik nicht geführt hätten." Das war leider eine sehr späte Erkenntnis. Wir haben es damals mit aller Energie gesagt und davor gewarnt, eine Wirtschaftspolitik zu führen, die das Ausland vor den Kopf stößt. Das war auch das Wesen der alten freihändlerischen Richtung, wie sie im Cobdenklub, dessen Ehrenmitglied ich noch bin, vertreten wurde. Sein Grundsatz war, daß eine freundwillige Wirtschafts- und Handelspolitik ein Friedens- und Verständigungselement erster Klasse sei. Aus diesen idealen Beweggründen haben wir seinerzeit diesen Kampf geführt, und wenn wir jetzt wieder davor warnen, die Welt handelspolitisch vor den Kopf zu stoßen, so müssen wir als alte Politiker sagen: daß unsere heutige außenpolitische Lage uns wahrhaftig nicht erlaubt, uns noch mehr Feinde zu machen und auch mit der Kontingentierung unsere besten Freunde vor den Kopf stoßen, wie die Niederlande, die Schweiz, Schweden und Dänemark, deren Landwirtschaft heute auch schwer zu kämpfen hat, und die uns im Kriege eine wohlwollende Neutralität bewiesen haben. Wir müssen mit Bedauern feststellen, daß die Sympathien für Deutschland im gleichen Maße zurückgehen, wie unsere Handelspolitik den Außenhandel erschwert. Aus diesen idealen Gründen, weil wir der Meinung sind, daß es für Deutschland notwendig ist, daß seine Außenpolitik ihm wieder Freunde erwirbt und nicht neue Feinde schafft, treten wir gegen diese Verschärfung der Handelspolitik ein.

(Lebhafter Beifall.)

Dr. **Schlesinger** (Wien):

Meine Damen und Herren! Ich möchte an ein Wort von Herrn Professor von Dietze anknüpfen. Er sagte, daß Liberalismus eine Frage der Weltanschauung sei, und daß alle in diesem Saale diese Ansicht teilen dürften. Ich glaube nicht nur in meinem Namen, sondern im Namen vieler Herren zu sprechen, wenn ich behaupte: Liberalismus ist ebensowenig Weltanschauung wie Mathematik, wie Technik, wie Betriebswirtschaftslehre oder irgendeine andere wirtschaftliche Kunstlehre; denn die These des Liberalismus ist nichts anderes, als daß vom rein wirtschaftlichen Standpunkt aus die besten Ergebnisse der Staatsführung erzielt werden, wenn der Staat möglichst wenig in die Wirtschaft eingreift, oder daß zum mindesten eine starke Präsumption bei jedem einzelnen staatlichen Eingriff dafür spricht, daß dieser Eingriff schädliche Folgen haben werde. Die Freihandelslehre ist noch nie widerlegt worden. Nun befindet sie sich aber einer sonderbaren Antinomie gegenüber, die aufzuklären die Konjunkturtheorie und speziell die Geldtheorie in der Lage ist. Die Antinomie ist folgende: Einerseits: Es stimmt vollständig, daß internationale Arbeitsteilung nützlich ist, daß Zölle die internationale Arbeitsteilung schädigen usw. Man kann das bei Ricardo nachlesen. Anderseits wird sich kein unbefangener Beobachter des Wirtschaftslebens dem verschließen, daß, insofern mit einer bestimmten Zollerhöhung keine Repressalien des Auslandes verbunden sind, jene Zollerhöhung die Arbeitslosigkeit vermindert, brachliegende Produktionsmittel der Verwendung zuführt und hierdurch in dieser Beziehung eine solche Besserung der wirtschaftlichen Lage bewirkt, die vielleicht größer ist als die Schädigung, die durch die Verschlechterung der internationalen Arbeitsteilung hinsichtlich dieser einen Volkswirtschaft herbeigeführt wird.

Die Lösung dieser Antinomie liegt, wie ich glaube, in jenen Erscheinungen, die wir im Zusammenhang mit Konjunktur und Inflation zu studieren gewohnt sind. Wir wissen alle, daß eine Inflation vorübergehend konjunkturbelebende Wirkungen hat, daß also die Preissteigerungen, die durch eine Geldvermehrung hervorgerufen werden, vorübergehend die Arbeitslosigkeit vermindern, die Produktionsintensität erhöhen. Nur hat die Inflation normalerweise (d. h. bei sonst unveränderten Umständen) die nachteilige Folge, daß sie die Stabilität der Währungskurse in Gefahr bringt. Jede Zollerhöhung aber bedeutet, daß eine Inflation in bestimmtem Ausmaß vollführt werden kann, ohne daß die Wechselkurse in Gefahr gebracht würden. Wenn das Preisniveau zwischen zwei Ländern eine Kaufkraftparität ergibt, die ihrerseits der Wechselkursparität entspricht, und wenn dann für einen einzelnen bestimmten Einfuhrartikel eines Landes ein Zoll eingeführt wird, so kann der Preis dieses Artikels in dem zollgeschützten Lande steigen, ohne daß vermehrte Einfuhrmöglichkeiten entstünden. Es braucht also nicht zum Schutz der Zahlungsbilanz durch eine deflationistische Politik der Notenbank irgendeine kompensatorische Senkung der übrigen Güterpreise herbeigeführt zu werden, weil sich auch ohnedem keine Störung der Handelsbilanz, der Zahlungsbilanz und des Devisenmarktes einstellt. Die Konsequenz ist, daß in dem durch diese Zollerhöhung geschützten Teil der Wirtschaft in der Tat jene typischen inflatorischen, konjunkturbelebenden Wirkungen eintreten, die für jede Konjunktur und jede Inflation charakteristisch sind, ohne daß hiermit der Nachteil der Gefährdung der Wechselkurse verbunden wäre.

Wir sehen also, daß den dauernden und konstanten Nachteilen, welche mit jeder schutzzöllnerischen Politik verbunden sind, für eine begrenzte Zeit Vorteile gegenüberstehen; diese konjunkturellen, quasi inflatorischen Vorteile der Zollerhöhung bilden den richtigen Kern des ganzen Schutzzollarguments. Ob man diesen vorübergehenden Vorteil den dauernden Nachteilen gegenüber größer oder geringer einschätzen soll, ist im allgemeinen eine Frage der Politik, und zwar insbesondere jener Einstellung, gemäß welcher man gegenwärtige Vorteile und künftige Übel gegeneinander abwägt. Vom Standpunkt der Wissenschaft kann — so scheint es mir — nur so viel gesagt werden, daß die quasi inflatorischen Wirkungen der Zollerhöhung relativ am wünschenswertesten in einem solchen Konjunkturstadium sind, wo sonst eine deflationistische Politik getrieben werden müßte. (Dies ist die Erklärung dafür, warum man in England gerade in diesem Zeitpunkte Zölle — meines Erachtens mit einigem Recht — eingeführt hat.) Der Zeitpunkt für den Kampf gegen die Zölle ist hingegen am besten in einem solchen Augenblick gegeben, wo wieder eine allgemeine Tendenz zur Preissteigerung besteht, wo eine Kreditausweitung mit Rücksicht auf die internationalen Belange auch ohne Zollerhöhungen gemacht werden kann. Eine Periode aufsteigender Konjunktur ist auch darum zum Wiederabbau der Zölle zu benützen, damit für neuerliche Depressionszeiten eine Latitude für schutzzöllnerische Injektionen geschaffen sei; gleichwie man dem Kranken, der an Morphium gewöhnt ist, in schmerzfreien Zeiten das Morphium langsam abgewöhnen muß, um im Falle wiederkehrender Schmerzen mit steigenden Dosen operieren zu können.

Dies ist, glaube ich, der toleranteste Standpunkt, den man vom Standpunkt der Wissenschaft aus dem Schutzzoll gegenüber einnehmen kann. Aber auch von diesem tolerantesten Standpunkt aus muß gesagt werden: Die Zeit aufsteigender Konjunktur, also die Zeit, an deren Schwelle wir, wie ich glaube, stehen, ist jener Zeitpunkt, wo der Kampf gegen jene exorbitant hohen Schutzzölle, die in Deutschland in den letzten drei Jahren bestanden haben, mit aller Energie geführt werden müßte.

Professor Dr. Graf **von Degenfeld-Schonburg** (Wien):

Meine Damen und Herren! Das Argument, das zugunsten protektionistischer Maßnahmen, zugunsten einer teilweisen Autarkie in erster Linie als wichtigstes meiner Meinung nach vorgebracht werden kann, ist, daß gewisse Produktionen für ein Land notwendig und unentbehrlich sind, weil die Volkswirtschaft eines Landes ein organisches Gebilde sein soll, und daß ohne diese Produktionen in einem Lande die Volkswirtschaft auf lange Sicht nicht existieren kann. Aber nun fragt es sich: Wann ist das möglich? Ist es immer möglich, daß die Volkswirtschaft eines Landes auf diese Weise zu einem organischen Gebilde wird, das den anderen Volkswirtschaften gewachsen und ebenbürtig ist? Da erheben sich nun die bekannten Gründe, die gegen die Autarkie sprechen, zunächst der, daß in gewissen Ländern nicht alles vorhanden ist, was notwendig ist, und dann — was noch viel wichtiger ist —, daß in kleineren Ländern und Volkswirtschaften der große Markt fehlt, daß daher nicht eine Massenproduktion, eine so produktive Produktion wie in größeren Staaten möglich ist. Daraus ergibt sich, daß für die Frage jeglicher Autarkie die Größe des betreffenden Landes von größter Wichtigkeit ist. Wenn die Insel Helgoland Autarkie einführen wollte, würde das den Selbstmord jedes Einwohners bedeuten. Wenn ein Staat wie das heutige Österreich es tun wollte, würde es Selbstmord der dortigen Volkswirtschaft bedeuten, und wenn Ungarn oder wenn das Deutsche Reich in seiner heutigen Form etwa eine vollständige oder auch nur annähernd vollständige Autarkie einführen wollte, würde das von ungeheurem Schaden für das Land sein. Aber etwas ganz anderes ist es, wenn Ländermassen, wie Rußland oder die Vereinigten Staaten, dazu übergehen, sich zu einem solchen Gebiet zusammenzuschließen. Es ist also von entscheidender

Wichtigkeit für die Frage der Autarkie, wenn sie auch nur eine teilweise ist, welches Land sie einführen soll, ob die Volkswirtschaft, die eine solche Autarkie einführen will, die Voraussetzungen in sich hat, um anderen Volkswirtschaften gegenüber ein ebenbürtiges organisches Gebilde zu sein, das wirklich alles Notwendige enthält, was es braucht, und das seine Produktion ebensogut durchführen kann wie andere Staaten. Ich habe schon gesagt, daß dies für das heutige Deutschland nicht zutrifft. Es besteht aber durchaus die Möglichkeit, nach Ausweitung zu streben, wenn andere Staaten sich von uns abschließen und uns vor den Kopf stoßen. Im allgemeinen habe ich den Eindruck, daß die anderen Staaten viel mehr uns vor den Kopf stoßen als wir sie.

(Sehr richtig!)

Wenn also andere Staaten das tun, könnte es sich vielleicht doch ergeben, daß wir zwar nicht allein Autarkie einführen, aber daß wir versuchen, uns mit anderen zusammenzuschließen, die dieselben Interessen haben, und trotz der Bemerkung von Herrn Professor Lederer über die verhältnismäßig geringe Bedeutung der Verbindung mit dem Südosten möchte ich doch betonen, daß mir hier außerordentlich wichtige Möglichkeiten gegeben erscheinen. Ich weiß sehr gut, daß die gegenwärtige Beteiligung des Südostens am deutschen Außenhandel prozentual nicht sehr groß ist. Aber es besteht durchaus die Möglichkeit, das zu ändern, und auch die Möglichkeit, auf Grund einer bis jetzt nicht großen Anteilnahme doch die gemeinsamen Interessen zusammenzuschließen. Die Agrarländer des Südostens, Österreich und Deutschland haben tatsächlich außer den großen wirtschaftlichen Interessen gemeinsamer Art sehr viel Anlaß, sich zusammenzuschließen. Hier stoßen wir doch auch auf eine alte Tradition, die vielleicht noch etwas weiter zurückgeht als die, von der vorhin gesprochen worden ist, auf die Tradition, die uns eine ganz enge Verbundenheit gerade dieser Länder mit dem Deutschen Reiche zeigt. Ich glaube, der Versuch, nach diesen Ländern Verbindungen zu gewinnen, wird zwar nicht zur vollständigen Autarkie führen, aber kann es doch vielleicht ermöglichen, die Volkswirtschaft, die dann entstehen würde, zu einem organischen Gebilde zu gestalten, das in hohem Maße die wesentlichen Produktionen in sich enthält, die es als organisches Gebilde braucht.

(Beifall.)

Professor Dr. **Thalheim** (Leipzig):

Meine Damen und Herren! In den bisherigen Erörterungen ist von einer Entwicklungstendenz noch nicht die Rede gewesen, die man, wie mir scheint, doch nicht ganz vergessen darf, wenn man sich mit den Fragen beschäftigt, die hier zur Debatte stehen, nämlich mit der heute völlig gewandelten Tendenz der Bevölkerungsentwicklung. Es ist gelegentlich darauf hingewiesen worden, auch gestern von Herrn Geheimrat Sering, daß das Tempo der Bevölkerungsvermehrung im ganzen europäischen Zivilisationskreis sich sehr verlangsamt hat, so daß wir in 1½ bis 2 Jahrzehnten, wenn nicht Wunder eintreten, vor der Tatsache eines völligen Bevölkerungsstillstandes stehen werden. Auf der anderen Seite wird man wohl auch mit großer Sicherheit annehmen können, daß der technische Fortschritt als solcher weitergeht, und zwar auch in der landwirtschaftlichen Produktion. In einer solchen Lage: auf der einen Seite stagnierende Bevölkerungszahl, auf der anderen wachsende technische Möglichkeiten auch in der Landwirtschaft, erscheint es allerdings sehr wahrscheinlich, daß die europäischen Völker viel leichter als bisher imstande sein werden, sich aus den Kräften ihres eigenen Bodens heraus völlig zu ernähren. Das würde, wenn die europäischen Völker von dieser Möglichkeit Gebrauch machen, für die überseeischen Völker die Konsequenz haben, daß sie ihre bisherigen agrarischen Überschüsse nicht mehr absetzen können, und die notwendige Folge wäre dann, daß die überseeischen Länder in ihrer Industrialisierungstendenz weiter fortfahren. Ich würde aus dieser Feststellung nun nicht den Schluß ableiten, daß der bisherige wirtschaftliche Güteraustausch zusammenbrechen müßte; denn es besteht durchaus die Möglichkeit, daß der Ausfall an agrarischen Erzeugnissen, die bisher auf den Markt kamen, bei vergrößertem Lebensstandard der Bevölkerung ausgeglichen wird durch stärkeren Bedarf der europäischen Länder an Rohstoffen, oder es besteht die Möglichkeit, daß der Austausch sich dann in erster Linie in der industriellen Sphäre abspielt. Diese Möglichkeiten sind gegeben; welche von ihnen eintritt, wird niemand heute voraussagen können. Aber ich glaube, das eine wird man jedenfalls feststellen können: Wenn sich die Dinge so entwickeln, wenn also die europäischen Völker sich bei stagnierender Bevölkerungszahl selbst zu ernähren vermögen, dann besteht die große Wahrscheinlichkeit, daß sie von dieser Möglichkeit Gebrauch machen werden, auch wenn sie höhere Produktionskosten tragen müssen als sie in den Ländern bestehen, aus denen sie bisher ihre Nahrungsmittel bezogen haben.

Gestatten Sie mir noch eine Bemerkung zu einem zweiten Punkt. Es ist verschiedentlich die Rede davon gewesen, daß die wichtigsten Momente, die für die Autarkie, das heißt für die teilweise Autarkie — denn die Vollautarkie hat heute niemand hier verlangt — angeführt werden können, außerökonomischer Natur sind, und Herr Professor v. Dietze hat in seinem Referat diese außerökonomischen Momente in erster Linie auf politischem Gebiet gesucht. Er hat gesagt, daß ein Land wie Deutschland sich seine Ernährungsgrundlagen sichern müßte in erster Linie auch im Hinblick auf seine politische Stellung. Ich glaube, daß hier ein anderes außerökonomisches Moment ebenfalls beachtenswert ist, nämlich die Frage, wie sich bei Verzicht auf unsere landwirtschaftliche Produktion die soziale Schichtung unseres Volkes gestalten würde. Professor Briefs hat vor einigen Monaten in einem Aufsatz im „Archiv für Sozialwissenschaft" die sehr beachtenswerte Frage aufgeworfen, ob nicht die Lebensform des im industriellen Großbetrieb arbeitenden Menschen als solche eine sozial unerträgliche Lebensform ist, ob nicht dadurch ein soziales System geschaffen ist, das durch die beste Sozialpolitik, die beste Sozialversicherung, die besten Maßnahmen betrieblicher Sozialpolitik auf die Dauer für den Menschen nicht erträglich gestaltet werden kann, und Sombart hat im Schlußband seines „Modernen Kapitalismus" davon gesprochen, daß es für den Menschen an sich sehr gleichgültig sei, ob er in einem kapitalistischen oder sozialistischen industriellen Großbetrieb gesotten und gebraten wird, die Hauptsache sei, Möglichkeiten für den Menschen zu schaffen, in denen er nicht gesotten und gebraten wird. Ich glaube, eine sehr wesentliche Möglichkeit dafür, daß die Menschen ungesotten und ungebraten aus der kapitalistischen Welt davonkommen, ist die bäuerliche Wirtschaft; denn sie gibt heute neben dem Handwerk als einzige Lebenssphäre die Möglichkeit einer selbstverantwortlichen Betätigung, und diese Möglichkeit gilt es zu erhalten; wir würden, wenn wir darauf verzichteten, unsere Landwirtschaft zu schützen, also eine teilweise Autarkisierung durchzuführen, auch darauf verzichten müssen, eine soziale Struktur zu erhalten, in der immer noch ein erheblicher Teil der Menschen nicht im Dienste eines anderen zu arbeiten braucht. Unsere ganzen wirtschaftsgeographischen Voraussetzungen sind derartig, daß, wenn wir unsere Landwirtschaft aufgeben, wir notwendigerweise in sehr großem Umfang zu einem reinen Industrievolk werden und der Prozentsatz der Landwirtschaft sich wahrscheinlich bei uns so klein gestalten würde, wie es heute in England der Fall ist. Ob diese soziale Schichtung auf die Dauer erträglich ist, ob sie nicht schließlich zu einer Katastrophe führen müßte, ob also die Übersteigerung der rein ökonomischen Erwägungen hinsichtlich der Güterversorgung nicht schließlich den Zusammenbruch der Ökonomie zur Folge hätte, das ist eine Frage, die mit wissenschaftlicher Präzision natürlich nicht zu beantworten ist, die aber immerhin gestellt zu werden verdient.

Nun werden Sie vielleicht nach dem bisher Gesagten annehmen, daß ich im wesentlichen auf dem Boden der Anhänger des Autarkiegedankens stehe. Ich möchte ausdrücklich betonen, daß das nicht der Fall ist, und noch eine dritte Bemerkung hinzufügen. Wenn ich in dem, was ich zuletzt sagte, im Hinblick auf die Lebensfähigkeit der bäuerlichen Wirtschaft die Erhaltung unserer Landwirtschaft als notwendig ansah, so habe ich damit ein außerökonomisches Moment hereingezogen. Ich möchte ergänzend bemerken: Ob es allerdings möglich ist, in Deutschland sowohl die Landwirtschaft zu erhalten, wie auch die bisherige Betriebsstruktur der Landwirtschaft in Ostdeutschland, das ist eine ganz andere Frage. Geheimrat Sering hat gestern darauf hingewiesen, welche großen Möglichkeiten bestehen, durch Siedelung gerade in Ostdeutschland eine gesündere Betriebsstruktur zu schaffen. Wenn ich dieses außerökonomische Moment der Erhaltung der bäuerlichen Bevölkerung und damit der Erhaltung einer sozial selbständigen und selbstverantwortlichen Schicht in den Vordergrund gestellt habe, so möchte ich doch auf der anderen Seite sagen, daß gerade der Verlauf der heutigen Debatte mich einigermaßen bedenklich dagegen gemacht hat, den Begriff der „außerökonomischen" Beweggründe allzu häufig zu gebrauchen. Ich habe nämlich das Gefühl, daß hinter dem, was man außerökonomische Beweggründe für das Eintreten für die Autarkie oder für den Zollschutz nennt, sich sehr oft sehr handgreifliche ökonomische Momente verstecken,

(Heiterkeit)

und nicht nur sehr handgreifliche ökonomische, sondern handgreifliche Interessentenmomente, ja noch dazu von Interessenten, die ihre wirklichen Interessen verkennen und sie auf Wegen zu erreichen suchen, die im Grunde genommen das Gegenteil von dem erreichen, was sie sich davon versprechen. Deshalb glaube ich allerdings, daß es eine große Aufgabe der Wissenschaft ist, in der tragischen Situation, in der sich die europäischen Völker heute befinden, durch den Nebel einer gewollten Mystik durchzustoßen, die nach außen mit Weltanschauungsargumenten arbeitet und in Wirklichkeit auf nichts anderes als eine Steigerung der Preise oder des Profits, also auf sehr ökonomische Momente ausgeht, ökonomische Momente, die dann als solche aber auch der ökonomischen ratio unterliegen müssen!

(Lebhafter Beifall.)

Professor **Stucken:**

Meine Damen und Herren! Es könnte recht unfreundlich erscheinen, aber die wissenschaftliche Verantwortung gebietet es, an eine frühere Diskussion zu erinnern, die in Wort und Schrift geführt worden ist, und die im öffentlichen Leben der letzten Jahre immerhin eine Rolle gespielt hat. Es handelte sich da auch um Autarkiebestrebungen, nur nicht um Autarkiebestrebungen in Deutschland, sondern um solche in den Vereinigten Staaten von Amerika und in Frankreich. Es wurde damals — ich glaube dies geradezu als eine communis opinio der deutschen Gelehrten bezeichnen zu können — immer wieder betont, daß die Autarkiebestrebungen dieser beiden Länder geeignet wären, den Schuldnern die Abtragung der Schulden zu erschweren, die Handelsbilanz der beiden großen Gläubigerländer aktiv zu gestalten bzw. die Passivität ihrer Handelsbilanz zu vermindern, und so eine Mehrung der internationalen Verschuldung und eine Zusammenballung der Goldbestände in Frankreich und den Vereinigten Staaten herbeizuführen, die schließlich katastrophale Wirkungen haben müßten. Demnach ist es in weiten Kreisen jedenfalls anerkannt worden, daß solche Autarkiebestrebungen in der Lage sind, das Verhältnis von Ein- und Ausfuhr unter geeigneten Umständen in dem Sinne zu beeinflussen, daß die Handelsbilanz aktiviert wird. Wenn wir uns dies vor Augen halten, können wir heute nicht einfach in Bausch und Bogen sagen, daß die Autarkiebestrebungen schlechthin ungeeignet sind, günstig auf die Handelsbilanz und das Wirtschaftsleben einzuwirken, sondern wir müssen zugeben, daß die Möglichkeit des Eintretens derartiger Wirkungen existiert. Weiterhin ist es dann wohl unsere Aufgabe, zu sagen, unter welchen Umständen eine solche Möglichkeit zur Wirklichkeit wird oder, mit anderen Worten, zu klären, unter welchen Voraussetzungen Autarkiemaßnahmen die gewollte Veränderung der Handelsbilanz herbeiführen; und unsere weitere Frage muß dann sein, ob diese Voraussetzungen bei uns jetzt gegeben sind.

Nach diesen Ausführungen, die grundsätzlich die Art der Themabehandlung betreffen, möchte ich nun kurz andeuten, auf welche Voraussetzungen es meines Erachtens in erster Linie ankommt.

Dabei habe ich zwei Tatbestände zu nennen, die auch Herr Lederer und mehrere Diskussionsredner bereits erwähnt haben, nämlich erstens, ob im Anschluß an solche Autarkiemaßnahmen nun eine Steigerung des Kostenniveaus in dem Lande, das diese Maßnahmen ergriffen hat, eintritt, und zweitens, ob von anderen Ländern gegen diese Autarkiemaßnahmen irgendwelche Repressalien ergriffen werden, wodurch die etwaige zunächst eintretende günstige Wirkung auf die Handelsbilanz wieder zum Verschwinden gebracht wird. Es ist viel davon die Rede gewesen, daß unter den heutigen Verhältnissen seitens der in erster Linie durch unsere Politik betroffenen Länder tatsächlich Repressalien gegen uns ergriffen werden. Eine weitere Frage ist es, was für die Beurteilung der ganzen Folgen dieser Autarkiemaßnahmen nicht minder wichtig ist, ob nun etwa auch der andere Punkt für uns ungünstig liegt, ob nämlich im Anschluß an solche Autarkiemaßnahmen bei uns auch mit einer Erhöhung des Kostenniveaus zu rechnen ist oder ob durch diese Maßnahmen eine Senkung des Kostenniveaus verhindert wird, die ohne die Existenz dieser Maßnahmen eintreten würde. Ich glaube, daß man in der Frage, ob infolge solcher Autarkiemaßnahmen eine Kostensteigerung bei uns in Deutschland herbeigeführt wird, relativ optimistisch, nämlich im Sinne dieser Autarkiemaßnahmen, sein kann. Denn es läßt sich wohl sagen, daß unter den gegenwärtigen Umständen eine Erhöhung des Lohnniveaus als Folge dieser Maßnahmen nicht in Frage kommt, und ich glaube weiterhin nicht daran, daß bei Unterlassung dieser Maßnahmen weitere Lohnsenkungen durchgesetzt worden wären; und ähnlich liegt es wohl auch bei den sonstigen Kostenbestandteilen, solange sich die genannten Maßnahmen vorwiegend auf das Gebiet der Nahrungsmittel und der industriellen Fertigwaren erstrecken und die industriellen Rohstoffe frei bleiben. Demgemäß halte ich eine günstige Beeinflussung der Handels- und dadurch auch der Zahlungsbilanz durch die Maßnahmen für wahrscheinlich. Wenn dem so ist, so müssen wir weiter bedenken, daß in der speziellen konkreten Situation, in der wir uns heute in Deutschland befinden, die Gestaltung der Handels- und Zahlungsbilanz von einer geradezu entscheidenden Bedeutung ist, daß auch die ganze Frage der Ankurbelung des Wirtschaftslebens sehr stark eine Frage von Handels- und Zahlungsbilanz ist. Somit komme ich zu dem Ergebnis, daß ich in das Verdikt gegen die Autarkiebestrebungen, wie es hier von verschiedenen Seiten geäußert worden ist, nicht einzustimmen vermag.

(Beifall.)

Reichsminister a. D. Dr. **Wissell:**

Sehr verehrte Herren! Wir verstehen unter „Autarkie" Selbstgenügsamkeit eines Landes mit dem, was in seinen eigenen Grenzen an Wirtschaftsrohstoffen usw. zu finden ist. Aber ich glaube, der schärfste Autarkist sollte die Selbstgenügsamkeit nicht so weit treiben, zu glauben, mit fertigen Manuskripten für eine Diskussionsrede die Probleme hier schon lösen zu können.

(Beifall.)

Wenn diese Selbstgenügsamkeit, die allerdings mit großer Selbstsicherheit gepaart war, auch nur zu 80% autarkisch war und zu 20% auf die hier gemachten Ausführungen einging, dann soll man doch das Eingehen auf diese Reden nicht so total verfehlt erfolgen lassen, daß man die Bemerkungen der Redner vollständig mißverstanden wiedergibt. Wenn Herr Professor Lederer beispielsweise davon sprach, daß die Relation der einzelnen Nationen am Welthandel gleich geblieben sei, dann darf man doch unmöglich sagen, daß auch das Volumen des Handels heute und im letzten Jahre genau so groß gewesen sei, wie 1913. Wenn man von solchen Grundlagen ausgeht, dann muß man allerdings zu völlig falschen Schlußfolgerungen kommen. Man darf auch nicht unbequeme Tatsachen dadurch verschieben, daß man gegenüber dem Hinweis der Referenten, unser Vorgehen hinsichtlich der Butterzölle habe zu Gegenmaßnahmen des Auslandes geführt, sagt, daß unsere Maßnahmen eben weit später, erst im Herbst 1931, erfolgt seien. Schon im Dezember 1929 ist der erste Handelsvertrag, und zwar der mit Schweden gekündigt worden, weil im schwedischen Handelsvertrag gerade die Butterzollfrage tariflich festgelegt worden ist, und seit Herbst 1929 und Frühjahr 1930 spielte diese Frage der Butterzölle eine entscheidende Rolle in den Verhandlungen Deutschlands mit dem Ausland. Da darf man sich allerdings nicht wundern, wenn schließlich das Ausland im Herbst 1931 entschiedene Maßnahmen getroffen hat, die den deutschen Handel schwer treffen. Wenn man sagt, selbst bei einer Schädigung des Handels gäbe es noch so viel Industriezweige anderer Art, in denen die Arbeiter Aufnahme finden könnten, und dann die Frage, welche Industrien das denn seien, mit der Bemerkung abtut: Landwirtschaft und sonstige Industrien, dann zeigt mir das, daß man die Reichtumsquellen Deutschlands vollkommen verkennt. Die Reichtumsquellen Deutschlands liegen wahrlich nicht in der Schwereisenindustrie und nicht in den Kohlengruben des Westens, die das Ausland billiger beliefern als den deutschen Fertigfabrikanten, sie liegen auch nicht in der Getreideproduktion des Ostens und überhaupt nicht in erster Linie in der Rohstoffproduktion, sondern in der ausgezeichneten und unübertroffenen arbeitstechnischen Schulung des deutschen Volkes. Die „Frankfurter Zeitung" hat vor kurzem einmal berechnet, daß die sogenannte Nettowertschöpfung, das heißt die Differenz zwischen den Verkaufserlösen und den Materialaufwendungen in der deutschen Eisenindustrie normalerweise 1,2 Milliarden RM. beträgt, aber schon im deutschen Maschinenbau 2,5 Milliarden RM. und in der Textilverarbeitung gar 4 Milliarden RM. Diese Ziffern zeigen, wieviel wichtiger sowohl für den Arbeitsmarkt als für die Kapitalbildung die deutsche Veredelungsindustrie als die deutsche Rohstoffindustrie ist. Wenn man diese Ziffern berücksichtigt, ist es kaum zu begreifen, wie Deutschland bisher im wesentlichen eine Wirtschaftspolitik getrieben hat, die die Weiterverarbeitung in Industrie und Landwirtschaft zugunsten der Rohstofferzeugung nicht nur vernachlässigt, sondern geradezu geschädigt hat. Im Interesse schwerindustrieller und großagrarischer Interessenten wurde den viel bedeutungsvolleren Weiterverarbeitern in Stadt und Land der Rohstoff und auf dem Wege über die Ernährungskosten der Arbeitslohn verteuert, und damit sind die viel bedeutungsvolleren Weiterverarbeiter, denen wir unsere Erfolge im wesentlichen zu danken haben, geradezu vernichtet worden. Die Reichtumsquellen, die in dieser technischen Schulung des deutschen Volkes liegen, will man dadurch aus der Welt schaffen, daß man diese feinen, zu besonderer Fingerfertigkeit entwickelten Hände zu der groben Arbeit der Landwirtschaft verwendet.

(Geheimrat Sering: Nein!)

— Sie wollen es gewiß nicht; aber es ist von dem ersten Diskussionsredner als das, was ihm vorschwebt, gesagt worden, und demgegenüber muß ich sagen, daß das geradezu verhängnisvoll für Deutschland werden würde.

(Zuruf: Taylorsystem!)

— Ich sage ja, die arbeitstechnische Schulung, auf der im wesentlichen der Reichtum Deutschlands beruht, wird man dadurch verschütten, daß man glaubt, diese arbeitstechnisch so geschulten Hände zu rohen Arbeiten verwenden zu können. Warum ist der deutsche Landmaschinenbau nicht konkurrenzfähig gewesen? Weil die deutschen Arbeiter auf Bruchteilchen eines Millimeters arbeiten, was beim Landmaschinenbau gar nicht in Frage kommt. Darum ist uns der ausländische Landmaschinenbau wesentlich überlegen.

(Zurufe.)

Wenn ich nun davon sprach, daß man zugunsten einzelner Wirtschaftsgruppen die weiterverarbeitende Industrie geschädigt hat, so lassen Sie mich ein Beispiel aus der letzten Zeit anführen. Ich will auf den Versteigerungsschutz und die Umschuldung in der Landwirtschaft hinweisen. Welche Wirkung hat das Gesetz für alle diejenigen, die der Landwirtschaft Kredit gegeben haben? Ich will nur einen Berufszweig herausgreifen, dessen Funktionen ich freilich am liebsten durch ein Getreidehandelsmonopol ersetzt sehen möchte. Der Getreidehandel finanziert im voraus die Ernte. Er hat die Wechsel vom Landwirt bekommen und hat sie an eine Bank weitergegeben. Jetzt bekommt er aber zum Herbst nicht das, was er erwartet hat, und er muß nun zahlen, denn die Bank prolongiert ihm die Wechsel nicht. So geht es zahlreichen anderen Gewerbegruppen. Betrachten wir uns nun, welche Wirkung die in Aussicht genommene Kontingentierung der deutschen Einfuhr hat. Vorhin hat mir ein Herr in diesem Saale gesagt: Vor die handelspolitische Abteilung des Auswärtigen Amtes kann man ein Schild hängen, das besagt: Hier wird die Kündigung von Handelsverträgen angenommen.

(Heiterkeit.)

So ist es in der Tat. Wenn diese Politik fortgesetzt wird, dann trifft nicht das Wort zu, das Herr Dr. Ludwig gestern erwähnt hat, das Wort: Alles kommt einmal wieder, das war nicht nur einmal! Dann wird das nach schweren Erschütterungen für Deutschland ein Ergebnis haben, das ich durch eine andere Strophe dahin zusammenfassen möchte: Das — diese Politik — war nur einmal, das kommt nicht wieder!

(Beifall.)

Professor Dr. Carl **Brinkmann** (Heidelberg):

Meine Damen und Herren! In Weiterführung der Bemerkungen meiner Kollegen, Graf Degenfeld und Stucken, möchte ich versuchen, die Debatte wieder einigermaßen zurückzuführen, — ich will mich nicht der Worte bedienen, die hier in entgegengesetzter Richtung fielen, sie auf ein wissenschaftliches Niveau zu führen, aber Sie doch zu der Voraussetzung zurückführen, der wir Hochschullehrer auch in diesem Verein zu huldigen pflegen, daß wir uns auf unsere theoretischen Grundlagen, und gegebenenfalls auch auf die Kompliziertheit und Vieldeutigkeit dieser theoretischen Grundlagen besinnen. Ich habe heute mehr als einmal gehört: Diejenige Wirtschaftsanschauung, die Mode ist, mit dem Wort „Autarkie" zu benennen, kennzeichne sich durch zwei Momente, durch das Moment einer sehr krassen Stimmungsmache und das Moment einer sehr krassen Interessentenvertretung. Ich darf ganz offen und ganz unparteiisch nach jeder Seite sagen, daß es mir heute auch auf der andern Seite weder an dem einen noch an dem anderen Moment gefehlt zu haben scheint.

(Heiterkeit und Beifall.)

Es ist hier von der sogenannten antiautarkischen Position zum Teil mit einem Lyrismus die Rede gewesen, den ich verstehen würde, wenn wir nicht im Augenblick einer Not stünden, die innerwirtschaftliche und außerwirtschaftliche Fragen in einer Weise verknüpft, daß wir uns zunächst einmal auf einen primären Tatbestand der Außenhandelstheorie besinnen wollen, das ist die Langfristigkeit ihrer Entscheidungen. Einer der größten Heiterkeitserfolge des heutigen Vormittags ist davongetragen worden mit dem Vergleich zwischen dem Theatersitz hinter der Säule und dem, der die freie Schau auf die Wirklichkeit der Ereignisse hat. Dieser Vergleich hinkt leider; denn in der Wirtschaft entscheidet es sich nicht gleich, wie wenn man ins Theater hineinkommt, wer hinter der Säule sitzt und wer seinen Sitz in einer freien Schau auf die Wirklichkeit hat.

(Heiterkeit.)

Wenn davon gesprochen worden ist, daß es immer erfrischend ist, von der Seite, die „Autarkie“ verlangt oder wenigstens in der Richtung strebt, das Zugeständnis zu hören, daß das Geld kostet, so bin ich am meisten damit einverstanden, daß dieses Moment überall in den Vordergrund gestellt und nicht unehrlich verschwiegen wird, aber es muß dann sofort die zweite Feststellung erfolgen, ob denn ein Mensch ohne weitere Überlegung beurteilen kann, wie sich dieses Geldkosten des Augenblicks in einer späteren volkswirtschaftlichen Bilanz auswirken wird, und ob es dann nicht in völliger Entsprechung zu den anderen Zweigen unserer Sozialpolitik, die unser Verein ja sehr gut kennt, auf eine volkswirtschaftliche Produktivitätssteigerung und damit auf eine volkswirtschaftliche Entlohnung großen Stils hinauskommt.

Neben dieser Langfristigkeit muß ich noch etwas erwähnen, worauf unsere theoretische Facharbeit, mit der ich Sie sonst heute abend nicht langweilen will, gegenwärtig gerade ausgerichtet ist, und ich bin sehr traurig, daß ein Kollege, den ich sonst als theoretisch besonders überlegen kenne, sich heute eine kleine Berichtigung von mir freundlichst gefallen lassen muß. Es ist Ricardo mit seiner Lehre von der sogenannten Freizügigkeit oder Nichtfreizügigkeit der Produktionsfaktoren zitiert worden. Die Berichtigungen, die da ausgesprochen worden sind, treffen nicht ganz zum Ziel. Denn in der Tat beruht zwar die Ricardianische Theorie der komparativen Kosten auf der relativen Immobilität der hauptsächlichen Produktionsfaktoren, sonst wären ja die Standorte in der Welt nicht spezialisiert, wie sie für einen gegebenen Augenblick sind. Sie hat aber ein zweites Moment, ein sehr wesentliches Moment, das Herr Kollege Röpke übergangen hat. Diese Ricardianische Theorie geht in Entsprechung zu dieser ersten Annahme der relativen Immobilität internationaler Standorte zweitens von der relativen Mobilität der Produktionsfaktoren in den sogenannten geschlossenen nationalen Produktionsgebieten aus, und wir sind heute theoretisch sehr eifrig am Werk, nicht nur die erste, sondern namentlich auch die zweite dieser Behauptungen gründlich nachzuprüfen daraufhin: Hat das jemals gestimmt, und stimmt es für alle Zeiten, stimmt es auch für unsere Zeit? Wir sind, glaube ich, in der Theorie schon ziemlich einig: Das hat niemals gestimmt, es stimmt für keine Zeit und es stimmt auch nicht für unsere Zeit. Es herrscht eine sehr ausgesprochene Immobilität der Produktionsfaktoren innerhalb der Volkswirtschaft und anderseits eine ebenso ausgesprochene Mobilität der Produktionsfaktoren über die ganze Weltwirtschaft, die dauernd das Bild der internationalen Arbeitsteilung verändert. Diese verändert sich also nicht automatisch, sondern je und je wird es erforderlich, daß mildernd nach der einen Seite und treibend und verschärfend nach der anderen Seite Eingriffe aller möglichen Instanzen vom Wirtschafts- und Berufsverband über die staatlichen Stockwerke bis zu den Zentralstellen oder dem internationalen Völkerbundsgremium, oder welche andere Instanz Sie wollen, stattfinden. Daß diese „künstliche" Entwicklung der Standortslagen in der Welt unerträglicher ist, als sie sonst gewesen wäre, als eine automatische Entwicklung für uns alle sein würde, die meines Erachtens nur noch schärfer die Kehrseite jener Ricardianischen Voraussetzung einer relativen Austauschfähigkeit der Produktionsfaktoren innerhalb der nationalen Volkswirtschaften zeigen würde, das stimmt nicht! Das wissen wir heute, wo wir nicht nur bei uns — das erscheint uns Deutschen nur manchmal so im Gegensatz von Ost und West —, sondern in allen Ländern der Welt Entwicklungen sehen, am schärfsten in Amerika, die die Front der Agrarier gegen die Front der übrigen Produzenten, besonders des Handels und der Banken, stellen. Not tut also die Frage der relativen oder nicht relativen Mobilität und Mobilisierung der Produktionskräfte zunächst einmal innerhalb eines Landes, ehe davon gesprochen werden kann, wie dieses Land in Austausch mit anderen internationalen Kräften treten kann. Ehe wir nicht in geduldiger Untersuchung die augenblickliche Lage all dieser Dinge besprochen und vielleicht auch empirisch geprüft haben, können wir wahrhaftig nicht den Mut finden, in einer Jubelstimmung, wie sie heute zum Teil geherrscht hat, jeden Widerspruch niederzuschlagen, der von anderer Seite kommen mag.

Wenn ich nur einen kleinen Ausschnitt des dafür entscheidenden Problems der Kostensenkung herausgreifen darf, das uns immer wieder beschäftigen wird, sobald wir neuaufgebaute oder aufrechterhaltene Industrien, also das, was wir „Autarkie" nennen, auf ihre wahre Lebensfähigkeit prüfen, so ist es nicht damit abzutun, daß man sich darauf beruft, wir hätten billigere Löhne als die Schweiz, als Holland usw. Ich halte das für vollkommen irreführend; denn erstens sind diese Löhne nicht billiger, es sind zum Teil die irreführenden Statistiken des Völkerbundes, auf die sich solche Behauptungen stützen. Zweitens kommt bei uns in Deutschland hinzu die Vorstellung: Die kleinen neutralen Länder und auch große, wie vor allem Amerika, sind entfernt nicht so mit Steuern und Soziallasten vorbelastet, die zu diesen Lohnkosten hinzugeschlagen werden müssen. Wünschen wir also in dem Streit zwischen Autarkie und Nichtautarkie — was wir doch eigentlich wollen — wissenschaftlich zu entscheiden, wie künftig die Produktivkräfte innerhalb des Landes und im Austausch des Landes mit anderen Ländern gelenkt werden sollen, so müssen wir uns letzten Endes überlegen: Wo wird die Erträglichkeitsgrenze sein, bis zu der wir Kostenanpassungen und Kostenneuordnungen vollziehen können? Ich glaube, ohne auf Einzelheiten einzugehen: Wenn heute immer nur bei uns in Deutschland die Gefahren der „Autarkie“ betont werden, es ist doch auch in den anderen großen gewerkschaftlich regierten Ländern, zu denen übrigens auch die Vereinigten Staaten trotz Abwesenheit der Sozialpolitik gehören — denn auch sie stehen in erster Linie unter dem Diktat ihrer Gewerkschaften, was um so wirkungsvoller ist, als die Gewerkschaften eine doppelseitige Politik mit beiden großen Parteien befolgen können —, ich sage, in all diesen Ländern ist eine bestimmte Klasse imstande gewesen, ein gewisses Minimum von Kostenforderungen durchzusetzen. Bestimmte andere Klassen sind nicht imstande gewesen, ein solches Minimum durchzusetzen, und das sind weitgehend, aber durchaus nicht allein, die Landwirte gewesen, die nun mit autarkischen Forderungen — es mag sein, manchmal außerordentlich unvernünftiger, unrationeller Art — um sich schlagen.

Ich möchte aber in einer polemischen Tonart nicht schließen, sondern nur sagen: Seien wir doch geneigt, in dem heutigen Notaugenblick Deutschlands etwas weniger Gewicht zu legen auf die warmen Empfindungen, die wir der Gemeinschaft mit dem Ausland, der geistigen Anerkennung durch das Ausland entgegenbringen. Und zeigen wir etwas weniger Feindseligkeit gegen die Vertreter der „Autarkie“. Die „Autarkie“ ist keine inaktive und keine pessimistische Politik. Pessimistisch ist sie vielleicht in Kreisen wie dem „Tat“-Kreis, dem ich fernstehe; aber sie will es in dem wissenschaftlichen Sinne, in dem ich ihren Wahrheitskern zu umreißen versuchte, niemals sein. Sie will gegenüber der Laissez-faire-Politik im Gegenteil eine optimistische Politik sein, die kein Schicksal bloß hinnimmt, kein angebliches Schicksal Deutschlands, wie heute gesagt wurde, das verschieden ist etwa vom Schicksal Rußlands. Es wurde die Geopolitik zitiert. Die Geopolitik ist keine letzte Instanz. Ein Volk beruht nicht allein auf seiner gegebenen geographischen Lage. Ein Volk ist, was es aus sich wirtschaftlich aktiv macht. Es ist also sowohl ein optimistischer als ein aktiver Gedanke, der sich wissenschaftlich aus den angegebenen theoretischen Grundlagen würde entwickeln lassen. Und zu guter Letzt: Haben wir in Ergänzung zu dieser etwas kühleren Haltung gegenüber dem Ausland, das ja heute gegenüber uns ein großes Maß von Kühle an den Tag legt, eine etwas wärmere, geduldigere Haltung zu denjenigen, die sich in unserem eigenen Volke, mag sein, nicht immer sehr geschickt, aber auch theoretisch mit unbestreitbarem Recht zur Existenzmöglichkeit wieder durchringen wollen.

(Beifall.)

Berichterstatter Professor Dr. **Lederer** (Berlin), Schlußwort:

Meine Damen und Herren! Es wird mir etwas schwer sein, auf alle wichtigen oder auch nur die wichtigsten Argumente der Diskussion einzugehen. Es ist das aber auch nur zum geringsten Teil erforderlich, da sehr viele der Herren, die sich an der Diskussion beteiligt haben, theoretisch ungefähr dieselbe Linie verfolgen wie ich.

Zuerst möchte ich mich denjenigen Herren unter den Diskussionsrednern zuwenden, welche die Linie einer positiven Gestaltung der deutschen Gesamtwirtschaft zur Erreichung einer größeren Selbstgenügsamkeit für richtig oder sagen wir vorsichtiger für möglich halten, und die nicht glauben, daß eine solche Politik mit den wichtigsten Interessen der Gesamtwirtschaft kollidiere. Ich hoffe, daß ich so die Auffassungen der Kollegen Graf von Degenfeld, Stucken und Brinkmann richtig interpretiere. Was zunächst die Ausführungen des Herrn Grafen von Degenfeld anlangt, so möchte ich sagen, daß ich immer auf der Linie jener gestanden habe, die eine Verknüpfung, sogar eine Verschmelzung des österreichischen mit dem deutschen Wirtschaftsgebiet, und zwar besonders aus der Gesamtstruktur der österreichischen Wirtschaft für richtig und auch für notwendig gehalten habe, daß ich mich aber niemals der Illusion hingeben würde, daß dadurch für das deutsche Wirtschaftsgebiet eine wesentliche Veränderung herbeigeführt würde oder gar eine Veränderung, welche in der Richtung der Bestrebungen liegt, die heute im Rahmen dieses Autarkiegedankens praktisch und theoretisch vertreten werden.

(Graf von Degenfeld-Schonburg, Wien:
Ich habe den ganzen Südosten gemeint!)

Gerade für den Südosten gilt aber natürlich dann die These, die ich wenigstens angedeutet habe, daß die Probleme, die heute in einer autarkistischen Politik gelöst werden sollen, durch eine Erweiterung unseres Wirtschaftsgebiets nach dem Südosten unlösbar würden. Denn der Südosten ist doch, wie Herr Graf von Degenfeld zugeben wird, geradezu zentral auf den Getreideexport angewiesen. Das ist doch die Lebensfrage von Ungarn, Rumänien, Jugoslawien, nicht von Österreich, und eine Verschmelzung zu einem großen Wirtschaftsgebiet ist nur unter der Voraussetzung möglich, daß wir diesen Getreideexport nach Deutschland frei hereinlassen oder wenigstens gegenüber den anderen Importen so präferieren, daß erhebliche Mengen davon hereinkommen, während es doch gerade in der Zielrichtung, und zwar in der im großen und ganzen schon erreichten Zielrichtung der deutschen Agrarpolitik liegt, die Getreideversorgung aus eigener Scholle sicherzustellen. Ich sehe also hier nicht eine Lösung des Problems, sondern im Gegenteil einen gewissen inneren Widerspruch zwischen der Tendenz einer Ausweitung des politischen Raums auf der einen Seite und der Tendenz einer Steigerung der ökonomischen Eigenkräfte auf der anderen Seite.

Ich möchte weiter auf die Bemerkungen von Kollegen Stucken eingehen, der mit Recht sagte, daß die Debatte auf gewisse theoretische Probleme tiefer eingegangen ist, als es mein Referat tun konnte oder jedenfalls getan hat. Ich befinde mich grundsätzlich darin in Übereinstimmung mit Herrn Kollegen Stucken, daß eine Einschränkung des Imports für die Gesamtwirtschaft nicht allein, aber wesentlich auch mit danach zu beurteilen ist, ob durch die Einschränkung des Imports eine Kostensteigerung der inländischen Produktion herbeigeführt wird oder nicht. Ich bedaure sehr — und das ist auch schon von einem Diskussionsredner gesagt worden —, daß die Gedanken, welche in positiver Richtung für die Autarkie geäußert worden sind, so wenig Konkretisierung in der Diskussion erfahren haben. Wir haben von Dr. Brandt gehört, daß eine Erweiterung der Agrarproduktion doch in sehr vielen Fällen, sicher nicht in allen, eine Steigerung der Kosten mit sich bringen würde, und da wir außerdem nicht sehen, wie diese Gesamtmasse oder nur ein sehr erheblicher Teil der heute vom Export abhängigen Personen in die Wirtschaft eingeführt werden soll, so fehlt zunächst einmal die Basis für die Beurteilung dieser These, es fehlt die konkrete Kennzeichnung, in welcher Richtung der Umbau der Wirtschaft, das heißt der Aufbau neuer Produktionszweige erfolgen soll, und der erste Diskussionsredner, der bedauerlicherweise nicht mehr anwesend ist, Herr Dr. Schindler, meinte ja: neben der Landwirtschaft irgendwelche andere Industrien, vielleicht die Fertigindustrie, wobei leider heute diese Fertigindustrie keinen großen Spielraum bietet, weil die Importe an Fertigprodukten außerordentlich gering sind. Sie waren es schon immer und sind jetzt auf ein Minimum zusammengeschrumpft. Es wäre also zunächst einmal die Frage zu klären, nach welcher Richtung der Umbau der Wirtschaft erfolgen soll, und darin besteht gestaltende Wirtschaftspolitik, als deren Interpreten ich Kollegen Brinkmann zu verstehen glaube. Die gestaltende Wirtschaftspolitik besteht darin, wenn sie sich von einem theoretischen Gedanken leiten läßt, daß sie Wege aufweist,, nicht nur Zerstörungen zu unterbinden, sondern zugleich die Produktionsrichtungen aufzufinden, in welchen eine Entfaltung vor sich gehen soll, und ich glaube, daß heute noch eine außerordentlich große Dunkelheit in dieser Frage der Ausgestaltung der Wirtschaft oder der Ersetzung des Außenmarktes durch den Binnenmarkt vorhanden ist.

Ich glaube auch, daß den Ausführungen von Herrn Kollegen Brinkmann, denen man theoretisch und grundsätzlich nach mancher Richtung zustimmen kann, die tatsachenmäßigen Grundlagen heute noch fehlen. Es ist zweifellos richtig, und darin stimme ich ihm vollkommen zu, daß hinter jeder dieser beiden Auffassungen auch Interessen stehen. Es gibt überhaupt keine Auffassung, hinter der keine Interessen stehen. Wenn wir also annehmen, daß eine der beiden Auffassungen, das heißt: entweder Verlagerung des Schwerpunktes nach der Richtung der Autarkie oder Verlagerung nach der Richtung der Weltverbundenheit, richtig ist, dann hat sie das Malheur, daß mit ihr auch Interessen verbunden sind. Das läßt sich nicht ändern, und das ist natürlich eine große Erschwerung für eine rein wissenschaftliche Diskussion. Wenn aber ein Gremium nicht bloß aus reinen statischen Theoretikern besteht, so wird es in die Diskussion über Fragen der Wirtschaftsgestaltung hineingeraten, deren Entscheidungen, ob man nun will oder nicht, bestimmte Interessen fördern, andere verletzen. Was bleibt uns also übrig, als unsere eigene innerste Überzeugung, nach genauester Prüfung, zu vertreten? Haben wir uns zu einem bestimmten Standpunkt durchgerungen, so dürfen wir uns nicht davon beirren lassen, daß diese Anschauung oder diese Sicht zufällig mit einem bestimmten Interesse zusammenfällt. Ich gebe auch Herrn Brinkmann durchaus zu, daß man nicht so objektiv, so leicht und apodiktisch entscheiden kann, wer hinter der Säule sitzt und wer in der Mittelloge den freien Ausblick hat. Aber die Entwicklung der Tatsachen wird ja zeigen, wer recht hatte, und außerdem kommt es letzten Endes doch auch auf die Argumente an, deren Prüfung und gegenseitige Abwägung natürlich in erster Linie Pflicht eines jeden von uns ist.

Wenn ich mich nach dieser Richtung noch einen Moment den interessanten Ausführungen von Kollegen Brinkmann zuwenden darf, so ist es sicher richtig, daß wir heute nicht bloß eine Immobilität in außenwirtschaftlicher Hinsicht haben, also Hemmung der Kapital- und Menschenwanderung wie zur Zeit Ricardos, sondern auch eine innenwirtschaftliche Immobilität. Es fragt sich nur, was daraus folgt. Folgt aus der Tatsache, daß wir gewisse Bindungen haben (z. B. in Monopolen, Gewerkschaften usw.), die Notwendigkeit, Zweckmäßigkeit und Richtigkeit einer Gestaltung der Gesamtwirtschaft, in der wir den Außenhandel auf ein Minimum oder doch stark vermindern? Das scheint mir nicht ohne weiteres schlüssig zu sein; aber eine Diskussion darüber wäre gewiß fruchtbar. (Grundsätzlich ändert die Hemmung oder selbst die Aufhebung des Wettbewerbs nichts an der Gültigkeit des Gesetzes der komparativen Kosten, der ja gerade seinen Wert darin besitzt, daß er auf jeden ökonomischen Tatbestand anwendbar ist.) Zu den Ausführungen von Herrn Brinkmann möchte ich dann nur noch sagen: Ich bin gewiß ein Freund sehr eindringlicher und geduldiger Untersuchungen, aber auch ich bin ein Mensch von Fleisch und Blut und muß bitten, es mir zugute zu halten, daß ich, konfrontiert mit Anschauungen, die immer nur aus der Seele heraus, immer nur aus dem Gefühl herausgeholt werden, die, im Ton der Überlegenheit, letzten Endes immer mit transzendenten Mächten operieren, als ob sie auf diese ein Monopol hätten, daß ich in dieser Polemik als ein dürrer Rationalist bei mir entdeckte, daß ich auch nicht bloß eine Rechenmaschine bin. Und dann erlaube ich mir, das zu sagen, daß auch das rationalste Raisonnement letzten Endes wenigstens ebenso tiefe Wurzeln hat, als die romantische Ekstase. Nie freilich hätte ich gedacht, daß uns nun der Vorwurf gemacht würde, wir hätten das rationale, wissenschaftliche, kühle Raisonnement vernachlässigt. Aber an einer Diskussion über diese Frage, vielleicht an einem anderen Ort, werde ich mich selbstverständlich gern beteiligen.

Ich hätte nun die Aufgabe, mich noch mit einigen Argumenten näher zu beschäftigen, die zum Teil neu vorgebracht wurden. Es ist nach dieser Hinsicht für mich wenigstens sehr angenehm, beziehungsweise eine gewisse Genugtuung, daß sogar das Moment der komparativen Kosten, das man sich heute beinahe nicht mehr traut, in der Diskussion zu erwähnen,

(Sehr richtig!)

von einem mutigen Redner in die Debatte geworfen wurde. Besonders interessant war auch die Bemerkung von Herrn Schlesinger, der einen Zusammenhang herstellte zwischen den Möglichkeiten der Handelspolitik und konjunkturpolitischen Absichten. Wenn ich ihn recht verstanden habe, glaubt er, daß positive kurzfristige aber nicht langfristige Wirkungen erzielt werden können. Ich glaube, das ist ein sehr fruchtbarer Gedanke, der auch wirtschaftspolitisch ausgewertet werden könnte. Leider sind diese Möglichkeiten in der deutschen Situation sehr gering, da der Kampf gegen die Zölle in der guten Konjunktur in Deutschland immer besonders schwierig ist. Denn in der guten Konjunktur wird die Handelsbilanz passiv, und niemand vermag in der Zeit einer passiven Handelsbilanz, d. h. bei steigender Einfuhr eine wirkungsvolle Attacke gegen Zölle zu reiten. Aber dieses wirtschaftspolitische Problem steht ja nicht im Vordergrund, sondern das ökonomisch-theoretische, für dessen Aufrollung gewiß Herrn Schlesinger sehr zu danken ist.

Ich möchte nur noch auf die Ausführungen des ersten Diskussionsredners Herrn Dr. Schindler eingehen, der in größerer Breite als die anderen Redner und auch mehr aus Gesichtspunkten der Politik heraus die Autarkie zu verteidigen oder Argumente dafür vorzubringen suchte. Ich möchte mich auf wenige Bemerkungen beschränken, zumal Herr

Wissell schon darauf hingewiesen hat, daß Herr Dr. Schindler einige der von mir angeführten Tatsachen, übrigens gerade die altbekannten unter ihnen, leider mißverstanden und daraus sehr fatale Konsequenzen gezogen hat. Er hat auch darin geirrt, daß heute offenkundig in der ganzen Welt eine Selbstabsperrung vorhanden sei. Wenn er z. B. auf Rußland exemplifiziert, so kann er überzeugt sein, daß Rußland eine riesige Einfuhr — und sogar Lebensmitteleinfuhr! — auf der Grundlage eines Kapitalkredits heute außerordentlich gern akzeptieren würde.

(Heiterkeit.)

Die Autarkie ist heute nicht von Rußland gewollt, sondern sie ist Rußland aufgezwungen, weil es wirklich langfristige Kredite ja nicht bekommt. Es ist auch selbstverständlich, daß das russische Reich heute bei Gewährung langfristiger Kredite große Bestellungen machen würde. Könnte es doch dann mit einem Schlag die Produktion seiner Volkswirtschaft sehr erhöhen. Die Tendenz zur Autarkie ist also in der Welt nicht allgemein, wenngleich sehr verbreitet. Heute hat es nun wenig Zweck, darüber zu streiten, wer angefangen hat. Ob das Deutschland war oder andere Mächte sonst, mag dahingestellt bleiben. Aber glauben Sie mir, eine autoritative Erklärung der deutschen Regierung, daß die Richtung unserer Handelspolitik in Hinkunft nicht autarkistisch sein, sondern die Weltverbundenheit anstreben würde, könnte auch heute noch Wunder tun. Deshalb aber ist die Frage, wer angefangen hat, wirtschaftspolitisch bedeutungslos.

Herr Dr. Schindler hat nun die Vertretung des autarkischen Gedankens mit der Bemerkung begleitet, daß mit der Autarkie große Opfer gebracht werden müßten. Das ist, im Kreise von Nationalökonomen gesprochen, selbstverständlich. Aber man würde gerade als Nationalökonom wünschen, daß in der wirtschaftspolitischen Diskussion das Argument mit dieser Wendung vertreten wird, und daß z. B. den Landwirten, den Industriellen, den Arbeitern gesagt würde, daß die Autarkiepolitik nicht den Zweck hat, ein besseres Leben als heute, ein bequemeres Leben, eine Beseitigung der Not herbeizuführen, sondern eine edle Einfachheit, eine viel edlere, größere Einfachheit, als wir sie heute haben, zu stabilisieren, und daß das gefordert wird, trotzdem jedermann zunächst und auf die Dauer Opfer bringen müsse. Es dürfte also die Politik, die hier von Herrn Dr. Schindler vertreten wurde, außerhalb dieses Saales nicht mit dem Argument verfochten werden, daß sie die Probleme der Gegenwart löst, die Arbeitslosigkeit liquidiert und den Markt verbreitert, sondern im Gegenteil. Es wäre ferner sehr wünschenswert, wenn diese Politik mehr ins Konkrete gehen würde, wenn da nicht immer nur in ganz allgemeinen Zügen gezeichnet würde. Das Bild sollte also etwas konkreter werden. Herr Dr. Schindler hat das, selbst auf Zurufe aus dem Auditorium hin, leider unterlassen. Es liegt dann freilich nahe, wenn die Ausmalung ins Konkrete schwierig wird, sofort auf das Gebiet der Transzendentalphilosophie überzusiedeln und zu sagen: Da handelt es sich um außerwirtschaftliche Probleme. Da hat die Frage der Rentabilität, diese Quisquilien und diese Banalitäten des Alltags nichts zu sagen, sondern hier kommt es einfach auf die Gesinnung an. Es ist richtig, auf die Gesinnung kommt es an. Auf die Gesinnung kommt es aber immer an, das ist selbstverständlich. Solche Selbstverständlichkeiten braucht man nicht mit Emphase zu unterstreichen. Aber es ist doch notwendig, in einem wissenschaftlichen Gremium hervorzuheben, daß die Gesinnungen nicht die Marktbindungen aufheben. Auch wenn eine Veränderung der Situation aus außerwirtschaftlichen Gründen erfolgt, so entsteht ein Marktbild, dessen Analyse unsere Aufgabe ist. Darf man sich aber selbst des Weiterdenkens und Durchdenkens der Konsequenzen entheben, indem man bei der Feststellung der allgemeinen transzendentalen Gesichtspunkte verharrt? Wozu dann Wissenschaft? Und gilt dann nicht die Mahnung von Kollegen Brinkmann, die er glaubte, den Autarkiegegnern gegenüber aussprechen zu müssen?

Ich darf mit Ihrer Erlaubnis noch eine kurze Parallele zu einem andern Wissensgebiet ziehen, das in den letzten Jahren seine letzten Gesichtspunkte, aus denen es fragt, gewandelt hat, nämlich zur Medizin. In der Medizin ist man vom Kurieren des Organs und der Krankheit zum Kurieren der Person und des Kranken übergegangen. Mein Kollege, Herr von Weizsäcker in Heidelberg, ist sicher eine der führenden Persönlichkeiten auf diesem Gebiete, und Kollege Brinkmann wird zugeben, daß er mit größter Leidenschaftlichkeit und Begabung diese neue Deutung der Aufgaben des Arztes anpackt. Aber Herrn von Weizsäcker und der Medizin überhaupt, wird es nie in den Sinn kommen, den Schatz von Erfahrungen und Kenntnissen aufzugeben, die sie in ihrer früheren, nennen wir es statischen Periode erworben haben. Bei der Änderung der Problemstellung wird vielmehr dieser Wissensschatz auf einer höheren Ebene „aufgehoben". So müssen auch meiner Ansicht nach sämtliche, die auf dem Boden der Autarkie stehen, für sich die Forderung gelten lassen, daß sie die Gesamtgestaltung der Wirtschaft genau so konkret und mit denselben theoretischen Mitteln (oder gibt es andere?) durchdenken, mit denen die Lehre des Freihandels das Problem des Außenhandels durchgedacht hat. Wenn sie das nämlich tun, dann werden sie meines Erachtens unweigerlich zu einer entscheidend wichtigen Konsequenz kommen, die heute auch in den Ausführungen von Herrn Dr.

Schindler angeklungen, aber nicht mehr als angeklungen hat. Als er nämlich gefragt wurde: Welche Industrien werden Sie entfalten, wenn der Außenhandel gedrosselt wird?, sagte er: Landwirtschaft und Fertigindustrie und zur Bedarfsdeckung notwendige Produktionen.

(Zuruf.)

Das habe ich so verstanden. Kann ich nun in der kapitalistischen Wirtschaft Produktionen entfalten, die im Sinne dieser Äußerungen zur Bedarfsdeckung notwendig sind? Der Bedarf wird ja überall gedeckt, kein kaufkräftiger Bedarf bleibt ungedeckt. Die Forderung kann also nur heißen, Produktionen parallel mit dem in der Produktion entstehenden Bedarf zu entfalten. Ist das anders als durch eine totale Planwirtschaft möglich? Diese wird sich dann nicht bloß auf die Reagrarisierung beschränken können, die sie wahrscheinlich gar nicht als erstes Ziel haben würde. Ist aber eine wirkliche Gestaltung der Gesamtwirtschaft ohne eine Verfügung über die Produktivkräfte möglich? Eine solche bis ins letzte gehende Gestaltung von neuen Produktionen ist aber die Konsequenz, welche meines Erachtens in einem richtig durchgedachten Gedanken der Autarkie liegt. Freilich wäre das eine Planwirtschaft des Mangels, weil sie sich ja der Versorgungserleichterungen begeben würde, die im internationalen Austausch liegen. Jedenfalls würde ich es für richtig halten, wenn diejenigen Herren, welche auf dem Boden der Autarkie stehen, den Gedanken einmal nach dieser Richtung verfolgen würden. Ich habe aber Ihre Geduld schon zu stark in Anspruch genommen und möchte mich daher diesen Bemerkungen begnügen.

(Lebhafter Beifall.)

Berichterstatter Professor Dr. v. **Dietze** (Jena), Schlußwort:

Herr Professor Lederer hat heute das zweite Referat mit der Bemerkung begonnen: Der erste Redner ist ja gar kein Autarkist. Die Frage: Ist der Mann Autarkist oder nicht? ist auch in der Aussprache mehrfach angeklungen. Ich glaubte nicht, als das wichtigste Ziel, überhaupt als Ziel meiner Ausführungen betrachten zu sollen, hier ein Bekenntnis abzulegen, ob ich Autarkist bin oder nicht, sondern eine Klarstellung der Gesichtspunkte zu geben, unter denen die Frage der Autarkisierung behandelt werden müßte, und zwar im Rahmen dessen, was wir gegenüber der Weltwirtschaftskrise vom deutschen Standpunkt aus unternehmen wollen. Herr Kollege Lederer hat weiter eine ganze Reihe von Zustimmungen zu meinen Ausführungen vermerkt. Er hat dann allerdings im weiteren Fortgang seines Referats doch ein Vorgehen eingeschlagen, das nun nicht auf Zustimmung meinerseits rechnen kann. Er hat zuletzt einen Appell an die deutsche Überlieferung mit ins Treffen geführt, um sich gegen Autarkiebestrebungen zu wenden. Es ist auch im Verlaufe der Aussprache durch Herrn Kollegen Eucken an die deutschen politischen Überlieferungen angeknüpft worden, um damit eine liberale Wirtschaftspolitik auch für die Gegenwart zu rechtfertigen. Ich glaubte eigentlich genügend klar gewesen zu sein. Vielleicht war das gar nicht mit irgendwelchen tieferen Absichten verbundene Anknüpfen an das Wort des Reichsernährungsministers von der Autarkie als Schicksal ein Grund dafür, daß mir mein Ziel nicht ganz erreicht scheint. Ich glaubte genügend klargestellt zu haben, daß es nicht darauf ankommt, Vorteile eines etwa möglichen Freihandels gegen eine Autarkie abzuwägen, sondern daß es darauf ankommt, sich darüber klar zu werden: Bestehen in der heutigen Welt noch die Voraussetzungen für eine Teilnahme Deutschlands an der Weltwirtschaft? Nicht ein Zurückziehen aus der Weltwirtschaft, nicht einen selbstgewollten Rückzug habe ich erörtern wollen, sondern die Frage, ob wir aus der Weltwirtschaft herausgedrängt werden; nicht was unsere deutsche Überlieferung etwa als wünschenswert ansieht, sondern ob außerhalb unserer Grenzen unüberwindliche Abschließungstendenzen vorhanden sind, ob man zu deren Kennzeichnung nun auf China oder Japan oder auf welche Völker sonst exemplifizieren mag.

Ein Zweites hoffte ich mit allgemeiner Zustimmung getan zu haben, das war die Betonung, daß gerade auch liberale Wirtschaftspolitik Ausfluß einer ganz bestimmten Weltanschauung ist und sein muß. Darin habe ich gerade auch vom Kollegen Lederer und Kollegen Eucken Zustimmung gefunden. Aber es ist doch heute — und ich bin dankbar dafür — ein Diskussionsredner aufgetreten, der gesagt hat: Liberale Wirtschaftspolitik oder Liberalismus ist genau so etwas wie Mathematik oder Technik, ist also als wissenschaftlich einzig richtig nachzuweisen. Ja, mit diesem Anspruch hat der Liberalismus meines Erachtens hervorgerufen, daß er heute leider weit über Gebühr abgelehnt, bekämpft und geradezu verpönt wird, daß auch Erkenntnisse, die in früheren Zeiten von Männern, die Anhänger der liberalen Wirtschaftspolitik waren, ausgearbeitet worden sind, heute nicht mehr anerkannt werden, daß auch sie als liberalistisches Gedankengut einfach mit über Bord geworfen werden. Da liegt meines Erachtens der Grund für die Verzweiflung, die Herr Kollege Röpke empfindet, wenn er auf gewisse Dinge immer wieder eingehen muß. Übrigens schloß er selbst seine Ausführungen damit, daß die Handelspolitik eine Frage des Wollens sei.

Die Aussprache stand — darin werden wohl alle übereinstimmen — nicht auf sehr gleichmäßiger Höhe. Wir haben ganz hervorragende Beiträge gehört, die unsere Betrachtung wirklich wesentlich gefördert haben, und wir haben andere Beiträge gehört, die aus einer Stimmung heraus — gerade aus der Stimmung, die aufgeworfen ist etwa durch die Frage: Ist nun dieser oder jener Autarkist oder nicht? — ein Gebiet beschritten haben, das uns sachlich nicht gerade wesentlich gefördert hat. Die Ausführungen des Herrn Wissell gingen ja sogar so weit, mit politischen Gründen Maßnahmen zu bekämpfen, die 1929 noch, also unter einer ganz anderen politischen Konstellation getroffen wurden, als sie heute bei uns besteht. Ein anderer Redner wagte es, die Entgegnung auf die Ausführungen seines unmittelbaren Vorredners als die Zurückführung der Aussprache auf eine wissenschaftliche Grundlage zu bezeichnen, und seine Ausführungen enthielten dann namentlich die schon häufig gehörte Klage über Subvention des Großgrundbesitzes; es wurde sogar die Ziffer von 5 Milliarden vorgetragen, die nun wirklich keiner Tatsachenforschung standhält. Es ist beklagt worden, daß gerade von seiten der Autarkisierungserörterer oder auch -anhänger die konkreten Tatsachen, die sich vor einem übrigens meines Wissens gar nicht als dunkel geschilderten Hintergrund abspielen sollen, nicht dargestellt worden seien. Aber ich muß sagen, ich habe auf der anderen Seite auch herzlich wenig von konkreten Tatsachen gehört, und ich habe auch die Antwort, die Herr Eucken auf den Zuruf von Geheimrat Sering gab: „Wie wollen Sie es denn nun machen?" nicht gerade als einen sehr konkreten Lösungsvorschlag empfinden können, weil darin gar nicht zu der Frage Stellung genommen wurde, ob es überhaupt noch in der heutigen Welt möglich ist, eine freihändlerische oder allgemein eine liberale Politik mit Aussicht auf Erfolg anzusetzen. Was steht uns da an Bundesgenossen zur Verfügung? Etwa Belgien und Holland auf Grund des Abkommens von Ouchy? Was können etwa diese Bundesgenossen ausrichten, wenn sich in den Imperien, welche in der heutigen Welt doch zweifellos eine recht wichtige Stellung einnehmen, die Willensrichtung gegen ein Wiederaufkommen des Freihandels, der ungeregelten internationalen Arbeitsteilung wendet?

Schließlich habe ich versucht, den Unterschied herauszuarbeiten zwischen der Politik, die wir betreiben müssen im Hinblick auf die nächsten 3 oder 5 Monate, oder auf das Antlitz der Welt in 30 Jahren. Ich habe dabei — wie ich höre, ist es nicht überall ganz verstanden worden — an eine Bemerkung von Sombart in der Aussprache in Zürich angeknüpft, der es damals ablehnte, über irgend etwas, was, wie er beispielsweise sagte, im Laufe von 3 Monaten sein könnte, Voraussagen zu machen, und sich auf die Zeit „etwa in 30 Jahren" beschränkte. Ich habe das getan, um die Auseinandersetzung mit den damaligen Fragen, die ja heute vielleicht reizvoll erschienen wären, aber doch nicht unser

Thema unmittelbar gefördert hätten, nicht hervorzurufen. Wenn ich gerade im Hinblick auf die nächsten Aufgaben zum Schluß meines Referats von einer Anknüpfung an die Kräfte gesprochen habe, welche die Vergangenheit bestimmt haben, so habe ich damit — ich glaube, Kollege Eucken hat das mißverstanden — die kapitalistischen Kräfte in der Welt und auch bei uns gemeint, ohne damit freilich nun für die weitere Zukunft irgendwelche Vorwegentscheidung treffen zu wollen.

In diesen Fragen, die die Weiterentwicklung betreffen, ist von besonderer Bedeutung die Gestaltung des kontinentalen Mittel- und Südosteuropas, die erfreulicherweise auch in der Aussprache durch Herrn Grafen Degenfeld besonders zur Beachtung gelangte. Bei Behandlung dieser Frage hat nun Kollege Lederer im Schlußwort eingewandt, das widerspreche ja einem ganz wesentlichen Ziel der Autarkisierungsbestrebungen, das widerspreche dem Wunsche, daß wir uns in unserer Getreideversorgung selbständig machen sollen oder wollen. Denn wir müßten doch den südosteuropäischen Agrarländern ihren Getreideüberschuß abnehmen. Ich glaube, der Hinweis auf die jüngste Schrift von Sering über die Weltwirtschaftskrise und die Neuordnung Europas genügt, um die Tatsachen richtigzustellen, um zu zeigen, daß der Überschuß jener südosteuropäischen Staaten vor allem in solchen Getreidearten besteht, die wir auch benötigen, und daß selbst bei dem heutigen Stand der Dinge, der sich ja bei einer engeren Zusammenarbeit auch zweckmäßig ändern könnte, gar kein Widerspruch vorliegt. Überhaupt ist ja der Raum, auf den sich Autarkisierungsbestrebungen erstrecken, von entscheidender Bedeutung, was ja auch schon mehrfach ausgesprochen worden ist, was aber verdient, nochmals unterstrichen zu werden. Daß es Beispiele für Kirchturmspolitik in Verbindung mit Autarkisierungsbestrebungen gibt, ist ohne weiteres zuzugeben. Wir haben sie zum Beispiel in den Vereinigten Staaten, wo heute die Städte des Ostens — übrigens zuwider den Bestimmungen der Verfassung — sich gegen die Zufuhr von Milch, die von außerhalb ihres Staatsgebiets kommt, mittels sanitärer Vorschriften abschließen. Vor einigen Monaten hat der Ministerpräsident eines deutschen Landes — nicht unseres gastgebenden Landes! — erklärt, man wolle das Reichsmilchgesetz so handhaben, daß keine überflüssige preußische Milch über die Landesgrenzen komme.

(Heiterkeit.)

Daß ich gerade vom nationalen Standpunkt aus nicht in diesem Sinne ein Verständnis für Autarkiebestrebungen habe, brauche ich wohl nicht besonders zu betonen. Wenn man, was ich heute auch ausgeführt habe, im Sinne von Autarkiebestrebungen für längere Zukunft auf eine Zusammenarbeit mit denjenigen Ländern hinarbeitet, die dafür überhaupt noch in Betracht kommen, dann muß selbstverständlich die Rücksicht auf Wirtschaftszweige, die innerhalb der heutigen Grenzen liegen, zurücktreten. Daher war es meiner Meinung nach auch sehr beklagenswert, als vor einiger Zeit, als das Schicksal der deutsch-österreichischen Zollunion zur Entscheidung reifte, von agrarischer Seite bei uns das Interesse heimischer Erzeuger gegen die Verwirklichung eines solchen Gedankens in die Waagschale geworfen wurde.

Für die Zusammenarbeit mit dem Südosten, die ja dann schließlich auch unter die Losung gestellt werden kann: „Durch Autarkie zur Weltwirtschaft", spricht ja gerade, daß es auf diese Weise erst möglich wird, den großen, schon vorhandenen und sich noch weiter festigenden Einheiten etwas Gleichwertiges an die Seite zu setzen, mit dem sie dann rechnen müssen und dem sie dann auch in einer dann hoffentlich oder wahrscheinlich sich vollziehenden freieren Gestaltung ihrer Handelspolitik Rechnung zu tragen haben.

Schließlich noch eine Bemerkung über das, was mir als ein besonders wertvolles Ergebnis der heutigen Auseinandersetzungen erscheint. Es ist von keiner Seite dagegen Stellung genommen worden, die wirtschaftspolitischen Fragen unter dem Gesichtspunkt der Nation zu behandeln. Ja, man hat es von seiten einiger Diskussionsredner sehr leidenschaftlich abgelehnt, etwa in seinen nationalen Gefühlen gering eingeschätzt zu werden. Ich fühle mich jedenfalls frei von dem Vorwurf, daß ich dazu eine Veranlassung gegeben hätte; denn ich habe ausdrücklich, ja ich glaube wörtlich gesagt: Der Freihandel kann unter bestimmten Voraussetzungen durchaus den Zielen einer nationalen Politik entsprechen. Die Frage ist nur die, ob diese Voraussetzungen für die Gegenwart und für die absehbare Zukunft gegeben sind. Was die kurzfristige Zukunft betrifft, so sind wir ja in unseren Meinungen wohl nicht weit auseinander, es sei denn, daß der Gedanke der Nahrungsfreiheit, den ich als außerwirtschaftliche Forderung erwähnt und ausdrücklich gebilligt habe, noch eine Lücke bestehen läßt. Aber ich habe auch hinzugefügt, daß die Verwirklichung der Nahrungsfreiheit keineswegs eine Schädigung oder wesentliche Verkürzung der Lebensmöglichkeiten für andere Wirtschaftszweige, namentlich für die Exportindustrie bedeuten würde. Es handelt sich ja nur um den politischen Gesichtspunkt, die Noternährung, wie Dr. Luther gesagt hat, sicherzustellen. Das ist ein Zustand, dem wir heute bereits außerordentlich nahe sind, wo es sich also nicht um den Aufbau neuer oder die Erweiterung bestehender Wirtschaftszweige handelt, sondern um die Erhaltung dessen, was bereits vorhanden ist. Zwar hat heute Kollege Brandt gesagt, es gebe eine ganze Reihe von Zweigen der deutschen Landwirtschaft, die ohne einen Schutz zu Weltmarktpreisen oder, wie der Ausdruck war, „unbedingt“ konkurrenzfähig seien. Aber auch da vermisse ich eine Konkretisierung durch Tatsachen, die ja gerade der entgegengesetzten Seite immer wieder zum Vorwurf gemacht worden ist.

Bei diesen Dingen ist allerdings, wenn man den nationalen Gesichtspunkt und die politische Beurteilung der Gegenwart, wie sie der Forderung der Nahrungsfreiheit zugrunde liegt, anerkennt, eine freihändlerische Politik im strengsten Sinne nicht restlos zu verwirklichen. Aber wenn wir der heute schon von mir angeführten Beweisführung Serings folgen, brauchen wir uns von einer freihändlerischen Politik, von einer Zollfreiheit gar nicht so weit zu entfernen, um im Falle einer Wiederbelebung der Weltwirtschaft und unter bestimmten anderen Voraussetzungen, die bei Sering im einzelnen dargelegt sind, die Nahrungsfreiheit für uns in der geschilderten Begrenzung zu sichern, um uns auch unsere ländliche Bevölkerung zu erhalten. Ich glaube, dazu besteht Anlaß, obwohl zweifellos gegenüber der Zeit, in der Goethe sein heute von mir zitiertes Wort sprach, die Verhältnisse in den Großstädten sich in hygienischer Hinsicht wesentlich gebessert haben. Aber was nützt die beste Hygiene, wenn diese großen Städte, wie es heute schon der Fall ist, ohne ländlichen Nachwuchs und Zufluß dauernd an Bevölkerungszahl zurückgehen, also aussterben?

Immerhin, damit lassen Sie mich schließen: Wenn wir, wie es der Fall war, von nationalen Gesichtspunkten an die Dinge herangehen, dann sind wir auch in der Beurteilung der Mittel, die zur Erreichung unseres Zieles geeignet sind, nicht immer ganz so weit voneinander entfernt, wie es vielleicht nach manchen heutigen Ausführungen hätte scheinen können.

(Beifall.)

Vorsitzender Geheimer Regierungsrat Prof. Dr. **Sombart:**

Meine Damen und Herren! Wir stehen am Ende unserer Verhandlungen. Ob sie fruchtbar gewesen sind, wird die Zukunft lehren.

Resolutionen faßt der Verein nicht, weil er überzeugt ist, daß derartige Resolutionen einen Zufallscharakter tragen. Es ist aber auch im Verein ein Brauch abgeschafft worden, der darin bestand, daß der Vorsitzende ein Résumé über den Gang, über die Stimmung und den Geist der Verhandlungen am Schlusse abgab. Man hat auch dieses Résumé fallen gelassen, weil man wohl wiederum die Empfindung gehabt hat, daß derartige Résumés — abgesehen von ihrem subjektiven Charakter — doch auch einen Zufallscharakter haben, der bestimmt wird durch die Quantität und Qualität der zufällig zum Worte gekommenen Redner dieser oder jener Richtung. Wir werden deshalb auch dieses Mal die Stimmen nicht zählen und nicht wägen.

Lassen Sie mich nur feststellen, daß sich zwei Auffassungen ziemlich schroff gegenübergestanden haben. Es sind nur zum Teil wissenschaftliche Gegensätze gewesen, die die Meinungsverschiedenheiten gebildet haben. Im wesentlichen waren das, was sich gegenüberstand, zwei Weltanschauungen. Das ist besonders deutlich in dem Referat des Herrn Kollegen Lederer in Erscheinung getreten. Weltanschauungen enthalten allerdings in sich einen diskutablen Kern, und über diesen ist mit Fug und Recht gestritten worden. In ihrer Gänze sind sie aber indiskutabel; sie werden hingenommen oder abgelehnt, man diskutiert sie nicht, man beweist sie nicht, sondern man setzt seine Persönlichkeit dafür ein: das ist der Sinn der politischen Debatte. Daß der Verein für Sozialpolitik die Plattform abgibt, auf der derartige Auseinandersetzungen unter Wahrung der Sitte und des Anstands möglich sind, das ist sein Stolz, und daß er es diesmal wieder getan hat, mag uns mit Befriedigung erfüllen.

Ich danke nunmehr noch den Herren Referenten und Rednern. Ich danke dem Büro für seine Mühewaltung. Den Dank für den Ortsausschuß auszusprechen, wird sich eine andere Gelegenheit bieten. Ich danke Ihnen allen, die Sie so lange ausgehalten haben, und sage: Auf Wiedersehen am weißen Tisch!

Ich schließe damit die diesjährige Tagung des Vereins für Sozialpolitik.

(Beifall.)

(Schluß 7 Uhr 10 Minuten.)

Geschäftliche Beschlüsse der Mitgliederversammlung

Die Mitgliederversammlung trat am 28. September 1932, nachmittags um 3 Uhr zusammen.

Sie wählte die satzungsgemäß an diesem Tage aus dem Hauptausschuß ausscheidenden Mitglieder wieder. Es sind das die 17 Herren: Boese, Bonn, Diehl, v. Dietze, Feuchtwanger, Fuchs, Gerloff, Prion, Saenger, Saitzew, Schumacher, Schumpeter, Sombart, v. Spitzmüller, Wagemann, v. Wiese, v. Zwiedineck-Südenhorst.

Für die durch den Tod ausgeschiedenen Hauptausschußmitglieder Albrecht sen., Goldscheid und Landmann wurden in den Hauptausschuß gewählt die Herren Albrecht jun., Gehrig, Vogt.

Die Gewählten haben alle die Wahl angenommen.

Verzeichnis der Redner

Kolibri 360 GmbH
Ferdinand-Jühlke-Straße 7
99095 Erfurt, Deutschland
produktsicherheit@kolibri360.de

Druck:
CPI Druckdienstleistungen GmbH
im Auftrag der
Kolibri 360 GmbH
Ferdinand-Jühlke-Str. 7
99095 Erfurt